명리학이
나에게 준 교훈

당신은 운명을 바꿀 수 있다

명리학이
나에게 준 교훈

안나 지음

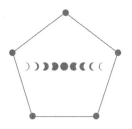

프로방스

$$\smile\smile$$

인생은 고(苦)다

이사를 오기 전 저의 거주지와 가까운 e편한 세상 아파트에서는 매주 수요일마다 장터가 열렸습니다. 과일, 타코야키, 떡볶이, 호떡, 새우튀김 등 맛있는 음식들이 많이 있어서 저는 그곳에 자주 갔었죠. 특히 떡볶이집을 좋아했습니다. 떡볶이가 맛있기도 했지만 사장님 사모님과 친했기 때문입니다.

두 분의 성격은 참 온유하시고 차분하셨습니다. 사람들이 아무리 많아도 한 사람 한 사람에게 친절하게 대해주셨고, 저의 두서없는 넋두리도 잘 들어주시곤 했습니다. 그래서 저는 수요일마다 그곳에서 수다를 떨면서 부모님께 하지 못한 이야기를 많이 하였습니다.

추운 겨울 어느 날 과외를 하는 학생 때문에 마음 상하는 일이 있었습니다. 역시나 그날도 장터에 가서 먹고살기가 너무 힘들다며 넋두리를 늘어놓았죠. 사모님이 저의 넋두리를 모두 들으시더니 이런 말씀하셨습니다.

"50평생을 살아도 세상에 쉬운 일이 하나도 없어. 이거 하나 해결하면 저쪽에서 터지고, 저쪽일 해결하면 이번엔 다른 데서 일이 생기고, 평생을 그래. 내 몸 하나 건사하기도 힘든데 챙겨야 할 사람은 왜 이렇게 많아. 시부모 챙겨, 부모님 섬겨, 자식 두 명 대학 보내고, 졸업시키면 끝난 줄 알았더니 이젠 시집가서 애를 낳으니 애를 봐달래. 구색 갖추고 살려면 집도 있어야 돼, 차도 있어야 돼, 살림살이도 장만해야 돼, 한도 끝도 없어 정말. 60이 되면 좀 편해지려나, 70이 되면 좀 편해지려나. 죽어야 끝나는 건가 봐."

이 말이 씁쓸하면서도 저에게는 큰 위로가 되었습니다. '나만 힘든 거 아니구나. 그래. 다들 그렇게 크고 작은 산 넘으면서 사는 거야.'

쇼펜하우어가 말하길 인간은 본질적으로 궁핍, 고통, 비참한 상태라고 합니다. 그 말을 증명이라도 하듯 사람들은 저마다 힘든 과제를 하나 이상은 안고 있는 듯합니다.

과외를 하는 나이 어린 학생들조차 삶이 힘들다고 말합니다. 부모가 제공해준 안정적인 공간에서 먹을 것과 입을 것이 다 해결되어도 그들은 그들만의 고난과 상처를 감당해 나가고 있습니다. 학생들이 사회인이 되어도 불안함이 사라지지 않아 힘들다고 말합니다. 취업이 안될까 봐 불안하고, 취업을 해도 남들만큼 못할까 봐 불안하고, 남들만큼 해도 직장에서 일어나는 사건들 때문에 불안하다고 말합니다.

생각해 보면 저 또한 불안했고 힘들었습니다. 어린 시절엔 아버지가 언제 때릴지 몰라 불안했고, 10대 때는 어머니의 칼날 같은 비난이 두려웠고, 20대가 되니 먹고살기가 치열해서 힘들었고, 30대가 되니 행복한 순간이 없는 나의 지난날이 안쓰러워 슬펐습니다.

명리학을 공부하면서 깨달았습니다. '신은 인간에게 절대 다 주지 않는구나. 사람들은 모두 없는 것들 때문에 불안하고 힘든 거구나.'

그런 깨달음 이후 저는 시선을 외부로 돌리기 시작했습니다. 나와 인연이 맺어져 수업을 하게 된 학생들, 학부모들, 교회 생활 15년 하면서 알게 된 지인들, 동창들, 셀럽들, 그리고 명리학을 10년 이상 연구하신 분들이 가지고 있는 자료까지 전부 1만 명의 사주를 모았습니다. 그런 이후 힘들다고 호소했던 사람들이 왜 그렇게 말했던 것인지 분석을 해보았습니다. 저의 통계는 7가지로 나왔고, 그 7가지의 대표적인 사람들의 삶을 이야기로 써 내려갔습니다.

이 책에 명리학의 지식적 내용과 통계자료가 나오긴 하지만 그것은 단순히 통계자료이니 참고만 하시기를 바랍니다. 사주는 8글자 모두를 보고 풀어야 제대로 알 수 있습니다. 8글자 중 한글자 차이만으로도 완전히 다른 삶을 살기도 하고, 다른 사주를 가지고 있는 사람도 삶의 흐름이 비슷하게 흘러가기도 합니다. 그렇게 때문에 이곳에 기록된 단순한 통계만으로 자신의 삶이나 타인의 삶을 확정짓는다면 매우 어리석은 일입니다. 저의 통계는 그저 삶이 힘들다고 말하는 사람들을 이해하는 데 참조만 하시는 것을 권해드립니다.

그리고 이 책은 '고통'에 초점이 맞추어져 있기 때문에 이야기에 등장하는 사람들의 삶 또한 고통의 극단적인 경우에 해당합니다. 실제로 등장인물들과 같은 삶을 사는 경우는 흔하지 않으니 그들 사주의 단편만을 보고 성급하게 일반화시키는 오류는 범하지 않기를 바랍니다.

명리학에 대한 깊은 지식이 없어도 이해하는데 어려움이 없겠지만 기본적인 지식이 있다면 더 이해하기 쉬울 것 같아 몇 가지만 먼저 설명 드리고자 합니다. 내용이 익숙하지 않다면 넘어가시고 책 읽는 중간 중간 확인하셔도 무리는 없습니다.

기초 지식

* 오행은 5가지의 자연을 의미합니다.

수(水)

물 검은색 북쪽
겨울
지혜 창의적
욕망 본능

목(木)

나무 초록색 동쪽
봄
순수 의욕적
명예욕 질투

토(土)

흙 노란색 중앙
간절기
포용 고집 안정
보수 연민

금(金)

금속 하얀색 서쪽
가을
의리 신념 냉철
차가움 자신감

화(火)

불 빨간색 남쪽
여름
열정 적극적
자신감 허세

* 각 오행은 양기운과 음기운으로 나뉘어 10개의 천간을 구성합니다.

- 양기운의 천간 : 갑(甲), 병(丙), 무(戊), 경(庚), 임(壬)

- 음기운의 천간 : 을(乙), 정(丁), 기(己), 신(辛), 계(癸)

목 (木)	갑(甲) +	즉흥적, 허세, 측은지심, 추진력, 배려, 인정, 자기노출, 멋내기
	을(乙) -	의존적, 적응력, 감정기복, 치밀, 성실, 부드러움, 외로움
화 (火)	병(丙) +	명랑, 변덕, 리더십, 직설적, 예의, 열등감, 소유욕, 다혈질
	정(丁) -	따뜻, 단아, 보수적, 신뢰, 온화, 과민반응, 유유부단
토 (土)	무(戊) +	느림, 포용력, 리더십, 고집, 고지식, 보수적, 허세, 자신감
	기(己) -	포용력, 안정감, 신중, 의심많음, 끈기, 고집, 치밀, 모성애
금 (金)	경(庚) +	성실, 꼼꼼, 보수적, 결과우선, 독선, 타협없음, 위유내강
	신(辛) -	정돈, 변덕, 예민, 냉혹, 약육강식, 승부욕, 부정적, 비꼼
수 (水)	임(壬) +	탐구심, 감정풍부, 고집, 대범, 친화력, 성에 집착, 변덕
	계(癸) -	잔머리, 섬세, 예민, 사교적, 좋은 언변, 논리적, 우울증

* 10개의 천간이 12개의 지지로 분화됩니다. 이를 십이지(十二支)라고도
  합니다.

- 양기운의 지지 : 자(子), 인(寅), 진(辰), 오(午), 신(申), 술(戌)
- 음기운의 지지 : 축(丑), 묘(卯), 사(巳), 미(未), 유(酉), 해(亥)

목 (木)	인(寅) +	호랑이, 오전3시~오전5시, 반항적, 리더십, 일관성, 포부
	묘(卯) -	토끼, 오전5시~오전7시, 다정, 밝음, 세심함, 예술성
화 (火)	오(午) +	말, 오전11시~오후1시, 솔직, 독립적, 성급함, 고집
	사(巳) -	뱀, 오전9시~오전11시, 임기응변, 친화력, 열정적, 이해심
토 (土)	진(辰) +	용, 오전7시~오전9시, 자존심, 성취욕, 모험심, 관대, 외향적
	술(戌) +	개, 오후7시~오후9시, 책임감, 솔직, 자존심, 반항적, 총명
	축(丑) -	소, 오전1시~오전3시, 인내, 고집, 독창적, 성실, 화합
	미(未) -	양, 오후1시~오후3시, 이해심, 친절, 이중성, 예민, 소극적
금 (金)	신(申) +	원숭이, 오후3시~오후5시, 명석한 두뇌, 밝음, 기회주의자
	유(酉) -	닭, 오후5시~오후7시, 완벽주의, 보수적, 낙천적, 독창성

수 (水)	자(子) +	쥐, 오후11시~오전1시, 완벽주의, 예민, 감수성이 풍부
	해(亥) -	돼지, 오후9시~오후11시, 배려심, 고집, 강직한 성격

* 10개의 천간과 12개의 지지가 만나 60 갑자를 만듭니다. 2024년은 갑진(甲辰)년이니 2025년은 을사(乙巳)년, 2026년은 병오(丙午)년이 되겠네요.

갑자 甲子	을축 乙丑	병인 丙寅	정묘 丁卯	무진 戊辰	기사 己巳	경오 庚午	신미 辛未	임신 壬申	계유 癸酉	갑술 甲戌	을해 乙亥
병자 丙子	정축 丁丑	무인 戊寅	기묘 己卯	경진 庚辰	신사 辛巳	임오 壬午	계미 癸未	갑신 甲申	을유 乙酉	병술 丙戌	정해 丁亥
무자 戊子	기축 己丑	경인 庚寅	신묘 辛卯	임진 壬辰	계사 癸巳	갑오 甲午	을미 乙未	병신 丙申	정유 丁酉	무술 戊戌	기해 己亥
경자 庚子	신축 辛丑	임인 壬寅	계묘 癸卯	갑진 甲辰	을사 乙巳	병오 丙午	정미 丁未	무신 戊申	기유 己酉	경술 庚戌	신해 辛亥
임자 壬子	계축 癸丑	갑인 甲寅	을묘 乙卯	병진 丙辰	정사 丁巳	무오 戊午	기미 己未	경신 庚申	신유 辛酉	임술 壬戌	계해 癸亥

* 태어난 연월일시의 천간과 지지가 8글자를 구성하여 4개의 기둥이 나옵니다. 아래 예는 영화 〈서울의 봄〉에서 정우성 배우님이 연기하신 장태완 장군님의 사주입니다. 장태완 장군님은 1931년 신미년, 10월 무술월, 23일 신해일, 오후6시 정유시에 태어났습니다. 그 순서에 맞게 오른쪽부터 연월일시를 구성하면 3번째인 일주가 바로 자신을 나타내는 자리가 됩니다.

시주	일주	월주	년주	
편관	본원	정인	비견	▷십성
丁	辛	戊	辛	
酉	亥	戌	未	
비견	상관	정인	편인	▷십성
庚 겁재 - 辛 비견	戊 정인 甲 정재 壬 상관	辛 비견 丁 편관 戊 정인	丁 편관 乙 편재 己 편인	▷지장간
	공망	공망		
재살 재살 년살	지살 지살 망신살	천살 천살 월살	화개살 화개살 천살	▷신살
건록 홍염살	금여 태극귀인 현침살 고란살	양인살 협록 괴강살	현침살	▷신살

* 여기서 시간이 오후 6시인 것은 알겠는데 왜 그냥 유(酉)시가 아니고 정유(丁酉)시냐구요? 시주의 앞 글자는 일간에 따라 정해져 있습니다.

	자(子)	축(丑)	인(寅)	묘(卯)	진(辰)	사(巳)	오(午)	미(未)	신(申)	유(酉)	술(戌)	해(亥)
갑(甲)기(己)	갑자甲子	을축乙丑	병인丙寅	정묘丁卯	무진戊辰	기사己巳	경오庚午	신미辛未	임신壬申	계유癸酉	갑술甲戌	을해乙亥
을(乙)경(庚)	병자丙子	정축丁丑	무인戊寅	기묘己卯	경진庚辰	신사辛巳	임오壬午	계미癸未	갑신甲申	을유乙酉	병술丙戌	정해丁亥
병(丙)신(辛)	무자戊子	기축己丑	경인庚寅	신묘辛卯	임진壬辰	계사癸巳	갑오甲午	을미乙未	병신丙申	정유丁酉	무술戊戌	기해己亥
정(丁)임(壬)	경자庚子	신축辛丑	임인壬寅	계묘癸卯	갑진甲辰	을사乙巳	병오丙午	정미丁未	무신戊申	기유己酉	경술庚戌	신해辛亥
무(戊)계(癸)	임자壬子	계축癸丑	갑인甲寅	을묘乙卯	병진丙辰	정사丁巳	무오戊午	기미己未	경신庚申	신유辛酉	임술壬戌	계해癸亥

* 8개 글자의 아래위로 쓰인 것을 십성이라고 합니다. 십성은 일간을 기준으로 음양오행의 상생과 상극관계를 10개의 단어로 나타냅니다.

비겁 (比劫)	비견(比肩)	어깨를 나란히 하다. 친구, 동료, 형제, 독립, 고집, 소신, 추진력
	겁재(劫財)	재물을 겁탈하다. 경쟁자, 나와 다른 사람. 쟁취, 질투, 모험, 적극
식상 (食傷)	식신(食神)	음식의 신. 말, 재능, 의식주, 낙천, 풍요, 연구, 창작, 분석, 생산
	상관(傷官)	나를 표현한다. 언변, 창의력, 개혁, 순발력, 반골성향, 자만, 사교
재성 (財星)	편재(偏財)	큰 재물의 이동. 비정기적 수입, 사업성, 야심, 투기성, 횡재수
	정재(正財)	규칙적인 재물의 이동. 안정적인 자산, 정확, 꼼꼼, 저축, 성실
관성 (官星)	편관(偏官)	나를 제어하다. 스트레스, 책임감, 큰 성취, 큰 질병, 큰 고통
	정관(正官)	안정적인 직업, 반듯한 성품, 법, 규칙, 책임감, 완수능력, 공익
인성 (印星)	편인(偏印)	한쪽으로 치우다. 창의적, 독특함, 집요함, 비관적, 망상증
	정인(正印)	바른 길로 인도하다. 인복, 학업운, 양심, 인정, 자비, 모성애, 문서

* 만세력 어플에 자신의 생년월일시를 입력하여 사주팔자와 십성과 신살을 적은 후 읽기를 추천드립니다.

시주	일주	월주	년주	
				십성
				십성
				지장간
				신살
				신살

우리는 모두 자신만의
프레임이 있다

저는 명리학을 공부한 것이 주변인을 이해하는 데 많은 도움이 되었습니다. 사람들은 다들 자신만의 프레임을 가지고 있습니다. 인간에겐 에고가 있고, 그 에고가 갖고 있는 프레임이 바로 사주 명리학에 나와 있지요. 사주팔자는 자신이 외부를 어떻게 받아들이고 있는지를 의미합니다.

같은 회사에서 일하고, 같은 액수의 월급을 받고, 같은 패턴으로 하루를 살아가는 A와 B가 있습니다. (실제로 같은 회사에 다니고 있는 두 명의 사주를 비교해 본 결과입니다.) A는 현재 자신의 회사에 매우 만족하고 살아가고 있고 *반안살입니다. B는 현재의 회사에 전혀 만족하지 못하고 다른 꿈을 갖고 있고 *육해살입니다.

겉으로 보기에는 많은 돈과 높은 지위에 앉아 세상 부러울 것이 없어 보여도 당사자가 느끼기에 그 위치가 자유를 억압하고 숨이 막힌다고 느끼면 *재살이 됩니다. 겉으로 보기엔 평범한 직장에 남들과 크게 별다를 것이 없이 보여도 본인이 능력을 인정받는다고 느끼면 *금여록이 됩니다.

*반안살 : 말안장에 오른다는 뜻으로 부귀하게 되어 마음이 평안해진 다는 길한 살이다.

*육해살 : 여섯 가지 해로움을 의미하며 나쁜 일이 계속 일어난다고 하는 살이다. 하는 일마다 어려움이 따르며 마음이 불안해지는 흉한 살이다.

*재살 : 형무소에 들어가거나 관재에 시달린다는 의미로 어딘가에 갇혀 답답하게 되는 살이다.

*금여록 : 금으로 된 가마에 앉는다는 의미로 부귀공명을 의미한다. 사주에 금여록이 있으면 부귀하게 되고 높은 자리에 오른다는 길한 살이다.

사주에 *재관이 발달한 사람은 외부를 인식할 때 재물의 크고 많음 또는 지위가 높고 낮음으로 평가합니다. 그러나 *비겁이 발달한 사람은 외부를 인식할 때 동지가 아니면 적, 가족이 아니면 남으로 인식합니다. 재관은 사람을 만날 때 돈이 되는가 되지 않는가, 나의 신분상승에 도움이 되는가 되지 않는가에 초점을 둔다면, 비겁은 나와 마음이 통하는가 통하지 않는가, 서로 비슷한 성향인가 아닌가에 초점을 두는 것입니다. 그러니 당연히 서로는 서로를 이해하지 못할 것입니다. 재관은 비겁을 감성적이라고 싫어할 것이고, 비겁은 재관을 속세형 인간이라고 싫어하겠지요.

더 나아가 명리학이 만들어진 기원전부터 완성된 11세기까지 역사를 주도했던 자들은 남성들이고, 명리학 또한 남성들에 의해 정리가 되었습니다. 그러니 명리학의 프레임은 기본적으로 남성들에 의해 맞추어져 있습니다.

예를 들어 여자의 사주에서 관성이 남자라던가, 남자의 사주에서 재성이 여자라던가 하는 프레임을 말합니다. 이것은 남자가 관이고 여자는 재물이라는 수직적 구조의 사고방식입니다. 여성들의 사회활동이 억압되어 있던 시대에서 남자들에게 여자는 재산이었고, 여자들에게는 남자가 자신을 보호해 주는 벼슬이라고 인식되는 시대였으니 그랬던 것이지요. 그래서 옛 명리학자들은 남자에겐 재가 있어야 아내가 있는 것이고, 여자에겐 관이 있어야 남편이 있는 것이라고 이해하기도 하지요. 아마 이런 사고방식에서 '여자 팔자는 뒤웅박이다'라는 말이 나온 것 같습니다.

그러나 말했듯이 사주는 자신이 외부를 인식하는 프레임입니다. 옛날에는 성리학적 신분구조에 따라 여자의 권위를 남자 아래 두었으니 관이 남편이고 재가 아내라는 해석이 가능했겠으나, 현대사회에서는 남자가 아내를 재산으로 인식하지 않고 여자 또한 남자를 벼슬로 인식하지 않기 때문에 더 이상 관성과 재성으로 배우자의 여부를 논하지 못합니다.

겉으로는 남편이 나를 보호해주는 것으로 보여도 남편이 정신적으로 아내에게 많은 부분 의지하고 있다면 아내 사주에는 관이 없을 수도 있습니다. 그리고 서로의 재산을 서로가 관리하고 각자의 직업이 있는 현대사회에서 여자가 남자에게 재산의 영역이 아니기 때문에 아내가 있는 남자의 사주에도 재가 없는 경우가 많습니다.

남성들이 여자 사주에 있으면 흉살이라고 규정해 놓은 신살이나 드센 팔자라고 규정된 사주구성도 마찬가지입니다. 그 시대 남자들의 프레임으로는 남자가 순종적이고 집안에만 있으려고 하는 것을 소심한 놈이라고 했을 것이고, 여자가 순종적이고 집안에만 있으려는 것을 가정적인 여자라고 규정했을 것입니다. 남자가 언문 좀 읽고 바른말을 하면 언변이 능통한다는 말을 들었을 것이고, 여자가 언문 좀 읽고 바른말을 하면 드세다는 말을 들었을 것입니다. 남자가 세상에 나가 자신의 뜻을 펼치려고 하면 야망이 있다는 말을 들었을 것이고, 여성이 세상에 나가 자신의 뜻을 펼치려고 하면 조신하지 못하다는 말을 들었을 것입니다. 남자가 무언가를 집중하여 끝장을 내려고 하면 근성 있다는 말을 들었겠지만, 여자가 무언가를 집중해서 끝장을 내려고 하면 독하다는 말을 들었을 겁니다.

그러나 지금 연예계에서 잘 나가는 여성분들 중이나 대기업 임원으로 있는 여성분들 중에서 여자한텐 불리하다는 신살을 가졌거나 사주팔자가 신강한 분들이 아주 많이 있습니다. 그 여성분들은 모두 사회에서 성공하시고 결혼도 하셨습니다. 1세기 전만 해도 소박맞을 만한 사주인데도 말이지요. 결혼하지 않으신 분들도 솔로라이프를 즐기며 잘 살고 계십니다. 아마 사주를 보러 가면 여자 팔자가 너무 세다고 한마디 들을 법한 사주들이지요.

이것은 남자입장에서도 마찬가지입니다. 남자들이 섬세하고 아기자기한 일을 하면 과거엔 쫌스럽다고 했겠지만, 지금은 능력 있는 사람으로 평가됩니다. 남자들이 집안살림을 잘하고 깔끔하면 과거엔 계집애 같다고 비하했겠지만, 지금은 가정적이라고 주변의 아내들이 그런 남편을 둔 여자를 부러워합니다. 남자들이 주방에서 요리하고 있으면 과거엔 체신이 떨어진다고 하겠지만, 지금은 자상한 남자라는 소리를 듣습니다. 시대마다, 상황마다, 문화마다, 명리학의 프레임은 지속적으로 깨지게 됩니다.

그래서 명리학은 100% 맹신할 만한 학문은 아닙니다. 제가 풀었던 사주 중 100% 적중률이 있던 적도 없었고, 그렇다고 완전하게 빗나간 적도 없었습니다. 그리고 제가 사주를 보러 돌아다녀 보았지만, 저의 과거를 100% 적중한 적도 없었고 완전히 빗나가지도 않았습니다.

보통 20대까지는 자신의 사주의 흐름대로 사는 것 같습니다. 이것도 100%라고 하기엔 무리가 있고 흐름만 그렇다고 말할 수 있겠습니다. 그리고 30대부터 조금씩 자신의 기질을 이해하고 어디까지가 한계인지 스스로를 파악하게 됩니다. 그리고 자신의 주변과 지금까지의 삶을 살펴보며 자아성찰을 하게 됩니다. 부모와 조상의 영향으로부터 벗어나 자기 자신을 찾아가는 과정인 것이죠. 바로 생년월일시에서 자신의 영역, 일주의 영향이 강해지는 시기입니다.

　일주에는 자신의 성향이 드러나 있습니다. 안정형 인간과 모험형 인간이 나뉘어 있고, 행복지수가 높은 인간과 성공지수가 높은 인간이 정해져 있으며, 앰패스적 성향 인간과 소시오패스적 성향 인간이 정해져 있지요. 어떤 유형도 좋다 나쁘다는 평가할 바가 아닙니다. 여기에서 자신을 제대로 파악하고 단점이라고 생각되는 부분을 고쳐나가려고 노력하면 되는 것입니다.

　신이 자신의 영역을 한 조각 보여 주기 위해서 주역, 점성술, 명리학, 별자리, 타로, 명상, 예언 등 여러 방법을 사용할 때, 그것을 정해진 운명대로만 살도록 만들기 위해서, 넌 절대 운명을 벗어날 수 없다는 뜻으로 알게 하지는 않았을 겁니다. 그랬다면 자유의지를 주지도 않았을 것이고, 애초에 신의 영역을 넘보게 하지도 않았을 테니까요. 우리의 자유의지로 할 수 있는 최대한의 것을 해보라고, 그리고 지구에서 삶을 살아가면서 에고의 틀을 깨고 원대한 의식의 성장을 이루라는 뜻이 아닌가 생각합니다.

의식 성장의 격변기

사주를 통계 내면서 한 가지 신기했던 사실은 나이가 어린 사람일수록 관재보다 비겁이 발달한 사주들이 많았고, *인성보다 *식상이 발달한 사주들이 많았다는 것입니다. 그 말은 개성이 강한 아이들이 더 많이 태어난다는 의미가 되겠지요. 비혼주의자가 늘어나고, 출산율이 떨어지고, 자살과 우울증이 늘어나고, 은둔형 외톨이가 많아지는 현실의 세태를 반영이라도 하듯이 과거의 많은 관습들이 깨치고 있습니다. 성급한 일반화일까요? 아니면 어른들의 잘못일까요? 아니면 진화의 한 과정일까요?

*인성 : 정인과 편인. 인복과 문서운을 의미한다.
*식상 : 식신과 상관. 자신을 표현하는 능력을 의미한다.

세계 인구 81억 명의 모든 사주를 풀어 통계 낸 것이 아니니 성급한 일반화가 될 수도 있겠지요. 산업화시대의 물질만능주의 시대에서 어른들이 보여준 자본주의 문화가 아래 세대에게 삶의 회의감을 느끼도록 만들었기에 일어나는 현상일 수도 있겠지요. 박진여 선생님을 가르치신 스승님께서는 진화의 한 과정이라고 말씀하셨습니다. 저는 아직 잘 모르겠습니다.

그러나 한 가지 확실한 것은 이제 먹고사는 문제에 대한 고민은 끝나는 시대라는 것입니다. 당장 먹을 것이 없어 굶어 죽을 수도 있는 50년대 60년대의 사회는 아니라는 뜻이지요. 생계에 대한 고민이 해결되면 그다음은 교육입니다. 80년대와 같이 회사에서 월급 받고 살아가는 사회인을 찍어내는 공장형 학교 교육이 아닌, 오은영 박사님이 하시는 개별특성에 맞는 인성교육의 시대가 온 것입니다. 그리고 가장 중요한 교육은 자신을 스스로 교육하는 일입니다. 그 교육을 위해 먼저 자신을 제대로 알아야 합니다.

자신을 알기 위해서 우리는 심리학, 철학, 명리학 등의 도움을 받을 수 있습니다. 그중 명리학은 자신이 지나온 길과, 지나가는 중인 길과, 지나가게 될 길을 아는데 많은 도움을 줍니다. 자신의 기질, 자신의 주변환경, 자신의 성향 등 사주팔자의 8글자가 60간지의 대운과 맞물려 돌아가는 운의 흐름이 그것을 의미합니다. 그리고 그 흐름이 우리의 삶에서 의식을 변화시키는데 결정적인 영향을 줍니다. 누구에게나 대운은 반드시 찾아오고, 누구나 그 영향을 받아 삶이 고지로 올라가기도 하고, 정적이기도 하고, 내려가기도 합니다. 그리고 다음 장부터 이어질 삶의 이야기 또한 그 길에 있는 사람들입니다.

　당신이 그 길의 어디쯤에 있는지는 모르겠으나, 사고의 틀을 깨고, 의식의 성장을 이루고, 지혜를 축적하고, 영혼의 정화를 이루는 인생길에 명리학을 공부하며 통계 낸 저의 자료와 사람들의 이야기가 도움이 되길 바랍니다.

　감사합니다. 사랑합니다.

안녕, 피치버그 그리고 책 中

- 김용택 -

폭풍을 기다리는

고요와

적막을

견디어내지 못한 시간들이

앞으로 돌아나지 못할 거야.

나는 가지런하게 서서

버스를 기다려야 해.

이국의 하늘. 아빠,

여기는 내 생의 어디쯤일까?

—

그 시를 읽고 나는 시인이 되었네
〈엮은이 이종민. 출판사 모악. 2021. 8. 30〉

contents

제 1 장

우리는 의식의 진화를 위해 고통의 터널을 지나간다

확신 있는 선택이
반드시 좋은 결과를 가져오는 것은
아니다

벚꽃의 만개가 사라져 꽃잎이 눈처럼 내리던 4월 어느 날 나는 민정(가명) 언니에게 전화를 했다. 2년 전 개인회생을 하게 되었다는 통화를 마지막으로 서로 먹고살기에 바빠서 전화 한 통 걸 여유조차 없었다. 착하게 살면 행복한 미래가 기다리고 있을 것이라는 믿음에 찬물을 끼얹을 만하기도 하고, 지금 자신에게 일어난 악재보다 더 심한 경우도 있다는 것을 위로 삼을 만하기도 하지만, 그녀가 삶에서 보여준 모습은 철학자 키에르케고르가 말했던 '고통의 반대는 신앙이다'라는 말을 증명한다는 것에는 아무도 의심하지 않을 것이다.

민정씨는 작은 체구에 예쁜 얼굴과 날씬한 몸매를 가진 누가 봐도 아름다운 여성이다. 가족들 모두 교회를 다니는 신앙인이고, 1남 3녀의 막내딸인 민정씨 역시 모태신앙으로 어린 시절부터 찬무팀의 단장이 되어 신실한 신앙생활을 했다. 성경에 나오는 하나님의 말씀을 실행하려고 노력했고, 일주일에 두세 번은 새벽기도나 저녁기도에 출석했다. 십일조도 철저하게 지키며 살았고, 예쁜 옷을 사면 하나님 앞에 먼저 보여드리겠다며 주일예배 때 처음으로 입었다. 민정씨의 모든 생활방식과 사고방식은 '하나님의 자녀'라는 신앙의 큰 프레임 안에 있었고, 그것을 벗어나는 행동은 죄라고 생각했다. 옆에서 20년을 지켜봐 왔던 나는 민정씨의 신실한 마음과 열정을 누구보다 더 잘 이해한다.

20대 중반이 되고, 직업에 대한 고민을 가진 민정씨는 신학대를 휴학하고 많은 경험들을 스스로 찾아서 하기 시작했다. 여러 종류의 아르바이트와 여러 종류의 운동을 하였고, 시시때때로 단식기도를 하면서 하나님께 자신의 가야 할 길을 인도해 달라고 기도를 했다. 그런 시간은 생각보다 오래 지속되어 5년 이상이 흘렀다. 하나님의 인도가 맞다는 강한 확신이 아니면 움직이지 않는 민정씨의 스타일로 보아 오랜 시간 많은 고민을 했다는 것은 잘 알고 있었다.

그리고 어느 날 그녀는 드디어 확신 있는 직업을 찾았다. 어린이 스포츠 강사로 아이들에게 줄넘기를 가르치는 일이라고 했다. 처음 이 소식을 들었을 때 나는 매우 의아하다고 생각했다. '이런 직업이 있다고? 누가 줄넘기를 돈을 주고 하지?' 내가 초등학교를 다닐 때만 해도 방과 후 체육활동에 대한 개념조차 없었고, 줄넘기를 돈 주고 배운다는 생각은 전혀 할 수 없던 시절이었는데 세상이 변해 이제 그런 시대가 온 것이다.

민정씨는 오랜 시간 고민했고 확신이 있었다. 그리고 줄넘기 강사로 바쁜 생활을 지속했다. 백화점 문화센터에서 강의를 했고, 학교의 방과 후 교사로 활동을 했고, 줄넘기 학원까지 하며 한 달에 400 이상의 수입을 벌었다. 이 일을 지속할 수 있다고 믿은 민정씨는 중형차를 할부로 구매했고, 복층 월세집을 계약했고, 물론 교회에도 많은 감사헌금을 했다. 그리고 수입이 어느 정도 안정되었을 때 사회복지 재단에 정기 후원을 하기 시작했다. 하나님의 자녀로서 감사함을 표현하는 그녀의 방법 중 하나였다.

충동적으로 이 직업을 선택한 것이 아니었고, 오랜 시간 기도와 고심 끝에 확신을 가지고 시작했고, 이후의 생활도 안정이 되었다. 뒤 돌아볼 필요가 없다고 느껴질 정도의 강한 확신이 우리가 원하는 결과를 가져왔으면 좋았겠지만, 알다시피 그렇지 않은 예는 당신의 삶이나 나의 삶이나 무수하게 있어왔다.

2019년 10월. 코로나 19 팬데믹. 누군가에게는 축복이었을지 모르나, 많은 사람들에게 고통을 안겨준 사건이었고, 민정씨에게는 추락의 시작이었다. 백화점 문화센터, 방과 후 교실, 줄넘기 학원. 어제까지 민정씨의 일터였던 모든 곳의 줄넘기 교실은 잠정 중단에 들어갔다. 이 상태가 그렇게 오래 지속되리라고는 나도, 민정씨도, 그 누구도 몰랐을 것이다.

민정씨는 당장 나가야 하는 월세와 차할부금과 정기 후원을 위해 카드대출을 받았다. 2~3달만 버티면 끝날 것이라고 예상했다. 잠시 쉬었다 가라는 하나님의 의도일 것이라고 믿었다. 그리고 3달 동안 새벽기도를 다니면서 성경을 읽었다. 상황은 금방 끝나지 않았다. 그러나 민정씨는 하나님을 전혀 원망하지 않았다. 하나님에 대한 강한 신뢰가 있었던 그녀에게 3달의 생활고는 전혀 원망할 것이 되지 못했다.

3개월 후부터는 그녀는 알바를 하기 시작했다. 처음에는 편의점, 그다음에는 콜센터, 그다음에는 약국, 그다음에는 공장, 그다음에는 쿠팡 물류센터, 그다음에는 카드, 그다음에는 보험. 코로나가 끝나고 원래 자신의 생활패턴으로 돌아오는 그 3년이라는 시간 동안 그녀는 할 수 있는 모든 일은 다했다. 나는 그녀가 진심으로 하나님을 신뢰한다는 것을 알았고, 그녀가 살아남기 위해 열심히 노력한다는 것을 알았기에, 돈을 빌려주고 카드도 만들어 주며 응원했다. 그런 와중에도 그녀는 십일조를 지켰고 정기 후원도 지속했다.

이쯤에서 그녀의 악재가 멈추었으면 했다. 진심으로 그렇게 되기를 바랐다. 그래서 나는 사주상담을 받아보는 것이 어떻겠냐고 조언했다. 명리학에서 말하는 삼재라면 끝이 있을 것이고, 더 안 좋은 일이 남아있다면 피해 갈 수 있지 않겠냐면서 명리학은 단순한 학문이니 하나님께 큰 죄를 짓는 것은 아닐 것이라고 설득했으나, 그녀는 사주든 손금이든 관상이든 전생이든 그런 것들은 믿지 않는다고 단칼에 거절했다.

나는 그녀에게 말은 하지 않았지만 개인적으로 그녀의 사주를 풀어보았다. 그리고 그녀의 악재가 그것이 끝이 아니라는 것을 알 수 있었지만 말하지 못했다. 어차피 그녀는 내 말을 듣지 않을 것이다. 그녀의 사주는 삼재에 겁살이 강하게 들어와 있었다.

가장 많이 아파할 때

가장 참되게 기쁨의 의미를 알게 되고

가장 가난할 때 가장 풍요함을 알고

가장 많이 눌릴 때 가장 많이 자유를 차지하고

가장 많이 굴욕을 당할 때

가장 많이 영광을 지닐 수 있는 것이다

나무는 빗물을 마시고 자라며

인간은 눈물을 마시고

그만큼 더 크게 자라는 것이다.

—

딸아 외로울 때 시를 읽으렴
〈엮은이 신현림. 출판사 걷는 나무. 2018. 3. 26〉

모두의 삶에는
반드시 지나가야 하는
어둠의 터널이 있다

겁살은 위협할 겁(劫), 죽일 살(殺)로 재물이든 사람이든 나의 의지와 상관없이 빼앗긴다는 뜻이다. 물론 단순하게 겁살만 있다고 큰돈을 잃거나 사람을 잃거나 하지 않는다. 겁살을 막아주는 기운이 자신의 사주 8글자 안에 있거나, 좋은 운의 흐름 안에 있어 큰 영향을 받지 않거나, 귀인들을 있다면 그 작용은 미미하다. 그러나 형, 충, 파, 해, 공망, 삼재와 겹치거나, 사주의 8글자 중 막아주는 글자가 없고, 귀인도 없다면, 겁살은 작용력은 강해진다.

겁살은 대체로 사람을 빼앗기거나 재물을 빼앗기거나 둘 중 한 가지의 형태로 나타난다.

첫 번째로 사람을 빼앗기는 경우 애인이 환승연애를 하거나, 배우자가 바람을 피워 이혼을 당하게 되는 일들이 발생한다. 겁살을 갖고 있는 사람들의 성향을 자세히 관찰해 보면 몇 가지의 특징이 있다.

자신의 일에 지나치게 몰입하여 애인이나 배우자에게 관심을 주지 못한다. 이런 사람들의 사주를 보면 상관과 편재가 같이 있는 경우가 많다. 상관은 자신을 표현하는 능력이고 편재는 자신이 좋아하는 일을 하려는 성향인데, 두 가지 십성이 동시에 있으면 자신이 좋아하는 일에만 과하게 몰입하게 된다. 한 곳에만 과하게 몰입하다 보면 다른 한쪽은 소홀하기 마련이다. 그러면 결국 상대방은 자신에게 애정이 식었다고 오해를 하게 된다. 만약 상대방이 관종적 성향이 강하다면 자신에게 관심을 주는 다른 상대에게 눈을 돌리게 되니 사람을 잃게 되는 것이다.

다른 하나는 외모가 뛰어나고 애교가 많은 여자만 만나는 남자들의 사주에 겁살이 있는 경우가 많았다. 외모가 뛰어나고 애교가 많은 여자는 모든 남자들이 좋아하는 유형이다. 그러니 그 여자의 주변에는 언제나 남자들이 가득할 것이고 환승연애를 할 가능성도 높을 수밖에 없다.

애교 있는 여자의 사주에는 *홍염살(紅艶煞)이 있는 경우가 많은데 홍염살이란 이성에게 자신의 매력어필을 잘하는 살이다. 이렇게 자신감 있는 여자가 한 남자에게 집중하기란 쉽지 않을 수밖에 없다. 언제든지 이 남자가 싫으면 저 남자를 만나면 되고, 저 남자가 싫으면 또 다른 남자를 만나면 되니까. 만약 홍염살이 있는 여자와 만나다가 다른 남자에게 빼앗겼다면, 본인은 지나가던 이 남자 저 남자 중에 하나였을 가능성이 높다.

* 화개살(華蓋煞), 도화살(桃花煞), 홍염살(紅艶煞)은 3대 매력 신살로 불린다. 세 가지 중 하나만 가지고 있는 경우보다 두 가지를 가지고 있는 경우 이성에게 나타나는 영향력이 더욱 강해진다.

1) 화개살(華蓋煞)은 외롭고 쓸쓸해 보이는 매력, 철학적이고 지적인 매력, 자신을 드러내지 않으려고 하여 상대방이 궁금하게 만드는 매력이 있다. 화개살과 대화를 해보면 그들의 생각의 깊이에 감탄하여 집에 돌아가서도 계속 생각나게 하는 묘한 힘이 있다.

2) 도화살(桃花煞)은 무리에 있으면 눈에 띄는 매력으로 외모가 아름답거나 강한 개성이 있다. 본인이 의도하지 않아도 많은 사람들 중에서 눈이 유독 띄게 되어 대화를 해보지 않아도 외적으로 풍겨 나오는 아우라만으로 자신의 매력을 어필할 수 있는 살이다.

3) 홍염살(紅艶煞)은 화개살이나 도화살과는 조금 다른 성격이다. 지적이거나 아름답다기보다는 성적인 매력을 한 명의 이성에게 집중적으로 어필할 수 있는 살이다. 홍염살이 있는 여자들은 자신이 꼬시겠다고 작정한 남성은 반드시 자신의 남자로 만든다. 세 가지 매력살 중 가장 능력 있는 살이다.

자신의 미술작품에 너무 몰입하여 몇 년 동안 가정에 소홀했던 아내가 있었다. 살림뿐만 아니라 남편에게도 소홀해졌고, 남편은 결국 다른 여자와 바람을 피웠다. 아내가 가정에 다시 충실하겠다고 했으나 남편은 내연녀를 사랑한다고 하며 이혼을 요구했다. 아내분의 사주팔자를 풀어보니 일주 자리에 겁살이 있었다.

부와 명예의 최고자리에 있는 유명한 남자분 A가 있었다. 당연히 최고의 위치에 있는 아름다운 여성분들과 연애를 했고, 그 당시에도 새로운 여자친구인 B를 만났다. 그러나 다른 남자 C에게 B를 빼앗겼다. A의 사주를 풀어보니 역시 겁살이 있었다.

B가 환승연애를 했던 C남자분과도 오래가지 않았다. 그렇게 짧

게 만날 거면서 유난을 떨고 A에게 모욕감을 줬나 싶어 B의 사주를 풀어보니 이해가 되었다. B는 홍염살과 *양인살이 동주해 있다. B는 원하든 원치 않든 주변에 남자가 끊이지 않는다.

* 칼에 관련된 신살은 양인살(羊刃殺), 비인살(飛刃殺), 현침살(懸針殺) 3가지가 있다.

1) 양인살(羊刃殺)은 양날이 있는 검으로 강한 승부욕을 의미한다. 칼을 어느 쪽으로 쓰느냐에 따라 흉살이 되기도 하고 길살이 되기도 한다. 승부욕을 장점으로 발현하면 자신을 잘 표현하고 경쟁에서 이기려는 근성이 되지만, 단점으로 발현하면 자신의 승리를 위해 경쟁자에게 상처를 주는 것에 거침이 없는 포악성을 띄기도 한다.
홍염살과 양인살이 동주하면 야한 옷을 입고 칼춤을 추는 기생의 형상이라 하여 남자들의 정신을 홀리게 하는 능력자이다. 이런 살을 가진 여자가 연예계나 화류계로 나가면 크게 성공할 수 있다. 실제로 인기가 많은 연예인 분들 중에 홍염살과 양인살을 같이 가지고 있는 여자가 많다.

2) 비인살(飛刃殺)은 은장도나 과도와 같은 작은 칼로 변덕, 작파, 도박, 사고 등을 의미한다. 작은 칼을 장점으로 발현하면 섬세하고 예민한 일을 잘할 수 있으나, 단점으로 발현하면 자신이 들었던 상처되는 말들을 잊지 못하고 마음 안에 간직했다가 결정적인 순간에

똑같이 상처를 주려고 한다. 실제로 비인살을 가지고 있는 사람들과 대화를 해보면 가족, 친구, 이성관계에서 자신이 들었던 말이나 상대방의 행동을 잊지 못하는 경우가 많았다. 그 말이 자신에게 상처가 되었든 좋은 영향을 주었던 상관없이 잘 잊지 못한다.

비인살을 가지고 있는 사람은 금속세공이나, 섬세한 악기를 다루는 일이나, 컴퓨터 프로그램과 같은 일을 하면 예민한 성격을 완화시키고 관계에서 오는 갈등을 줄을 수 있다.

3) 현침살(懸針殺)은 송곳이나 바늘과 같은 뾰족함을 의미하며 세 가지 부류로 나눌 수 있다. 어떤 한 분야에 뛰어난 전문가로 자신의 전공분야의 지식을 정확하게 말해줄 수 있는 사람, 실제로 뾰족한 도구를 다루는 의사나 간호사나 한의사, 마지막으로 상처를 주는 말을 잘하는 사람이다. 현침살은 이후 자세히 다루도록 하겠다.

통계 tip

비인살은 상대방이 자신에게 상처를 주었던 말이나 행동을 마음에 품고 있다가 기회가 있을 때 상대방에게 상처를 주어 복수를 하려는 반면, 현침살은 복수심으로 하는 말이 아니라 상대방이 상처를 받을지 생각하는 과정 없이 바로 내질러 버리는 경향이 있다. 이혼을 했거나, 별거중이거나, 이혼을 하려고 고민하는 부부들의 사주를 풀어보면, 비인살이 있는 남편과 현침살이 있는 아내인 경우가 많았다.

남녀 간에 궁합을 볼 때 나의 사주와 상대방의 사주에 칼과 관련된 양인살 비인살 현침살이 있다면 스스로 의식을 하고 말을 주의하기를 바란다. 본인들만 상처받고 끝나는 것이 아니라 자녀들에게도 큰 상처를 남길 수 있다.

두번째로 겁살의 작용력이 재물이 있는 사람은 투기성 기질이 강하다. 사주안에 *편재가 2개 이상이거나, 지장간에 편재가 두 개 이상 나란히 있는 경우이다. 편재는 재물이 치우쳐 있다는 의미이다. 이런 경우는 대체로 전생에서부터 돈에 대한 강한 집착을 이번생에 가지고 온 것이고, 그 카르마가 투기성향으로 나타난다. 이들은 큰 돈이 들어오거나 큰돈을 잃는 사건이 비일비재하게 일어난다. 만약 십성 중 *정인이 발달해 있다면 겁살의 영향력을 줄여주거나 상쇄시켜 큰 피해는 막을 수 있지만, 그것마저 없다면 자신의 투기성향을 받아들이고 큰 피해를 줄이기 위해 노력하는 편이 좋다.

예를 들면 일정금액 이상은 절대 투기하지 않도록 상한선을 정해 놓든지, 집문서나 차량 등록증 같은(담보를 잡아 대출을 할 가능성이 있는 문서) 문서의 명의를 배우자 앞으로 미리 옮겨 놓으면 큰 피해는 막을 수 있다. 이런 사람들과 상담을 하다 보면 자신의 투기성향 때문에 크게 잃을 수도 있는 가능성이 항상 존재했다는 것을 본인 스스로도 알고 있다.

* 편재 : 큰 재물이 일시적으로 들어오기도 하고, 일시적으로 빠져

나가기도 하는 기운. 큰 재물을 모으거나 잃기도 하고, 지배당하지 않으려는 성향이 강하다.

* 정인 : 이성적, 합리적, 논리적 사고를 하는 능력. 안정성을 추구한다.

그러나 민정씨는 돈이나 명예에 대한 집착도 없고, 투기성도 전혀 없으며, 오히려 자신보다 하나님의 일과 남을 돕는 일에 돈을 아끼지 않았던 사람이다. 이런 경우는 전생과 관련지어 설명하기 힘들다. 그저 우리 모두가 삶에서 지나가야 하는 어둠의 터널을 지나가는 중인 것이다.

그녀는 3남 1녀의 막내딸로 어린 시절부터 가족들의 사랑을 듬뿍 받고 자랐다. 나와 친구들이 생활전선에 뛰어들어 치열하게 살아내던 20대 시절, 그녀는 20대 후반이 되도록 찬무팀 단장으로 사역하며 가끔은 알바를 가고, 가끔은 학교를 가는, 말 그대로 개꿀 빠는 삶을 살았다. 하나님의 축복을 받은 자녀답게 그렇게 평생을 살 줄 알았으나, 하나님의 자녀도 팔자를 피하지는 못했던 것 같다. 이제까지 편하게 살았던 삶에 대해 반성이라도 하라는 듯 악재는 줄줄이 계속되었다.

현실에서 오는 압박감과 불안감으로 그녀는 극도의 스트레스를 받았고, 그 스트레스로 몸에 면역력저하반응이 일어났다. 두피에서 붉은색 반점들이 생기는 알러지성 피부염이 생기기 시작했고, 심한 가려움증으로 약을 먹지 않고는 일상생활이 불가능했다. 시간이 지나면서 머리에서 시작된 피부병은 얼굴로까지 내려왔다. 병원을 다니고, 약을 먹고, 연고를 바르면서도 그녀는 일을 멈추지 않았고 어떻게 해서든지 지금의 상황을 잘 견뎌내고자 했다.

민정씨는 이때 〈욥기〉가 생각났다고 했다. 구약성서에 나오는 〈욥기〉에는 욥(Job)이라는 인물이 나온다. 욥은 하나님을 경외하며 신실하게 살았던 인물이다. 하나님의 허락 하에 사탄은 전염병과 도적을 이용하여 욥의 재산을 모두 잃게 하고 자식들을 몰살시킨다. 그러나 욥은 하나님을 원망하지 않는다. 이어 사탄은 욥의 몸에 피부병이 생기게 하였다. 욥은 심한 가려움증 때문에 기왓장으로 몸을 긁으면서도 하나님을 원망하지 않는다. 결론적으로 모든 고난을 이겨내고 하나님께 더 많은 축복을 받으며 이야기는 끝난다.

그녀도 이것을 끝으로 많은 축복을 받았으면 좋았으련만, 그녀의 이야기는 성경 속의 해피엔딩으로 끝나지 않았다.

카드사에 대출을 신청해 놓았던 그녀에게 어느 날 대출에 관련된 문자가 왔다. 당연히 자신이 신청한 대출에 대한 문자라고 생각했고, 대출 신청에 대한 절차를 안내원이 시키는대로 따라했다. 그러나 그 대출문자는 말로만 듣던 보이스피싱의 수법 중 하나였다. 이미 지금까시 깊지 못한 카드 대출, 은행 대출, 차량 할부까지 미칠 지경에 이르렀는데 보이스피싱까지 당하게 된 것이다.

보통 사람이라면 이런 정신적 충격을 견뎌낼 수 있었을까 싶다. 민정씨가 살려달라고 할 수 있는 곳은 하나님밖에 없었다. 단식기도, 새벽기도, 저녁기도까지 하면서 하나님께 기도했지만 상황은 좀처럼 해결되지 않았다. 경찰에 신고를 했으나 범인이 잡히지도 않았고 그런 수법으로 이미 많은 사람들이 당했다는 소식만 들을 수 있었다. 모든 상황이 자신을 파산신청의 길로 양몰이를 하고 있었다.

결국 그녀는 월세방에서 나와 다시 부모님 집으로 이사했고, 정기후원도 그만두었고, 파산신청을 하며 빚에 대한 종지부를 찍었다. 이후 개인회생 절차를 밟았지만 3년 동안 최저생계비를 제외한 나머지 금액을 전부 납부해야 했다. 코로나 19 팬데믹은 끝이 났지만 그 후유증으로 이후 3년 동안의 경제적 자유는 누릴 수 없었다. 욥처럼 3년 이후 큰 축복을 받을지는 모르지만, 그녀의 사주에는 이미 10대와 20대에 모든 축복을 몰아서 받았다고 나와 있다.

그녀는 자신의 삶에서 그런 지옥 같은 시간은 처음이었다고 말한다. 하나님에 대한 원망이 입 밖으로 튀어나오려고 했지만 그것은 하나님에 대한 믿음을 배신하는 일이었고, 곧 자신이 신앙생활을 했던 40년 인생에 대한 배신이었기에 그렇게 하지 않았다. 그리고 지금도 의아해하는 부분이 있다. 처음 일을 시작할 때 분명히 강한 확신 있었고, 일을 하면서도 신앙생활을 소홀히 하지 않았고, 잘될 때도 교만하지 않았으며, 선한 행동으로 감사함을 표현하려고 노력했는데, 왜 뜬금없는 코로나가 앞통수를 갈기고 더 뜬금없는 보이스피싱이 뒤통수까지 갈겼는지 모르겠다고 했다.

내가 사람들의 사주를 풀어보고 상담을 하면서 느꼈던 가장 의아했던 사실도 그녀의 고민과 크게 다르지 않았었다. 삶은 우리의 정직성이나 도덕성과 아무런 상관없이 좋았다 나빴다를 반복한다. 인생 전반 40년에 모든 것을 앗아갔다가 후반 40년에 모든 것을 주기도 하고, 반대로 전반전에 바벨탑 꼭대기까지 올려놨다가 후반전에 갑자기 추락시키기도 한다. 불공평하다고? 맞다. 아주 불공평하다. 시작부터 불공평하다. 누구는 고대광실 대궐 같은 집에서 금수저로 시작하지만, 누군가는 집도 절도 없이 베이비박스 안에서 삶을 시작하기도 한다.

우리의 의도가 선하다고, 선택에 강한 확신이 들었다고, 결과가 좋게 나온다는 보장은 없다. 결과가 좋더라도 다시 나빠지지 않으리라는 보장 또한 없다. 착하게 살았던 사람은 복을 받고 악하게 사는 인간은 벌을 받을 것이라는 믿음이 좋기는 하지만, 당장 주변을 둘러봐도 그 말이 사실이 아니라는 것쯤은 쉽게 알 수 있다. 아니 오히려 더 잘 사는 사람도 많더라.

거짓말을 잘하고, 부와 명예만 쫓아다니며, 권력에 편승하여 자신의 이익만을 추구하는 인간이 좋은 사주를 가지고 있는 것도 많이 보았다. 평생 한 여자만 사랑하면서 모든 것을 희생했지만, 아내는 남편 몰래 30년을 다른 남자와 바람피우고 다니는 경우도 보았다. 평생을 모은 재산을 자식에게 모두 물려주었으나, 자식이 그 모든 재산을 말아먹는 경우도 보았다.

주변의 인생을 둘러보면 운명은 불합리를 넘어 가혹하기까지 하고, 정의감과 도덕성은 이미 밥 말아먹었으며, 쇼팬하우어의 말대로 지구는 신이 만들 수 있는 최악의 세상이 아닌가 싶을 정도이다.

그러나 지구는 우리가 생각하는 것보다 아주 복잡한 우주의 법칙 - 그것을 카르마라고 하든, 운명이라고 하든, 태어나기 전의 삶의 계획이라고 하든 - 들에 의해 빽빽하게 잘 짜인 도로와도 같다. 수많은 차들은 신호등과 톨게이트와 휴게소가 규칙적으로 구성된 108차선 도로 위를 달리고 있는 것이다. 이 빽빽한 도로에서 마음대로 새치기하는 것도, 마음대로 멈추는 것도, 무작정 차에서 내려 무단횡단하는 것도 어렵다. 도로 위의 차가 우리의 영혼이고, 108차선 위의 잘 짜인 교통법규가 우주의 법칙인 카르마이다.

나의 명리학 스승님이신 진하(가명) 스님은 인간의 삶에 대해 이런 말씀을 하셨다.

"인생은 한 번의 생만 본다면 불합리하기 그지없으나, 모든 생의 관점에서 살펴보면 잔인하게 공평하고, 오차 없이 정확하며, 완벽한 당신의 계획이다."

우리가 지구에 태어나는 이유는… 좋은 결과를 얻으려고 오는 것이 아니다. 잘 먹고 잘 살고 행복을 만끽하기 위해서 태어나는 것이 애초의 계획이 아니었다는 말이다. 우리의 의도가 선했든 악했든, 우리가 확신이 있든 없든, 우리의 삶에 일어나는 일들은 영혼이 지혜를 얻어 의식이 한층 성장하게 만드는 시나리오다.

이것은 당신이 전생에 죄를 지었기 때문에 고통을 받는 것이라는 개념과는 전혀 상관이 없다. 전생에 남편을 버렸기에 이번생에 버림을 받는 다든지, 전생에 부자로 살면서 교만했기에 이번생에 가난하게 고생한다든지, 전생에 누군가를 해했기에 내가 질병을 얻는 다든지, 전생에 민정씨가 남의 재산을 가로챘기에 빼앗겼다는, 이런 개념으로 모든 사주팔자가 구성되는 것이 아니라는 뜻이다.

신이라 해도 두 마리 토끼를 다 잡을 수는 없다. 예컨대, 신은 사람들이 자유의지를 가지고 있으면서도 악을 행할 능력이 없는 세상을 창조하거나, 두려워할 일이나 유혹당할 일이 없으면서도 사람들이 두려움이나 유혹을 극복함으로써 자신의 가치를 증명할 수 있는 세계를 창조할 수 없다. 더 큰 선이 실현되기 위해서는 세계의 특정한 결함이 존재할 수밖에 없으며, 인간의 이해에는 한계가 있기 때문에 겉으로 보기에 악한 일이 '어떤' 더 큰 선으로 이어질지도 때때로 불명확할 수 있다. 그러므로 이 세상에 온갖 종류의 악이 존재한다고 해서 신이 악을 막을 수 없다거나 막기를 원치 않았다고 결론 내릴 필요는 없다.

—

왜 살아야 하는가
〈저자 미하엘 하우스켈러. 출판사 추수밭. 2021. 8. 11〉

신이 원하는 것과
에고가 원하는 것은
완전히 반대일 수 있다

2023년 9월. 나는 유방암 진단을 받았다. 이미 이번생에 관련된 내 전생을 알고 있었고, 나에게 타인을 살생하거나 신체적 고통을 주었던 죄가 없다는 것을 알고 있었지만, 많은 책에서 질병은 카르마라고 했기에 나는 당연히 나에게 비슷한 죄가 있을 것이라고 예상했다. '내가 모르는 죄, 남에게 신체적 가학을 행했던 죄가 있나? 이유가 뭘까?' 이 질문에 답을 얻으려고 많은 스님들과 명리학자의 상담을 받았고, 마지막으로 박진여 선생님의 상담까지 받았다. 그리고 나는 결론을 내렸다.

우주는 우리가 아는 것보다 훨씬 더 복잡하고 오묘하다. 단지 카르마의 보복성으로 사주팔자를 그렇게 만들지 않는다는 뜻이나. 질병이든 남녀 간의 애정문제든 심지어 민정씨같이 재산을 빼앗긴 경우 또한 전생에 가해자였기 때문이라고 말할 수 없다. 더욱이 고난을 이겨내면 축복이 올 것이라고 믿는 믿음은 전혀 헛될 수 있으며, 우리가 생각한 축복과 우주의 관점에서의 축복은 전혀 다를 수도 있다는 말이다.

우리는 모두 잘 살고 싶다. 적당한 돈과, 적당한 명예와, 사랑하는 사람과, 건강한 자식을 얻어, 아무런 고난 없이 사는 것이 잘 사는 것일까? 아니면 평생을 논란 없이 승승장구하고 부와 명예를 유지하며 어린 이성들만 만나면 잘 사는 것일까? 아니 아니. 부와 명예도 많이 얻고 사랑하는 배우자와 나에게 근자감을 안겨줄 자식까지 모두 있어야 할까?

미안하지만 그런 사주팔자는 없다. 단언하건대 없다. 삶을 선하게 살았든 악하게 살았든 우리는 반드시 고통의 고비를 넘기고 의식을 성장시켜야 한다. 왜냐하면 그러기 위해 지구에 왔기 때문이다. 우주의 관점에서는, 영혼의 관점에서는 그것이 축복이다.

민정씨는 현재 줄넘기 강사로 일하면서 개인회생 중이고 9월이면 모든 과정이 끝난다. 그러나 연골문제로 줄넘기 교사일을 할 수 없게 되었다. 어린 시절부터 찬무팀 단장으로 20년을 사역하는 동안 민정씨의 연골은 이미 닳을 만큼 닳았고 60대 노인의 상태가 되어 더 이상 신체적 활동을 하는 것이 무리라고 의사가 진단했다. 연골

주사를 맞아봤으나 통증 때문에 일에 영향을 주어 주사치료는 그만 두었다. 그녀와의 마지막 통화에서 민정씨가 말했다.

"하나님을 위해서 20년을 사역했는데 연골이 할머니가 됐어. 찬무때문에 연골이 나갈지 누가 알았겠어? 이건 좀 너무한 거 아니냐 고!"

하나님이 너무 한 거 아니냐고? 아니. 누가 너 더러 찬무팀 하래? 네가 선택한 거잖아.

왜 이렇게 삶이 힘든지 모르겠다고? 응. 맞아. 쉽게 살려고 태어난 게 애초에 아니었거든.

행복은 언제 오는 거냐고? 네가 생각한 행복과 영혼이 생각한 행복은 전혀 다를 수도 있어.

평안한 삶을 살다가 찾아온 고통스러웠던 지난날이 그녀에게 어떤 의미가 있을지는 그녀만이 알겠지만, 휴대폰 너머로 들리는 목소리 속에 지난날 느껴지던 불안감과 조급함은 더 이상 없었다. 그 이유가 곧 개인회생을 끝날 것이라는 안도감 때문이었는지, 아니면 그저 봄날 벚꽃의 만발함이 가져온 순간적인 평화였는지는 모르겠다. 그러나 그녀가 지나간 어둠의 터널은 그녀의 의식을 업그레이드하고 영혼이 평안에 이르게 하는 과정이라고 나는 확신한다.

유방암 진단을 받은 이후 나는 잠자리에 들기 전 거울을 보며 그런 생각을 한다. '나는 언제까지 살게 될까. 2년? 3년? 과연 내가 잘 살았다고 말하고 죽을 수 있을까? 육신을 벗은 나의 영혼이 과연 이전보다 성장해 있을까? 나의 영혼에게 인내와 사랑과 온유와 절제와 자비 같은 마음들이 조화롭게 성장해 있을까?' 죽음이 눈앞에 있으면 더 이상 지구에서의 승부는 의미가 없어진다. 나의 영혼에 무엇이 남게 될까 그것만을 생각하게 된다.

우리는 지구에서 반드시 고통의 터널을 지나가게 되어 있다. 60갑자 중 사주에는 단지 4갑자(8글자)만으로 구성되어 있다. 대운에 흐르는 60갑자와 내 사주의 4갑자 사이에서, 어떤 글자들끼리는 서로 쌈박질을 하고, 어떤 글자들끼리는 부둥켜안고, 어떤 글자들끼리는 대면면 한다. 그러니 모든 인간은 반드시 한번 이상은 그 터널을 지나가게 되는 것이다.

스토아학파에서는 세계는 연극이고, 감독은 신이고, 시나리오는 로고스고, 배우는 인간이라고 말한다. 명리학으로 해석하자면 세계는 매년 돌아가는 60갑자고, 감독은 나의 영혼이고, 시나리오는 내가 태어난 생년월일시, 배우는 이번 생에 타고난 당신의 에고이자 당신의 육체가 된다. 어쨌든 이번생은 앞에 있는 거울에 보이는 껍데기를 입고 생년월일시대로 연기를 해야 한다는 것이다. 아… 그런데 연기치고 너무 빡세다는 생각이 드는 건 어쩔 수 없는 일이다.

기린에 관한 이야기가 있다. 새끼 기린은 태어나면서부터 일격을 당한다. 키가 하늘 높이만큼 큰 엄마 기린이 선 채로 새끼를 낳기 때문에 수직으로 곧장 떨어져 온몸이 땅바닥에 내동댕이쳐지는 것이다. 충격으로 잠시 멍해져 있다가 간신히 정신을 차리는 순간, 이번에는 엄마 기린이 그 긴 다리로 새끼 기린을 세게 걷어찬다. 새끼 기린은 이해할 수 없다. 이제 세상에 태어났고 이미 땅바닥에 세게 부딪쳤는데 또 걷어차이다니!

아픔을 견디며 다시 정신을 차리는 찰나 엄마 기린이 또다시 새끼 기린을 힘껏 걷어찬다. 처음보다 더 아프게! 비명을 지르며 고꾸라진 새끼 기린은 이 상황을 이해할 수 없어 머리를 흔든다. 그러다가 문득 깨닫는다. 이대로 가만히 있다가는 계속 걷어차이리라는 것을.

그래서 새끼 기린은 가늘고 긴 다리를 비틀거리며 기우뚱 일어나기 시작한다. 바로 그때 엄마 기린이 한 번 더 엉덩이를 세게 걷어찬다. 충격으로 자빠졌다가 벌떡 일어난 새끼 기린은 달리기 시작한다. 그렇지 않으면 계속 발질길을 당할 것이기 때문이다.

그제야 엄마 기린이 달려와 아기를 어루만지며 핥아주기 시작한다. 엄마 기린은 알고 있는 것이다. 새끼 기린이 자기 힘으로 달리지 않으면 하이에나와 사자의 먹잇감이 되리라는 것을. 그래서 새끼 기린을 무조건 걷어차는 것이다. 일어서서 달리는 법을 배우라고.

당신은 엉덩이를 걷어 차인 적이 몇 번인가? 별로 기억나지 않는다면 각오하는 게 좋다. 조만간 연타로 발길질당할 테니. 당신이라고 해서 삶이 살살 기분 좋게 굴리는 법은 없다. 그러나 걷어차이고 또 걷어 차여도 당신은 일어설 힘이 있다. 당신은 기린이니까.

카뮈는 "눈물 나도록 살라"고 말했다. 그리고 〈백 년 동안의 고독〉의 저자 마르케스는 "인간은 어머니가 세상에 내놓은 그날 태어나는 것이 아니다. 인간에게 태어남을 강요하는 것은 삶이다"라고.

인생은 우리에게 엄마 기린과 같다. 때로 인생이 우리를 세게 걷어차면 우리는 고꾸라진다. 하지만 다시 비틀거리며 일어나야만 하고, 또다시 걷어차여 쓰러질 것이다. 그러면 우리는 또다시 일어난다. 그것이 우리가 성장하는 방식이다.

—

내가 생각한 인생이 아니야
〈저자 류시화. 출판사 수오서재. 2023. 12. 21〉

제 2 장

당신은 운명을
바꿀 수 있다

부모의 모습은
자신의 무의식에
저장된다

　　많은 사람들의 사주를 풀다 보면 명리학이 2000년 이상 학문으로 이어져온 명백한 이유를 알 수 있다. 실제로 기질, 행동 방향, 성향이 생년월시가 찍혀 있는 4기둥의 흐름대로 청소년기 청년기 중년기 장년기를 지나오는 사람이 많기 때문이다. 나도 크게 벗어나지 못했고, 내가 사주를 풀었던 사람들 90%도 그런 듯 보인다. 그래서 생년월일시를 자신의 바코드라고 표현하기도 한다.

　　그러나 사주의 흐름대로 살지 않고 관계를 바꾸는 사람들의 예를 바로 옆에서 보았던 나는, 바코드라는 말을 받아들이지 않기로 했다. 물론 그 과정은 끊임없는 자아성찰과, 뼈를 깎는 노력과, 싫은 것도 견뎌야 하는 인내가 필요하기 때문에 결코 쉬운 과정이라고 말할 수 없다 그러나 그 과정이 지나면 노력은 습관이 되고,

습관은 성품이 되고, 성품은 운명이 된다.

내가 주연(가명)씨와 처음 만난 것은 20년 전 어린이집에서 일할 때였다. 원생이 300명이 넘었고 정교사 선생님만 16명인, 규모가 제법 큰 어린이집이었다. 나와 나이또래인 선생님은 주연씨와 나를 포함해 세 명밖에 없었기에 나이가 제일 어린 우리 세 명이 잡일이란 온갖 잡일을 다 해야 했다.

다른 선생님들이 하기 싫어하는 화장실 청소도 우리가 해야 했고, 아이가 구토한 오물 치우기, 기저귀 갈기, 똥 싼 바지 빨기, 무거운 짐 나르기, 쓰레기 버리기 등. 말만 보조교사고 실상은 잡역부나 다름이 없었다. 이기적인 선생님은 퇴근할 시간이 다 되었는데도 우리에게는 일을 시켜놓고 정작 본인은 약속이 있다며 일찍 퇴근을 하기도 했고, 개념 없는 선생님은 쓰레기통에 유리조각을 아무렇게나 버려 우리가 쓰레기를 누르다가 손바닥이 베인 일도 있었다. 거기에 갑질하기 좋아하는 학부모들은 등원할 때나 하원할 때 나이 어린 보조교사를 무시하는 발언을 한 적도 있고, 아이들이 집에서 자다가 울기만 해도 어린이집에 전화를 걸어 보조교사 선생님들에게 책임을 물었다.

우리는 퇴근 후 콩나물 국밥집에서 소주를 마시면서, 정교사들과 학부모를 도마 위에 올려놓고 채를 치며 씹어대는 것으로 스트레스를 풀었다. 일은 힘들었으나 그만큼 우리의 연대는 강해졌고, 씹는 맛은 더욱 좋았다. 안주의 씹는 맛이 좋으니 사실 콩나물국만 있어도 소주는 술술 들어갔고, 시간이 지날수록 우리는 더 깊은 진솔한 이야기도 하게 되었다.

그날도 일차는 어린이집에서 원장의 구박을 한 사발 마시고, 이차로 소주를 마시러 온 날이었다. 구박은 내가 받았는데 표정은 주연씨가 더 안 좋아 보여 무슨 일이 있었는지 물어보니, 보육교사라는 직업이 자신과 맞지 않는 것 같다는 말을 하였다. 나는 보육교사 자격증이 없는 시간당 아르바이트생이었고, 주연씨는 전문대에서 보육교사 자격증을 따고 경력도 3년 된 전문 보육교사였다. 어느 설문조사에서 직장생활을 하다 보면 3년 차가 되었을 때 그만두고 싶다는 욕구가 가장 강하게 올라온다고 하더라며 위로를 해주었지만, 주연씨가 그만두고 싶어 하는 이유는 사람들이 퇴사하고 싶은 이유와는 많이 달랐다.

내가 일한 어린이집은 보조교사기간 2년을 지나야 정교사가 될수 있는 규칙이 있었다. 주연씨가 보조교사로 2년을 일하고 3년 차가 되었을 때 5세 반 담임이 되었는데, 그 어린이집은 5세 반부터는 글을 가르치는 것이 교육방침이었다. 주연씨는 아이들에게 연필 잡는 방법, 글씨 쓰는 방법, 한글의 모음과 자음의 발음을 매일매일 한시간씩 교육하였다.

처음에는 아이들에게 하나하나 가르쳐주는 것이 재미있었다. 연필을 쥐는 모양도 각양각색이고 글씨를 쓰는 모양도 각양각색이어서, 귀엽기도 하고 신기하기도 해서 웃으면서 아이들을 가르쳤다. 그런데 시간이 지나자 가르쳐 주는 대로 따라오지 못하는 아이들에게 화가 나기 시작했다. 답답해서 화가 날 수 있다 치더라도 화를 내는 방식이 스스로 생각하기에도 이건 아니구나 싶었다.

연필을 항상 주먹으로 쥐는 여자아이가 있었다. 손이 불편해서 그랬던 건지, 아니면 알려줘도 잊어버려서 그랬던 건지는 모르겠으나, 그날도 주먹으로 연필을 움켜쥐고 있었다. 주연씨는 순간적으로 올라오는 화를 참지 못하고 화를 버럭 내었다.

"선생님이 그렇게 하지 말라고 했잖아!!"

자신도 모르게 소리를 지르며 책상을 두 손으로 내리쳤다. 그런데 그날 그 순간 아이의 반응에 주연씨는 충격을 받았다. 아이는 공포에 질린 표정으로 연필을 잡은 두 손을 파르르 떨고 있었던 것이다. 아이에게 미안하다고 말하고 안아주기는 했지만, 그녀는 집에 돌아와서도 밤늦게까지 그 순간의 충격을 계속 곱씹었다. 그렇게 싫어했던 아버지. 분노조절장애, 시한폭탄형 아버지의 모습이 자신에게도 있다는 것을 처음으로 대면한 주연씨는 그 충격의 여파가 생각보다 아주 강했다.

그날 술자리에서 우리에게 보육교사를 그만두고 싶다고 말했던 이유는, 자신이 아버지의 모습을 닮아 아이들에게 똑같은 상처를 남기게 될까 봐 두려워서였다. 나는 주연씨와 그 이후로도 아버지의 이야기를 하면서 같이 많이도 울었다. 나의 아버지도 분노조절장애 성향이 강했기 때문에 동병상련의 감정이 느껴져 마음이 많이 아팠고, 그녀의 힘든 마음을 이해할 수 있었다.

나의 아버지는 열등감이 많았고, 불같이 화도 잘 냈고, 말에는 냉혹하다 못해 서릿발같이 날카로운 바늘이 있었다. 자상한 말투나 부드러운 말투는 들어본 적이 없었고, 사랑이 너무 고파 애정을 갈구하면 매정하게 내쳤다. 아버지의 급작스런 화는 정말 시도 때도 없었다. 왜 화가 났는지, 어느 부분이 그의 열등감을 건드렸는지, 이해가 안 되는 순간들이 더 많았다.

아버지는 화가 나시면 허리춤의 가죽허리띠를 뽑아 오빠와 나를 사정없이 때리셨다. 가죽허리띠가 없으면 오빠와 나를 엎드리게 한 후 야구방망이로 엉덩이를 때리셨는데, 나는 가죽허리띠보다 야구방망이가 더 낫다고 생각했다. 허리띠로 맞는 것은 얼굴이나 목에 붉은 넓적 당면자국이 나기 때문에 가릴 수 없지만, 엉덩이가 멍든 것은 보이지 않기 때문이다.

명리학을 공부하기 시작한 이유도 부모님을 이해하기 위해서였다. 심리학으로도, 철학으로도, 아버지의 분노조절장애 성향을 이해하기 힘들었기 때문이다. '그저 사람마다 타고난 기질이 있다면 대체 아빠는 어떤 기질로 태어났길래 저렇게 열등감을 화로 분출하는 것일까?'라는 의문이 공부의 시작이었다.

사주를 봐달라고 부탁하는 사람들의 질문은 대부분 비슷비슷하다. 사주에 돈이 많이 있냐거나, 자신의 분야에서 성공할 수 있냐거나, 언제 결혼할 수 있냐거나, 남편복이나 아내복이 있냐거나 이다. 내가 명리학에서 깊이 공부했던 부분은 부나 명예나 배우자 복보다는, 전생의 업, 카르마, 그 사람의 기질, 가족들과의 관계, 개인 성향 같은 부분이었다. 나의 부모를 제대로 아는 것이, 나를 제대로 아는 것이, 나의 의식성장에 더욱 도움이 된다고 생각했기 때문이다.

분노조절장애성향을 가지고 있는 사람은 대체로 비슷한 사주의 구성을 가지고 있고, 주연씨의 아버지와 나의 아버지 역시 비슷한 사주 구성을 가지고 있다. 사람의 기질은 사주의 8글자의 모두를 보아야 하기 때문에, 아래 언급한 통계만을 가지고 분노조절장애라고 언급하기에는 무리가 있다는 것을 알았으면 한다. 나는 철저하게 분노조절장애 성향이 있는 사람들의 사주만 모아서 통계를 냈고 공통점만 추린 것이다.

1. 병화(丙火), 정화(丁火), 사화(巳火), 오화(午火)가 사주의 8글자 중 3글자 이상인 경우
2. 십성 중 편관이나 상관이 있는 경우

3. 자미(子未), 축오(丑午), 인유(寅酉), 묘신(卯申), 진해(辰亥), 사술(巳戌) *원진살 *귀문관살이 있는 경우.

4. *백호살, *현침살이 있는 경우

5. 수(水)기운의 글자 [임(壬), 계(癸), 자(子), 해(亥)], 토(土)기운의 글자 [무(戊), 기(己), 진(辰), 술(戌), 축(丑), 미(未)] 가 두 개 이하인 경우

* 원진살 : 서로 가까워지면 미워하게 되고, 멀리 있으면 그리워한다는 살로 원진궁합은 주말부부를 하는 것이 좋다.

* 귀문관살 : 귀신이 출입하는 문을 의미하며 삶에서 다양한 방해를 받는다. 사주에 귀문관살이 있으면 정신이 불안하고, 불평불만을 잘하고, 예민하여 신경질적인 반응을 자주 한다.

* 백호살 : 호랑이에게 잡혀가 피를 보거나 죽을 운이라는 살이다. 일주에 있으면 피해망상 증상을 보이는 경우가 많고, 그것에 대한 화풀이로 배우자를 학대하거나, 자녀를 학대하거나, 자신을 학대한다.

* 현침살 : 뾰족하고 날카로운 것으로 찌르는 살로 사주에 현침살이 있으면 주변인에게 상처 주는 말을 많이 한다. 열등감이 높은 사람이거나, 의학계통에서 종사하거나, 의학이 아니더라도 한 분야에 전문가이면 현침살이 있는 경우가 많다.

통계 tip
원진살이나 귀문관살이 있는 사람들은 이혼을 한다고 하지만, 실제

로 통계를 내보니 같은 종류의 원진살과 귀문관살이 있는 경우는 이혼하지 않는 경우가 더 많았다. 예를 들어 남편이 진해 귀문원진인 경우 아내도 진해 귀문원진이면 이혼하지 않는다. 서로 각자의 사생활을 존중하고 보고 싶을 때만 만나면 가정의 불화 없이 잘 지내는 경우가 많다. 필자의 부모님도 두 분 모두 귀문원진 중에 가장 감정기복이 심하다는 축오 귀문원진이지만, 자주 싸우긴 해도 서로 이혼하려는 결심을 한 적은 한번도 없었다.

그러나 원진살이 부부의 한쪽에만 있는 경우는 이혼이나 별거를 하는 경우가 많았다. 그러니 상대방의 사주에 원진살이 있거든, 보고 싶다고 할 때만 같이 있어 주고 평소에는 혼자 있도록 해주는 것이 가정의 평화를 지키는 방법이다.

부부관계가 아닌 인간관계에서도 같은 종류의 귀문원진이 친하게 지내는 경우가 많다. 그러나 이 경우는 부부관계와는 다르다. 인간관계 중 피가 섞이지 않아도 가족으로 문서화되어있는 관계는 부부밖에 없다. 그래서인지 부부가 같은 귀문원진이면 멀어졌다 가까워졌다를 반복하면서 잘 사는 경우가 많지만, 문서화되지 않은 지인관계는 가깝게 지내다가 어느 순간 틀어져 절교를 하게 되는 경우를 많이 보았다. 친한 사람이 자신과 같은 종류의 귀문원진이라면 스스로 적당한 거리조절을 하여 관계가 틀어지지 않도록 주의할 필요가 있다.

이제부터 웃음기 사라질 거야.

가파른 이 길을 좀 봐

그래 오르기 전에 미소를 기억해 두자

오랫동안 못 볼지 몰라

완만했던 우리가 지나온 길엔

달콤한 사랑의 향기

이제 끈적이는 땀 거칠게 내쉬는 숨이

우리 유일한 대화일지 몰라

한걸음 이제 한걸음일 뿐

아득한 저 끝은 보지 마

—

오르막길
〈노래 윤종신 feat.정인. 2013. 1 .3〉

분노조절장애
아버지

주연씨의 아버지는 직업군인이었다. 어린 나이에 직업군인이 되어 25살에 22살의 어머니를 만나 결혼하시고 일찍 안정된 생활을 하셨다. 그러나 철저한 관료제와 상하복종구조에서 생활했던 환경 탓이었는지 아버지 역시 그런 성향이 강했다. 권위주의적이고, 가부장적이고, 화가 나면 눈빛이 돌변했다. 주연씨가 초등학교를 들어가기 전에는 아버지가 폭력을 쓰거나 폭언을 했던 기억은 없었다. 집에 없을 때도 많았고 어머니와 싸웠던 기억도 없었다.

어느 날 아버지는 직위를 남용한 불법적 돈거래와 폭력을 원인으로 강제전역을 당하셨다. 어머니가 자세한 이야기는 해주지 않았기에 어떤 불법이고 어느 정도의 폭력인지는 모른다. 그러나 아버지의 전역으로 더 이상 나라에서 제공하는 집에서 살 수 없게 된 주연씨와 가족들은 단칸방으로 이사를 가야 했다.

직업이 사라져 버린 아버지는 생계를 책임지기 위해서 여러 가지 일을 하셨는데, 문제는 아버지의 오랜 군대생활에서 배어져 버린 권위주의적 습성과 그의 폭력적인 성향이 사회초년생으로는 적절하지 않았던 듯하다. 회사를 입사해도 몇 개월이면 퇴사를 했고 막노동을 하다가도 동료들과 싸워서 쉽게 그만두었다. 마지막으로 유통회사를 차리고 식자재를 납품하는 일을 했는데, 식자재 납품하는 가게 사장들과 싸움이 잦아서 일은 점점 줄어들었고 빚은 계속 늘어만 갔다.

자신의 계획대로 흘러가지 않는 인생에 대한 답답함과, 돈이 없어 가족들에게 먹일 것이 없어지는 것에 대한 초조함이, 삶의 매 순간순간 얼마나 심하게 그를 불안과 공포로 몰아넣었을까. 20대에 먹고살기 치열한 사회로 처음 던져질 때 느꼈던 우리의 불안함보다 가장으로서 느꼈을 그의 불안함이 몇 배는 심했으리라는 사실을, 나도 주연씨도 이해할 수 없는 바는 아니었다. 그러나 그는 그런 불안과 공포를 음주와 폭력으로 표출했고, 그때부터 주연씨의 가정은 지옥으로 변하기 시작했다.

어느 날엔가 어머니께서 저녁식사를 하시다가 생활고에 대한 불만을 아버지께 드러내는 일이 있었다. 그러자 갑자기 드라마에서 보던 일이 그녀의 눈앞에서 펼쳐지기 시작했다. 아버지께서 밥상을 엎으시고는 자신의 화를 주체하지 못하고 상다리를 부러뜨리면서 어머니께 폭언을 하시기 시작하셨다. 단란해야 할 가족들의 저녁식사는 공포의 아수라장이 되었다. 여기저기 날아간 그릇과 반찬들, 울부짖는 남동생, 소리 지르는 어머니, 그 사이에서 주연씨는 그대로 얼어있었다. 이것이 주연씨가 기억하는 아버지의 분노표출 시작이었다.

그 이후로 부러진 상다리는 시도 때도 없이 아버지의 무기가 되었다. 밥상하나 살 돈이 없었던 집이었기에 어머니는 그 밥상의 상다리를 다시 끼워 맞추어 사용하셨는데, 상다리는 한번 빠지면 끼워 맞추어도 계속 빠지기 마련이다. 아버지는 이 사실을 알고 있었던 걸까? 술을 마시고 들어온 날. 주연씨와 남동생을 깨우려는 아버지, 그걸 말리는 어머니, 그리고 시작된 싸움, 폭언, 울기 시작하는 남동생, 그러면 부러졌던 상다리를 다시 빼서 주연씨와 남동생과 어머니를 패기 시작했다. 그리고 그 소음은 동내이웃과의 싸움으로까지 이어졌다.

동네 이웃들은 그 집에서 셋방살이하고 있는 가족들 때문에 너무 시끄러워 못살겠다고 주인집에게 하소연을 하기 시작했고, 자존심이 강했던 아버지는 자신의 화를 절제하기보다는 이사 가는 것을 선택했다. 그러나 이사를 갈 때마다 이런 일은 계속 반복되었다.

지금 같은 시대에는 가정폭력으로 신고를 했겠지만 1990년대는 그 정도의 폭력은 신고대상이 아니었던가보다. 생각해 보면 나의 아버지도 사람들이 많은 길거리에서 빗자루로 때리며 욕을 했지만, 주연씨의 아버지도 나의 아버지도 가정폭력으로 신고 된 적은 없었다.

　　유통회사는 빚만 늘어나고, 잦은 이사에, 잦은 전학, 아버지의 폭력과 폭언, 그리고 가난에 지친 어머니. 어머니는 아마 그때부터 몸이 아프셨던 것 같다. 배가 아프다고 시름시름 앓아누워 계실 때도 많았는데, 아버지는 자신에게 화가 나 아픈 척을 하거나 엄살을 부리는 거라며 되려 화만내시고 큰 병원에 데리고 가지 않으셨다. 어머니가 스스로 난소암이라는 것을 알고 계셨음에도 치료할 돈이 없기에 말하지 않았던 것인지, 아니면 본인도 모르고 있었던 것인지, 아니면 남편의 폭력에 죽기로 작정했던 것인지… 그 사실은 아무도 모른다. 어머니께서 이제는 너희 곁에 없을 것 같다고, 미안하다고 말을 하시고 나서 며칠 뒤에 하늘나라로 가셨다.

　　이상하게 주연씨는 어머니가 아프시고 난 후부터 돌아가실 때까지의 기억이 대부분 없다고 한다. 충격적이거나 매우 스트레스를 받는 사건이 있으면 해리성 기억상실 장애(신체적 학대, 전쟁, 자연재해, 잔인한 사건의 목격 등과 같은 경험이 심리에 미치는 영향을 최소화하기 위해 방어기제로 개인의 특정 기간, 사건, 또는 사람들에 대한 완전한 또는 부분적 기억 상실을 의미함)가 생기기도 한다는데 아마 그런 종류가 아닐까 추측해

본다.

어머니가 돌아가신 후 아버지는 회사를 정리한 이후 할머니댁으로 이사를 했다. 아버지는 돈을 벌어 오신다며 한 달 동안 안 들어오신 날도 있고, 집에서 몇 달을 계셨던 적도 있어 무슨 일을 하는지는 알지 못했다. 그러나 집에 계실 때도 항상 술을 드셨고, 술에 취하시면 어머니가 계실 때보다 더 심하게 폭언과 폭력을 일삼았다.

한 번은 참다못한 할머니께서 "술 처먹고 그 지랄할 거면 니 새끼들 데리고 나가!!"라고 소리를 지르시며 주연씨와 남동생의 옷들과 아버지의 물건들을 마당으로 던져버리셨다. 할머니의 이 말이 효과가 있었던지 그 이후로는 할머니가 집에 계실 때는 화를 잘 내지 않았다.

주연씨는 자신과 남동생이 살아남기 위해서 할머니께 잘 보여야 한다는 생각에, 밭일도 돕고 설거지도 하면서 할머니의 기분을 좋게 해 드리려고 노력했다. 아버지는 3형제 중 둘째였는데 가끔 큰아버지와 작은아버지가 오셔서 용돈을 주시면 그 돈을 안 쓰고 모았다가, 한여름에 밭일을 하시는 할머니에게 아이스크림을 사드리기도 하고 겨울에 두꺼운 양말이나 장갑을 선물하기도 했다.

처음에는 할머니가 남동생만 예뻐해서 많이 서운했는데, 주연씨의 사랑스러운 행동 때문이었는지 이후에는 할머니가 주연씨를 더 아껴주셨다.

중학교 2학년이 되고 아버지가 도시에 작은 아파트를 장만하셨다. 주연씨와 남동생은 연변 사투리를 쓰시는 새어머니와 함께 살게 되었다. 처음 같이 살기 시작했을 때, 아버지는 술도 많이 드시지 않았고 가끔 과자도 한 보따리씩 사서 집에 들어오셨다. 새어머니 덕분인지 아버지가 하시는 사업이 잘되었기 때문인지 모르겠으나, 아버지가 이전보다는 많이 다정해지시고 가정적으로 변하셨다고 느꼈다.

그렇게 생활이 안정되었다고 느껴졌지만, 주연씨가 고등학교 2학년이 되던 해쯤부터 아버지는 다시 술을 마시기 시작했다. 어느 날 야간자율학습을 끝내고 집에 와보니 술에 취하신 아버지가 새어머니에게 욕을 하면서 허리띠를 휘두르고 있었다. 아버지의 말이 사실인지 아닌지는 모르겠으나, 새어머니가 다른 남자와 바람이 났다며 주연씨에게 새어머니의 짐을 싸라고 큰 가방을 던져주셨다. 주연씨와 남동생은 아버지의 팔을 붙잡고 소리치며 말렸다. 중학교 3학년, 덩치가 커진 남동생이 아버지를 말리니 아버지도 남동생의 힘에 휘청하시고는, 내일까지 짐 싸서 나가버리라고 새어머니에게 고함을 치시고 밖으로 나가 버리셨다. 새어머니는 안방으로 들어가 이불을 뒤집어쓰고 울기 시작하셨고, 남동생과 주연씨는 어질러진 집안을 치우고 방으로 들어갔다. 그리고 다음날 학교에서 집으로 돌아와 보니 새어머니는 정말 자신의 짐을 싸서 나가버리셨다.

나중에 알게 된 사실이지만 아버지와 새어머니는 혼인신고를 하지 않은 상태였고, 새어머니는 아버지를 만나기 이전에 만났던 남자와 다시 만나 혼인을 하고 잘 살고 있다고 했다.

새어머니가 집을 나가신 이후 아버지의 술주정은 다시 심해지기 시작했다. 이 때문에 주연씨가 난감했던 상황이 한두 번이 아니었다.

고등학교 때 음악수행평가로 음악회를 다녀와서 감상문을 제출해야 하는 과제가 있었다. 음악회에 학생들이 너무 몰려 버스가 만원이 되어 몇 번을 놓치게 되자 귀가가 늦을 것 같다고 공중전화로 집에 전화를 걸었는데, 술을 드시던 아버지가 그녀의 전화를 받았다. 술에 취한 아버지는 ㅆ년, ㅆㅂ년, ㅎㅇ년, 온갖 년들은 다 찾으시면서, 밖에서 몸을 굴리면 ㅂㅈ를 다 찢어버린다는 말을 하셨다. 그때 공중전화기 밖으로 아버지의 폭언을 친구들이 모두 같이 듣게 되어 너무 창피하고 수치스러웠다.

수능 시험을 보기 며칠 전, 주연씨와 남동생은 방에서 각자 할 일을 하고 아버지는 거실에서 TV를 보시며 술을 마시고 계셨다. 갑자기 커다란 굉음이 들려 방에 있던 주연씨와 남동생이 뛰어나와 보니 아버지가 야구방망이로 천장을 치면서 소리를 지르고 있었다. 아버지의 말씀으로는 윗집에서 쿵쿵거리는 소리가 나서 너무 시끄러웠다고 말을 하였지만, 윗집에서 쿵쿵 거리는 소리는 주연씨도 남동생도 들은 적이 없다고 했다. 아버지가 천장을 치면서 났던 굉음때문에 놀란 윗집아저씨가 내려왔다. 아버지는 마동석급 몸집의 윗집아저씨를 보시고 씩씩 거리면서 안방으로 들어가셨고, 남동생과 주연씨는 윗집아저씨에게 죄송하다고 몇 번을 사과드렸다.

대학수학능력 시험이 끝난 후 주연씨는 4년제 대학교에 갈 수 없다는 것을 알고 재수를 하고 싶다고 아버지에게 말씀드렸다. 돈은 자신이 벌어서 공부를 할 테니 신경 쓰지 마시라고 했는데, 그날 저녁 술을 먹고 들어와 다시 폭언과 폭력을 퍼부었다. 주연씨의 머리채를 잡고 "집안꼴이 이게 뭐냐, 여자가 살림을 잘해야지 대학물 먹어서 뭐에 쓸 거냐."며 고래고래 소리를 지르셨다. 참을 수 없었던 주연씨는 냄비를 잡아 아버지의 무릎을 내리치고 방으로 들어가 문을 잠가버렸다. 화가 난 아버지는 주연씨의 방문을 발과 손으로 부수기 시작하면서 소리를 지르셨고, 아버지의 고성방가에 아랫집 아저씨와 경비아저씨가 집안으로 들어와 아버지를 말리면서 끝이 났다.

아랫집, 윗집, 경비아저씨까지 이미 온 동내에 소문이 퍼져 얼굴을 들고 다니기도 창피했고 집에 들어가기도 너무 싫었다. 이 집에서 빨리 탈출하는 방법은 독립하는 방법밖에 없다고 생각했다. 주연씨는 결국 재수를 포기하고 전문대학교 아동보육학과에 들어갔고, 보육교사 자격증을 따자마자 어린이집으로 취업을 해서 월세로 집을 얻어 독립을 했다.

독립한 이후 집에는 단 한 번도 가지 않았다. 비슷한 시기쯤 남동생도 군대를 가면서 아버지는 그 집에서 혼자 사시게 되셨고, 주연씨도 남동생도 아버지와 연락을 주고받지 않았다.

그 이후 2년 동안 어린이집에서 일을 하면서 주연씨는 태어나서 처음으로 마음이 평안했다. 아버지가 없는 세상이 너무 행복해서 두려울 정도였다. 매일 아침마다 감사하다는 말로 하루를 시작했다. 아버지가 없는 집에서 눈뜨게 해 주셔서 감사합니다. 아버지가 없는 집으로 퇴근할 수 있게 해 주셔서 감사합니다. 아버지가 없는 집에서 편하게 잘 수 있게 해 주셔서 감사합니다. 그녀에겐 아버지가 있는 세상이 지옥이었고 아버지가 없는 세상이 천국이었다.

그렇게 보조교사로 2년을 세상에도 없을 평안과 행복을 누리면서 지내다가, 정교사가 된 이후부터 처음으로 자신의 폭력성을 마주하게 된 것이었다. 보조교사는 아이들을 돌보는 것보다 잡일이나 청소가 대부분이었기에 그녀도 자신 안에 폭력성이 있는지 몰랐을 것이다.

체내의 알코올 기운이 퍼지면 이성의 나사못이 풀린다. 그러면 지금까지 억제되었던 본능이 봇물처럼 쏟아져 나온다. 이 현상을 샌프란시스코 주립대학의 버렌드교수는 '알 커뮤니케이션' 이라고 이름 붙였다. 알 커뮤니케이션이란 술에 취해 있기 때문에 자기 자신을 잊을 수가 있으며, 그 힘을 빌려 지금까지 억압된 본능이 얼굴을 내민다는 것이다.

—

심리학 콘서트 1
〈저자 다고아키라. 옮긴이 장하영. 출판사 스타북스. 2006. 9. 20〉

성품개조
프로젝트

주연씨와 나는 몇 달 동안 아버지에 대해 서로 이야기하면서 많이 울고 많이 웃었다. 어느 순간엔 누가 더 불행했는지 배틀이 붙을 정도로 이야기를 했는데 항상 이기는 쪽은 주연씨였다. 생각해보니 나는 어린 시절 온화한 외할머니댁에서 자랐고, 초등학교 시절에도 집에 있기 싫어서 교회에 붙어 있거나 친구집에서 죽치고 있는 시간이 더 많았으니, 내가 불행배틀에서 이기는 것은 불가능했다.

시간이 지나면서 우리의 대화는 꽤 발전적인 방향으로 흘렀다. 우리의 안에 내재되어 있는 아버지의 모습을 바꿔보기 위해 일기를 쓰기로 결심했다. 사실 일기보다는 자아성찰이나 행동교정에 더 가까웠다. 매일 자기 전에 자신이 오늘 한 일중 마음에 들지 않는 모습들과 마음에 드는 모습들을 기록하고, 마음에 들지 않는 모습들은 없애자는 결심을 하는 일기였다. 그렇게 쓰다 보면 특정 패턴이 눈에 보일 것이라고 생각했다. 그러면 그 특정 모습을 고치려고 집중적으로 노력을 할 수 있고, 우리의 미래가 달라지지 않겠냐는 것이다.

우리가 생각한 것 치고는 아주 대견하다고 자화자찬을 하며 문구점에 가서 예쁜 스프링 노트와 볼펜을 샀다. 일기를 썼는지 서로 확인도 해주자고 약속하며 우리는 성품개조 프로젝트를 시작했다. 처음 몇 달은 성실하게 잘 이행했다. 정말 피곤한 날이 아니면 일주일에 4~5일은 꼭 일기를 썼고, 특히 반복적으로 나타나는 단점은 빨간색으로 별표까지 해놓고 고치겠다고 마음먹었다.

주연씨는 자신 안에 있던 폭력성이 하나씩 드러나는 순간마다 일기를 다 쓰면 꼭 태워버리겠다고 결심했다. 아무도 보면 안 될 정도로 수치스럽다고 생각했기 때문이다. 행복한 가정에서 자라는 아이들을 보며 느껴지는 시기질투와 부러움, 말을 듣지 않는 아이들에게 올라오는 격한 분노, 아이들이 실수를 했을 때 자신도 모르게 나오는 매서운 눈빛과 톤이 높아지는 목소리, 아이들이 모두 하원하고 텅 빈 교실에서 어머니에게 자신의 어린 시절을 하소연하는 청승맞은 모습까지….

평소엔 잘 생각나지도 않는 어머니가 이상하게도 아이들이 모두 하원한 텅 빈 교실에 앉아 있으면 계속 생각이 났다. 누군가에게 하소연을 하고 싶은데 말할 대상이 없어서 그랬는지, 아니면 정말 어머니가 너무 보고 싶어서였는지는 모르겠다. 그녀는 일기에도 어머니께 많은 편지를 썼는데 나는 그 내용을 읽어보지 않아서 모르겠지만 주연씨의 말로는 대부분 자신의 팔자에 대한 원망이었다고 한다.

일기를 쓰면서 주연씨와 나에게 반복되는 패턴이 비슷하다는 것을 알 수 있었다. 대체로 부러움, 시기질투, 비교의식, 분노, 눈빛, 참지 못하고 소리치기, 한숨 쉬기, 아이들에게 "야"라고 부르기, 이런 것들이다. 시간이 지나면서 겉으로 보이는 행동들은 우리가 생각했던 것보다 빨리 개선할 수 있었지만, 마음 안의 분노, 시기질투, 비교의식, 부러움은 개선하는 것이 쉽지 않다는 것을 깨달았다.

그 당시 우리는 이것을 어떻게 바꾸어야 하는지 방법을 몰랐다. 도서관에서 책을 찾을 생각도 못했고, 전문가를 찾아갈 생각도 못했다. 그냥 마음에서 올라오는 생각을 억누르려고 노력하는 것이 전부라고 생각했다. 시도는 좋았지만 우린 참 무식했던 것 같다. 마음속에, 아니 더 안에 있는 무의식에서 나오는 감정을 받아들이고 이해하는 과정을 먼저 했어야 했는데, 감정을 억누르고 보이는 행동만 교정하는 것이 우선이라고 생각했으니 말이다. 무식한 어른들이 아이들의 문제적 행동만 지적해서 고치려는 것과 크게 다르지 않았던 것 같다.

행동은 정신만 차리면 얼마든지 가면을 쓸 수 있다. 사회생활을 하면서 우리가 만들어 낸 수십 개의 가면 중 하나를 상황에 맞게 골라 쓰기만 하면, 우린 얼마든지 착한 사람이 될 수 있고, 얼마든지 온화한 사람이 될 수 있다. 그러나 자신은 잘 알고 있다. 그것이 가면이라는 사실을, 그리고 그것을 계속 쓸 수 없다는 사실을, 그리고 계속 쓴다면 정신병에 걸려 죽을 수도 있다는 사실을… 그 당시 우리는 그 사실을 몰랐고, 퍽이나 변했다며 좋아했다.

나라는 존재가 내가 행동하고 있는 그대로라고 믿는다면, 그건 정말 무서운 실수가 될 것이다. 나는 행동과 생각이 일치하는 그런 사람이 절대로 아니다. 나는 분석을 배우려는 학생들을 위해 한 동안 어떤 역할을 하고 있을 뿐이라고 생각하면 마음이 편해진다. 나는 한동안 카이사르같은 역할을 하고 있지만, 그 다음에는 아주 미천하고 중요하지 않은 역할을 하게 될 것이라는 점을 알아야 한다.

그렇다면 사람이 각자 갖고 있는 껍데기는 언제든 버릴 수 있고 또 마음만 먹으면 언제든 다시 찾을 수 있는 어떤 기능이다. 나는 아침에 "나는 왕이로소이다!"라고 말했다가 밤에는 "제기랄! 전부 터무니없는 짓이잖아!"라고 말할 수도 있다. 껍데기와 동일시하는 사람은 남에게 읽힐 전기(傳記)를 살고 있을 뿐이다. 그런 사람들에겐 영원한 것은 하나도 없다. 그들은 신경증 환자가 될 것이고, 그러면 악마가 그들을 물고 늘어질 것이다.

—

꿈분석
〈저자 칼 구스타프 융. 옮긴이 정명진.
출판사 부글북스. 2018. 7. 20〉

무의식의
정화

나는 그 후로 몇 개월 뒤 회사에 취업을 하면서 어린이집을 그만두었고, 일기를 쓰는 것도 하지 못했다. 내가 20대 때 했던 일 중 가장 잘했다고 생각하는 일은 일기를 쓴 일이고, 가장 잘못했다고 생각하는 일도 일기를 끝까지 쓰지 못한 일이다.

일기를 쓰는 과정에서 어머니와 아버지의 모습 중 싫어하는 모습이 나에게도 많이 있었다는 것을 발견했고, 발견된 모습을 고치려고 노력했었다. 그러나 회사에 취업을 한 후 과도한 업무량과 잦은 당직은 고치려고 노력한 결과를 유지하기는 고사하고 어린이집에서 일했을 때보다 더 지랄 맞은 모습으로 살고 있었다.

가끔 주연씨가 생각이 날 때 성품개조 프로젝트로 시작했던 일기 쓰기도 같이 생각이 났다. 그 공책이 어디에 있는지 조차 기억나지 않지만, 끝내지 못한 인생의 숙제처럼 가슴속에서 계속 나를 자극했다. 그때 그만두지 않고 일기를 계속 쓰면서 심리학과 철학과 명상까지 동원했다면, 지금 내 모습과 많이 달라져 있지 않을까라는 생각을 많이 한다. 일기를 다시 쓰기 시작한 것은 주연씨의 아버지가 돌아가신 후부터였다.

가끔 주연씨와 연락을 하긴 했지만 언젠가는 만나자는 약속을 할뿐, 삶을 살아가기에 바빠서 실제로 만난 적은 없었다. 그렇게 시간이 흐르다가 2019년에 그녀 아버지의 부고소식을 받았다. 나는 그녀 아버지의 장례식장엔 꼭 가야 할 것 같은 의무감 때문에 과외수업을 모두 빼고 참석했다. 거의 10년 만에 주연씨를 만났다. 이미 결혼을 해서 남편과 아이가 있었고, 살도 이전보다 붙은 얼굴이었다. 그날 저녁 우리는 손님이 다 떠나간 고요한 장례식장에서 소주를 마시며 많은 이야기를 했다.

그녀는 아버지의 집을 나온 후 단 한번도 집에 간 적도, 전화를 한적도 없었다. 아버지 역시 그녀에게 단 한번도 전화를 한 적이 없다고 했다. 그렇게 거의 15년이 지난 이후 얼굴도 모르는 신부님이 전화를 걸어 아버지가 돌아가셨다는 말을 하셨다. 아버지가 그동안 어떻게 살았는지는 그녀도 남동생도 몰랐다. 그저 어느 수도원에서 봉사활동을 하시다가 몸이 힘들다고 누우신지 3일 만에 돌아가셨다는 이야기만 신부님을 통해 들을 수 있었다. 신부님께서 말씀하시기로는 간경화로 약을 드시고 계셨고, 자신의 옷장 아래 서랍에 공책이 있다는 말씀을 자주 하셨다고 했다. 아버지의 사망이 의사에 의해 확인되고 난 후 신부님은 서랍에 있는 공책을 열어보셨다. 그리고 그 공책엔 주연씨의 생년월일과 주민등록번호, 이름, 전화번호, 그리고 현금 500만 원이 있었고, 자신이 죽으면 모든 돈을 딸에게 전달해 달라는 메모만 적혀 있었다.

주연씨는 이 돈을 달가워하지 않았지만 받아서 동생이 결혼할 때 쓸 것이라고 했다. 나는 그녀가 이제 아버지를 다 용서했기에 그 돈을 마음 편히 받는다고 생각했지만, 주연씨는 아버지를 용서하는 마음으로 받는 것은 아니었다. 그녀는 이런 이야기를 했다.

몇 년 전에 아버지가 남동생에게 돈을 주겠다고 연락한 적이 있었다. 그때 주연씨는 아버지가 돈을 주려는 의도가 자신이 했던 행동들에 대해서 용서를 구하기 위해서였다고 생각했기에 남동생에게 그 돈을 절대 받지 말라고, 만약 받으면 남동생 얼굴을 보지 않을 것이라고 말했다. 남동생은 누나의 말대로 그 돈을 거절했고 그 이후로는 더 이상 아버지의 연락은 없었다.

시간이 지난 어느 날 제임스 맨골드 감독의 영화 〈3:10 to Yuma〉을 보는데 주인공(크리스천 베일)이 그런 말을 했다고 한다. 전쟁에서 다리를 잃은 대가로 국가에서 보상금이 나왔을 때, 주인공은 나라를 위해 고생한 자.신.을. 위.해 서 준 것이라고 생각했는데, 시간이 지나고 보니 보상금을 줘야 자.신.들.이. 조금이라도 죄책감에서 벗어나 편해질 수 있기 때문이라는 것을 깨달았다는 말이었다.

"나는 아버지를 용서하는 마음으로 그 돈을 받으려는 게 아니야. 아버지가 우리에게 용서받기 위해서 그 돈을 줬다고는 생각하지 않아. 자신이 떠날 때 마음 편하게 가고 싶어서, 조금이라도 죄책감에서 벗어나려고 그랬다고 생각해. 그리고 나도 아버지를 위해서 그 돈을 받는게 아니야. 그저 아버지를 편하게 보내드렸다는 나의 안도감이 나의 마음의 평안을 위해 더 나은 선택이라고 생각했기 때문이야.

인생을 살면서 우린 많은 사람들과 갈등도 하고 말다툼도 하고 의견대립도 해. 그러나 그런 모든 일에 상처를 받고 용서를 해야 한다고 운운하진 않잖아. 대부분은 시간이 지나면서 잊어버리기도 하고, 어제의 적이 오늘의 친구가 되기도 하고, 오늘의 친구가 내일은 적이 되기도 하는, 사실은 적도 없고 친구도 없는 세상에 살아. 그런데 용서라는 말을 하려면, 자신의 인생에 치명적인 아픔과 상처를 남긴 사람에게나 하는 거야. 그리고 상대방이 용서를 구하지도 않았는데 혼자서 용서하는 일은 아주 오랜 시간과 노력이 필요해. 아버지는 나에게 용서를 구한 적이 단 한 번도 없기 때문에 아마 내가 아버지를 용서하려면 평생을 살면서 계속해야 할 거야. 단순히 영화나 드라마처럼 "나는 아버지를 용서했다."라는 말 한마디로 끝나지 않는 일이야.

지금도 나는 일기를 쓰면서, 마음속에 올라오는 분노와 어린 시절의 아픈 기억과, 시기질투와, 이렇게까지 노력하는 지금의 내 모습에 대한 애처로움까지, 모두 받아들이려고 노력하면서 감정을 정화하는 과정을 계속하고 있거든. 이 정화의 과정이 어느 정도 지나고 어린 시절의 기억들이 나를 우울하게 만들지 않는 순간이 되어야 내가 아버지를 용서했다고 할 수 있지 않을까?"

그녀는 나와 같이 쓰던 일기를 지금도 쓰고 있다고 했다. 처음에는 이렇게라도 나 자신을 바꾸려는 자신의 의도가 뿌듯했고, 그다음에는 자신도 모르게 나오는 아버지의 모습을 발견하면서 고치겠다고 노력을 했고, 그다음에는 이렇게까지 해야 하는 이유가 아버지라는 인간 때문이라는 사실에 다시 분노했다. 정상적인 가정에서 자랐다면 이런 짓까지 하면서 노력해야 할 필요가 없었을 텐데, 왜 이렇게까지 해야 하는지 아버지의 욕을 오지게 썼다. 그리고 마지막엔 자신이 쓴 욕이 너무 수준 낮고 경박해 보여서 찢어버렸다.

그러나 가정의 저주를 다시 되풀이할 것 같은 불안감에 다시 공책을 사서 쓰고, 고쳐보려고 노력하고, 화가 나서 욕을 쓰고, 다시 창피해서 찢어버리는, 이 행동을 반복했다. 그리고 어느 날 유튜브에서 마음을 정화하는 방법에 대한 동영상, 심리학교수들이 말하는 심리치료에 대한 동영상들을 보게 되었다. 그리고 그녀는 이제까지 했던 일기를 3단계로 나누어 쓰는 것으로 수정했다.

일기의 처음은 자신의 감정을 인정해 주는 것으로부터 시작했다. 일단 자신의 감정을 솔직하게 드러내고, 울고 싶으면 울고, 욕하고 싶으면 욕하고, 웃고 싶으면 웃었다. 여기서 중요한 것은 판단하지 않는 것이다. 자신의 감정에 대해 옳다, 그르다, 좋다, 나쁘다, 잘했다, 잘못했다는 도덕적 잣대를 대지 않고 일단 자신의 감정을 그대로 인정해 주었다.

두 번째로 우리가 썼던 것과 같이 하루의 행동 중 마음에 걸리는 것을 쓰고 그보다 더 나은 행동이 무엇일까 고민하여 옆에 빨간색으로 적어놓았다. 이 역시 옳고 그르다의 관점을 떠나서, 한 단계 수준 높은 행동이 무엇인지만 생각해서 적었다. 중요한 것은 성인군자나 하나님의 입장에서의 행동을 쓰는 것이 아니라 단지 지금의 자신보다 한 단계 높은 수준이 무엇인지만 생각해서 쓰는 것이다.

마지막으로 꼭 하루의 행동 중 자신에게 칭찬해주고 싶은 일을 적고 일기 쓰기를 마무리했다. 화가 난 상태에서 입으로 튀어나오려는 말을 스스로 막았다거나, 다이어트를 하는 도중 저녁때 야식을 참은 일까지 전부 포함하여, 자신이 생각하기에 잘했다고 생각되는 것은 전부 다 쓰고 스스로에게 폭풍칭찬을 해주었다.

"우리가 그때 일기를 쓰던 방식은 스스로를 판단하는 것부터 시작했어. 이런 행동은 이래서 잘못되었고, 이런 감정을 느끼면 나쁜 사람이고, 감정을 이렇게 표현하면 옳지 못하다는 식이었잖아. 물론 그것이 겉으로 보이는 행동변화에는 많은 도움을 줬지. 그런데 감정을 변화하게 하지는 못하더라고. 우울함, 분노, 시기질투, 비교의식, 부러움같은 감정들. 술을 마시면 오히려 더 감정이 격하게 올라와서 이제까지 쌓은 공든 탑을 부숴버리는 느낌이었어. 마치 뱁새가 황새 가면을 쓰고 황새인척 하다가, 어느 날 폭발해서 뱁새가 익룡으로 변하는 것 같은 느낌이라고 할까?

그런데 일단 자신의 감정을 억누르지 않고 그대로 인정해 주는 연습을 계속해보니까 나를 억압하고 있던 밧줄이 풀어지면서 안정감이 느껴졌어. 그리고 마지막으로 나를 많이 칭찬해 주고 일기를 마무리 지으면 기분이 좋은 상태에서 잠자리를 들게 되더라고.

그런 안정감과 좋은 기분이 반복되니 어린 시절의 기억에 대한 감정이 변하고, 감정이 변하니까 마음이 변하고, 마음이 변하니까 의식이 변하고, 의식이 변하니까 행동이 변했어. 감정이 마음이고, 마음이 의식이고, 의식이 행동이거든. 우리의 감정이 황새가 되어야 황새의 마음이 되고, 의식 수준이 황새가 되고, 행동도 황새가 되는 거야.

그리고 유튜브에서 분노조절장애 아버지에게서 자란 사람들의 이야기를 찾아서 듣기 시작했어. 이유는 모르겠는데 어린 시절 내 모습이 마치 메마른 땅에서 말라비틀어져 가는 나무 같았거든. 그런데 나와 비슷한 상처가 있었던 사람들의 이야기를 들으면 들을수록 그 말라비틀어진 나무에게 물을 주는 것 같이 느껴졌어. 위로가 되었던 것 같아. 외국영화에서 보면 그런 장면 있잖아. 집단 상담치료 같은 거. 넓은 곳에서 의자를 동그랗게 해서 앉아 놓고 자신의 아픔을 이야기하는 장면. 아마 그런 과정이랑 비슷했던 것 같아.

그렇게 오랜 시간 일기를 쓰면서 감정을 이해하고, 받아들이고, 칭찬하는 과정을 반복하고, 비슷한 상처를 가지고 있는 사람들의 이야기를 듣다 보니, 어느 순간 어린 시절의 기억으로 이전만큼 슬퍼하거나 아파하지 않게 되었다는 걸 깨달았어. 상처가 완전히 다 아물었다거나, 치유가 되었다거나 그런 것은 아냐. 아마 평생을 해야 할지도 몰라. 하지만 이전만큼 격한 분노가 느껴지거나 나의 삶이 비참하게 느껴지거나 하지는 않았어.

나는 화목한 가정에서 자라는 아이들을 보면 그렇게 부럽고 질투가 났거든. 그러면 우울감이 다시 지하 20층으로 추락해 버려. 그랬다가 아버지에 대한 분노를 끌고 63빌딩 꼭대기까지 다시 올라왔다가, 내 인생을 한탄하면서 다시 지하로 추락했다가. 이런 레퍼토리를 반복했어. 그런데 이 레퍼토리를 반복하는 횟수도 줄어들고, 지하 20층보다는 한 10층 정도까지만 추락하는 것 같아. 분노가 63빌딩 위로 치솟았었다면 이제 아파트 5층 정도까지라고 해야 하나? 아직 황새까지는 아니어도 비둘기 정도는 되지 않았을까?"

매일 일기를 쓰는 것이 귀찮지 않냐고 물으니 그녀는 이렇게 대답했다.

"내가 할머니집에서 살 때 할머니가 나에게 그런 말씀을 하셨어. 부모가 덕을 쌓으면 자식이 그 복을 받고, 조상이 덕을 쌓으면 삼대가 그 복을 받는다는 말이 있는데, 할머니는 덕을 쌓은 것이 없어 이렇게 살지만 너는 꼭 덕을 쌓아 네 자손에게는 복을 물려주라고.

귀찮지 않냐고? 얼마나 귀찮은데. 쓰고 싶은 날보다 쓰기 싫은 날이 더 많아. 그런데 있잖아. 내가 자식을 낳고 보니까 할머니 말씀이 계속 떠올라서 쓰기 싫은 날에도 일단 책상에 앉아. 명상으로 마음을 차분하게 하고 나서 써야 정성이 들어가더라고.

세상에 단 하나도 쉽게 되는 일이 없어. 작은 한 가지도 정성을 들이지 않으면 제대로 되는 것이 없는데, 나를 바꾸는 일은 오죽하겠어? 그런데 자식한테 덕이 간다잖아. 내가 덕을 쌓으려면 그런 인격이 되어야 하고, 그래야 그 덕이 내 자식에게 가니까, 그래서 나는 평생 하라고 해도 해야겠어.

그리고 있잖아. 사실, 하다 보면 습관이 돼서 안 하면 침대에 눕기가 영 불편해. ㅎㅎ. 습관이 참 무섭더라고."

중용 23장

其次致曲 曲能有誠 기차치곡 곡능유성
誠則形 形則著 著則明 성즉형 형즉저 저즉명
明則動 動則變 變則化 명즉동 동즉변 변즉화
唯天下至誠 爲能化 유천하지성 위능화

작은 일도 무시하지 않고 최선을 다해야 한다.
작은 일도 최선을 다하면 정성스럽게 되고,
정성스럽게 되면 겉으로 드러나게 되고,
겉으로 드러나면 밝아지고 되고,
밝아지게 되면 남을 감동시키고,
남을 감동시키면 변하게 되고,
변하면 생육하게 된다.
그러니 오직 세상에 지극히 정성을 다하는 사람만이
나와 세상을 변하게 할 수 있는 것이다.

—

영화 역린 中
〈감독 이재규. 2014. 4. 30〉

당신은 운명을
바꿀 수 있습니다

명리학을 공부하면서 나는 그녀가 실제로 운명을 바꾼 것인지 아니면 그냥 사주대로 흘러간 것인지 궁금해지기 시작했다. 나의 평안은 그저 운명에 예약되어 있던 것이었기에 그녀도 그런 경우가 아닐까 궁금해 그녀의 사주를 풀어보았다.

사실 그녀와 어린이집에서 함께 일할 때 우리는 사주팔자를 보러 간 적이 있었다. 그 당시 친구의 외숙부가 운영하시는 철학관에 찾아가서 사주상담을 했을 때, 주연씨는 부모복도 없고 남편복도 없는 참으로 고된 사주지만 그래도 자식복은 있으니 말년엔 편하겠다는 말을 했었다.

내가 그녀의 사주를 풀어보니 왜 그때 그런 말씀을 하셨는지 이해할 수 있었다. 그녀는 *신해(辛亥)일주이고 *무관 *무인성, *고란살 *역마살이 월주 일주에 들어와 있다. 신살이 네 기둥 중에서 한 곳이 아니라 연속에서 두 개의 기둥에 있으면 작용력이 훨씬 강해진다.

* 신해일주 : 머리가 총명하고 외모가 뛰어난 사람이 많으나 공격적인 성향과 자기주장이 강해서 배우자나 주변인과 마찰이 많다.

* 무관 사주 : 십성 중 정관과 편관이 없는 사주. 옛날에는 무관이면 남편이 없다는 말을 했으나 통계상 무관과 결혼은 상관이 없어 보인다.

* 무인성 사주 : 정인과 편인이 없는 사주. 인성은 따뜻함, 인자함, 주변사람들의 사랑과 도움을 의미하기 때문에 인성이 발달한 사람은 인복이 많다는 말을 한다. 반대로 무인성은 부모와 인연이 박하고, 부모가 있어도 없는 것과 같으며, 사람들에게 받는 것보다 주는 것이 더 많다.

* 고란살 : 외롭고 쓸쓸하고 처량하다는 뜻으로 남자복이 없는 팔자를 의미한다. 고란살이 있는 여자는 자기주장이 강하여 배우자를 극해 스스로를 외롭게 만든다.

* 역마살 : 한 곳에 정착하지 못하고 여기저기 돌아다니게 되는 운명이라고 한다. 현대 사회에서는 말복이라고 하여 자신의 일이 번창하여 바빠진다는 좋은 해석이 더 많다.

통계 tip
고란살을 가지고 있는 여자 일주는 갑인(甲寅)일주, 을사(乙巳)일주, 정사(丁巳)일주, 무신(戊申)일주, 신해(辛亥)일주가 있다. 실제로 사주를 풀어 보면 고란살이 있는 일주들이 남자복이 없는 것은 아니다. 본인의 행동이 배우자로 하여금 잘해주고 싶지 않도록 만들거나, 본인이 배우자에게 만족을 못하여 밖에서 다른 남자만 찾으러 다니는 경우가 많다.

실제로 사주를 보았던 5가지의 일주 중에 부부관계가 좋지 못한 사람들의 예만 적은 것이니 이것을 보고 자신의 배우자에 대하여 속단하지 않기를 바란다. 고란살이 있어도 사주의 구성에 따라 잘 극복하고 살아내는 사람들이 많다는 것을 알았으면 한다.

1) 갑인(甲寅)일주는 항상 새로운 것만 추구하려는 성향이 강하다. 갑인이라는 글자는 목기운의 간여지동이다. 목기운은 시작하고 싶은 마음, 새것을 갖고 싶은 마음을 의미하고 그 기운이 지나치면 남자도 새로운 남자를 만나고 싶어 한다. 갑인의 기둥이 월주와 일주에 같이 있다면 배우자에게 만족하지 못하고 자극적은 관계를 찾아다니는 경향이 있다. 남편이 항상 단속을 잘해야 하는 일주 중 하나에 속한다. 아내의 차량 블랙박스가 항상 초기화되어 있다면 의심을 해보기 바란다.

2) 을사(乙巳)일주는 자기주장이 너무 강해서 남편이 감당하기 힘든 경우가 많다. 부부가 서로 의견을 조율하고 합의점을 찾기보다 아내만 자신이 원하는 대로 하려고 하니 부부싸움이 잦아진다. 가령 아내가 이사를 가고 싶은 지역이 있으면 남편의 직장과 거리가

아무리 멀어도 끝까지 이사를 가려고 하거나, 본인의 생각이 절대적으로 옳기 때문에 남편이 자신의 생각에 동의하지 않으면 '이 사람은 이런 부분에서 나와 생각이 다르구나.'하는 것이 아니라, '어떻게 저렇게 생각할 수가 있지?'라며 상대방과의 다른 점을 받아들이지 못한다.

을사일주의 아내와 살고 있는 남편들이 가장 많은 고통을 토로하는 부분은 자식교육에 관한 부분이다. 아내와 남편의 교육관이 서로 같지 않아 그 사이에서 싸움을 하다가 사이가 틀어지는 경우가 많기 때문에, 이런 일주의 여성과 결혼하려면 반드시 결혼 전에 자녀교육관에 대해서 충분하게 대화를 해보기를 권한다.

3) 정사(丁巳)일주는 자신을 드러내고 사람들이 알아주기를 원하는, 한마디로 관종적 성향이 있다. 화기운이 기둥으로 되어 있으니 얼마나 자신을 드러내려고 하겠는가. 화려한 자신의 모습을 누군가가 보고 우러러 봐주길 원하고, 추종해주기를 바란다. 즉 교주 같은 기질이 있어서 우러르고 추종받는 것을 즐긴다. 누군가가 자신의 관종적 성향을 채워주고 자신을 추종해 주길 원하는데 자신이 원하는 기준까지 남편이 채워주지 않으면 외롭다고 생각하고 다른 추종자를 찾으려는 성향이 있다. 이런 일주의 여성과 결혼한 남편은 항상 아내에게 일정량 이상의 관심을 표현해 주기를 바란다. 그렇지 않으면 외롭다고 느끼고 집 밖에서 다른 추종자를 찾으려고 하기 때문이다.

4) 무신(戊申)일주는 남에게 간섭받는 것을 극도로 싫어한다. 자신이 하고 싶은 것을 못하게 하면 마치 원숭이(申이 원숭이를 의미함)가 날뛰는 것과 같이 날뛴다. 배우자가 자신이 하고 싶어 하는 일을 못하게 강압적으로 가로막으면 갈등이 깊어진다.

결혼이라는 제도와 가장 어울리지 않는 성향이라는 생각이 든다. 결혼자체가 서로를 간섭해야 하고 본인 하고 싶은 것만 하고 살 수는 없는 제도이다. 마음이 태평양같이 넓은 남자를 만나거나 자신의 추종자 중에 한 명과 만나는 것이 나을 수 있겠다.

5) 신해(辛亥)일주는 잔소리가 너무 많다. 남편 입장에서 아내에게 맞춰 주어야 할 것들이 한두 가지가 아니다. 잔소리인지 불평불만인지 구분이 안된다. 이 일주를 가진 여성의 남편들은 집에 들어가기 싫다는 말을 많이 한다. 집안에서 좀 편하게 쉬려고 하는데 퇴근 후 현관에 들어갈 때부터 잠자리에 들 때까지 신경질 적인 잔소리와 불평만 늘어놓는 아내 때문에 쉴 수가 없다고 한다. 그러니 남편은 아내를 피하게 되고 결국 아내는 자신이 외롭다고 느끼게 된다.

사연 속의 주인공. 신해(辛亥)일주를 가진 주연씨는 자신이 잔소리가 너무 많다는 것을 스스로 인지하고 절제를 많이 한다고 한다. 스스로의 성향을 인지하고 잔소리와 불평을 줄이려고 조금만 노력해도 부부관계가 훨씬 좋아질 수 있다는 것을 알려주고 싶다.

사주를 보니 그녀가 자신의 성품을 변화시키려고 많은 노력을 했다는 것을 알 수 있었다. 실제로 그녀는 어린이집에서 일할 때도 신경질적인 면이 많았다. 아이들에게 이름을 불러주기보다 "야"라는 소리치는 말투로 아이들을 불렀고, 목소리도 날카로웠다. 누군가 자신의 단점을 장난처럼 이야기하면 그것을 잊지 못하고 가슴속에 간직하고 있다가, 술을 마시면서 그 말을 한 상대에게 분노를 표출하곤 했다. 아이들에게 잘 웃지도 않았고, 인상도 지금보다 훨씬 매서웠다. 몸이 안 좋은 날엔 특히나 그녀의 인상은 더 차갑고 날카로워 보였다. 아파도 쉴 수가 없는 어린이집의 시스템에도 문제가 있었지만, 안 그래도 무서운 인상이 더 무서워 보이면 나도 말을 걸기 무서웠다.

갑질하기 좋아하는 어머니들은 매번 주연씨를 걸고넘어졌다. 아이가 밤에 자다가 울면 어린이집에 전화를 해서 그 선생님(주연씨)이 혹시 혼낸 거 아니냐, 또는 그 선생님이 우리 아이를 째려본 것이 아니냐, 또는 우리 아이한테 무슨 짓을 한 거 아니냐 이런 소리를 해댔다. 그 전화를 받은 꼰대질하기 좋아하는 정교사는 주연씨를 불러 구박과 설교를 몇 시간씩 늘어놓곤 했다. 차량인솔을 갔다가 그 어머니를 만났는데, 인사를 하지 않고 무시하는 바람에 그 아파트 단지 내의 엄마들은 주연씨에 대해 나쁜 이미지를 갖게 되었다. 그리고 그 아파트 단지에 살고 있던 4명의 아이들은 한날한시에 다른 어린이집으로 가버렸다.

원생이 300명이나 되니 사실 4명이 그렇게 큰 인원도 아니었고, 그 아파트 어머니들이 하도 극성을 부려 안 그래도 스트레스를 받던 차에 오히려 잘 되었다고 몇몇 선생님들은 말했지만, 매번 이런 일에 엮이는 주연씨는 스트레스를 많이 받았다.

　그녀가 일기 쓰는 방식을 바꾼 시점은 20대 후반쯤이었다. 내가 어린이집을 그만둔 이후, 친하게 지냈던 보조교사 선생님이 주연씨에게 소개팅을 주선해 주었고 처음으로 남자친구를 사귀게 되었다. 어느 연인들이 처음부터 발톱을 드러내고 쌈박질을 하겠는가. 처음에야 온 세상이 하트물결이고 온 세상이 핑크빛이지. 주연씨도 참 행복했다. 그러나 시간이 흐르니 발톱이 아니라 이빨까지 드러내고 싸우기 시작했다. 관종적 성향, 채워지지 않는 사랑에 대한 욕구, 집착, 전형적인 애정결핍증 환자가 갖는 패턴을 주연씨 역시 남자친구에게 반복했다.

　결국 남자친구는 이별을 고했고 주연씨는 힘든 감정을 잊기 위해 유튜브를 보기 시작했다. 신이 주연씨에게 기회를 주고 싶었던 것일까. 유튜브에 뜬 감정의 정화라는 말을 보고 무심코 눌렀고, 그때부터 이런 종류의 유튜브에 빠져들기 시작했다. 단순한 감정의 정화를 넘어서 심리학과 철학에 관한 채널까지 찾아보았다. 그리고 그녀는 그런 생각을 했다. 지금 내가 변하지 않으면 나는 또 사랑하는 사람과 헤어질지도 모른다고. 그렇게 살기는 싫다고. 나는 행복하게 잘

살 거라고. 그녀의 표현에 의하면 마음속에서 강한 화염이 타오르는 느낌이었다고 했다.

확실히 그녀의 30대까지는 사주대로 살아왔던 것이 맞다고 풀이된다. 사주에서 보는 4개의 기둥. 년, 월, 일, 시에서 년주와 월주는 조부모와 부모의 자리이자 청소년기와 청년시절을 의미한다. 그 이유는 조상과 부모가 나에게 어떤 사고방식과 환경을 물려주었는지가 10대와 20대를 결정하는데 큰 영향을 주기 때문이다.

명리학에는 4흉신이라고 말하는 *편관, *상관, *겁재, *편인이 있다. 4흉신이 년 자리와 월주에 있으면 자신이 타고난 환경이 상당히 불리하다는 것을 의미한다. 겁재와 편인은 어느 정도는 자신의 잘못으로 환경이 힘들어지는 반면에, 편관과 상관은 자신의 의지에 상관이 없이 주어진 환경이 힘들어진다. 가난, 부모와의 이별, 정신적으로 고통받는 상황, 배신, 구설, 사기 등등. 중요한 것은 자신의 잘못이 아니라 그저 상황이 자신을 고통의 환경으로 몰아넣는다는 것이다.

그녀의 사주 역시 년월자리가 4흉신이고, 월주의 천간에는 겁재가 있다. 월주 천간에 겁재가 있는 사람들 중에서 아버지가 폭력적인 사람들이 많이 있는데 주연씨 역시 마찬가지였다. 그러니 그녀가 어린 시절부터 자신의 팔자를 벗어나 살기는 힘들었을 것이다. 태어나면서부터 자신의 운명을 알고 바꾸려고 노력하는 사람은 없을 테니까.

그러나 어린이집에서 일하면서 아버지가 물려준 적대적 사고방식과 분노조절장애 성향의 행동들이 있다는 것을 깨닫기 시작했고, 남자친구와의 연애과정에서 관종적 성향과 집착이 있다는 것을 깨닫게 되었다. 자신의 모습이 어떤지 인식조차 하지 못하고 평생을 살아가는 사람들이 많은데 주연씨는 그것을 인식하고 바꾸겠다는 선택을 했고, 실제로 자신의 운명을 바꾸었다.

그녀의 인상은 편안하고 여유로운 눈빛이었고, 이전의 매서운 눈빛이나 강한 자기주장은 전혀 보이지 않았다. 지금 주연씨의 인상과 그 인상에서 풍기는 온화한 아우라는 더 이상 이전의 주연씨 모습이 아니었다.

* 편관 : 나를 극한다는 의미로 예상하지 못한 상황들이 일어난다.

* 상관 : 관을 상하게 한다는 의미로 반골성향의 기질을 의미한다.

* 겁재 : 재물을 빼앗기거나 빼앗는 의미로 투쟁적 기질을 의미한다.

* 편인 : 한쪽으로 치우친 생각, 치우친 공부, 계모를 의미한다.

날개

- 베라 파블로바 -

그토록

높은 곳에서

그렇게

오래

떨어지고

추락했으니,

어쩌면

나는

나는 법을

배울

충분한 시간을

갖게 될지도.

—

마음 챙김의 시

〈저자 류시화. 출판 수오서재. 2020. 9. 17〉

마음을 다스리면
운명을 다스린다

명리학에서 사람의 운명을 읽어내는 방법은 지구에 흐르는 하늘과 땅의 에너지인 60갑자의 대운의 흐름과, 내가 가지고 태어난 에너지인 사주 8글자가 어떤 상호작용을 하는지를 읽어내는 학문이다.

양쪽이 상호보완이 잘 되는 에너지일 경우 내가 가지고 있는 에너지가 활성화되어 운이 좋아지고, 결혼을 하고, 사업이 확장되고, 주변사람들과의 관계도 좋아진다. 그러나 한쪽이 깨지고 부딪히고 억누르는 에너지인 경우에 운이 하락하고, 이혼을 하고, 사업이 기울고, 주변사람들과 불화한다.

이런 모든 에너지의 흐름을 명리학에서는 삼형살(三刑殺)과 형(刑), 충(沖), 파(破), 해(害), 공망(空亡), 신살, 십성, 납금오행, 음양오행 등으로 표현한다.

　사람들은 자신의 마음을 자신이 통제할 수 있다고 믿지만 잘 생각해 보면 그렇지 않다는 걸 알 수 있다. 같이 일하는 동료나 자신의 가족을 생각해 보자. 상대방의 행동은 늘 똑같았는데도 어느 날은 꼴도 보기가 싫고, 어느 날은 한없이 좋아 보이기도 한다. 상대방이 일 때문에 바쁜 게 하루 이틀이 아님에도 어느 날은 안쓰럽게 느껴지다가, 어느 날은 자신에게 소홀한 것 같아 서운해지고, 어느 날은 화가 치밀어 오르기도 한다. 어느 날엔 설거지를 하지 않은 남편에게 벼락같이 분노가 치밀어 오르다가, 어느 날엔 아무렇지도 않게 그냥 넘어간다. 어느 날엔 자녀가 짜증을 부리는 모습에 같이 짜증이 나기도 하고, 어느 날엔 그냥 귀엽다고 생각하며 웃어넘긴다.

　우리의 감정은 하루하루 매일 다르다. 인간은 감정적 동물이고, 일관된 인간은 하나도 없으며, 나도 당신도 예외는 아니다.

　어느 날엔 작은 일에도 예민하게 반응하고, 어느 날엔 대인배 같은 이해심이 있다. 어느 날엔 아침에 일어나면서부터 기분이 좋지만, 어느 날은 시작부터 기분이 우울하기도 하다. 어느 날은 침착하고 온화하지만, 어느 날은 조급하고 옹졸해진다. 어제는 싸울 일이 분명해 보였으나, 오늘은 별일 아니라고 느껴진다. 어제는 한없이 게을러지고 사람들도 만나기 싫다가, 오늘은 뭔가를 시작하고 싶은 의욕이 넘치다가, 내일은 또 어떤 감정일지 모른다.

우리는 우리가 의식하든 하지 못하든 대운과 세운에서 오는 천간과 지지의 기운에 영향받게 되어있다.

주연씨가 시도했던 정화과정은 우리가 태어날 때 찍힌 사주의 8글자가 60갑자의 대운에 따라 감정의 영향을 받지 않게 하기 위해, 즉 운명대로 살지 않게 하기 위해 마음을 바꾸는 일이었다. 그리고 노력을 위한 방법들은 아주 많다. 명상, 마음 챙김, 기도, 자아성찰, 네빌링, 끌어당김, 심상화, 빛명상, 감사일기 쓰기, 단어명상, 참회, 회개, 자아성찰. 지금 서점에도 관련된 서적이 수천 권이 있고 유튜브를 검색해도 수천 개의 영상이 있다. 모두 마음을 다스리는 것이다.

마음을 다스리는 힘이 행동을 다스리는 힘이고, 행동을 다스리는 힘이 삶을 다스리는 힘이며, 삶을 다스리는 힘이 운명을 다스리는 힘이 된다. 원효대사 해골물의 유명한 일화에서 '일체유심조(一切唯心造)'라는 말과 같이 모든 것이 자신의 마음에서 나온다.

주연씨의 감정의 정화는 한순간에 일어나는 일이 아니었다. 매 순간 자신의 아니마와 아니무스를 직면해야 하고, 매 순간 어린 시절 아버지와 직면해야 한다. 매 순간마다 자신을 억누르던 도그마를 부셔야 하고, 매 순간 남을 억누르는 도그마를 부셔야 한다. 감정은 오르락 내리락을 반복하고, 어제의 세상은 라이프니츠와 같이 생각할 수 있는 최고가 되었다가, 오늘의 세상은 쇼펜하우어와 같이 생각할 수 있는 최악이 되었다가를 반복한다.

그러나 주연씨는 포기하지 않고 계속하고 있다. 이런 반복이 영혼의 감정을 다시 만들어 내고, 의식을 다시 만들어내고, 미래를 다시 만들어내고, 더 나아가서 다음 생까지 결정하게 해 줄 테니 말이다.

외롭고 힘든 싸움이다. 아무도 나를 대신할 수 없고, 나의 깊은 내면은 나 혼자만 아는 것이니, 오직 혼자만 할 수 있는 일이다. 주연씨는 말했다.

"나는 이 과정을 수도 없이 반복했어. 나를 정화하고 변화하는 과정은 아무도 도울 수 없어. 오직 스스로 해야 하는 거야. 안나야, 구원은 자신 스스로 이루는 거야."

장례식장을 나오면서 주연씨에게 물었다.

"그래서, 지금은 평안해?"

주연씨는 온화하게 미소 지으며 말했다.

"매우."

"너는? 너는 평안해?"

"……"

"…"

"."

.

.

.

.

.

"당신은… 평안한가?"

자탄(自歎)

- 퇴계 이황 -

已去光陰吾所惜　이거광음오소석
當前功力子何傷　당전공력자하상
但從一簣爲山日　단종일궤위산일
莫自因循莫太忙　막자인순막태망

이미 지나간 세월이라 나에게는 안타깝지만
그대는 지금 시작하면 되니 무엇이 걱정이오.
조금씩 흙을 쌓아 산을 이루는 그날까지
너무 꾸물대지도 말고 너무 서둘지도 말게.

제 3 장

장성살이나 괴강살이나 싸가지 없어 보이긴 마찬가지다

인내와 몰입력이
성공을 가져온다

고등학교 1학년때 있었던 일이다. 흰머리가 많으신 나이 중후하신 미술 선생님께서 나의 그림을 보시고 소질이 있다고 말씀하셨다. 관찰력도 있고 해석하는 능력도 예리하다며 미술을 해볼 생각이 없냐고 물으셨다. 난 우리 집이 부자도 아니고 성공할 자신도 없기 때문에 안될 것 같다고 말씀 드렸다. 선생님은 나의 말 뒤로 한호흡 깊은 생각을 하시고 말씀하셨다.

"안나, 선생님이 대학교 다닐 때 말이야. 한 사람이 그 분야에 완전한 두각을 나타내서 사회적인 성공을 하려면 세 가지 조건이 필요하다고 생각했어. 첫째, 그 사람의 재능을 발견하게 되는 거야. 사람은 누구나 자신만의 재능을 가지고 태어난다고 하지만 사실 발견하지 못하고 평생을 살다가 죽는 사람들이 더 많잖아. 둘째, 재능이 개발될 수 있는 시간과 금전적 여유. 아무리 재능이 뛰어나도 당장 입에 풀칠할 여유도 없는데 그림을 그리겠다고 화실에 앉아 있을 수는 없거든. 세 번째, 중간에 포기하지 않을 수 있는 인내와 몰입할 수 있는 집중력. 중간에 변덕을 부리거나, 포기해 버리면 그 분야에서 성공할 순 없다고 생각했지.

지금 이 나이가 돼서야 내가 틀렸다는 것을 깨달았어. 중요한 것은 첫 번째도 두 번째도 아니더라고. 재능이 한 사람한테 한 가지만 있는 것도 아니고, 자신이 재능이라고 믿고 노력하면 진짜 재능이 되어버리는 경우도 많아. 그리고 돈과 시간의 여유가 있는 사람들이 인내와 집중력까지 있는 경우는 많이 없어. 그런데 인내와 집중력이 있으면 앞에 두 가지는 없어도 돼. 포기하지 않는 인내와 한 가지에 몰입하는 집중력이 성공을 가져오지, 재능과 돈과 시간이 성공을 가져오진 않더라고."

선생님의 말씀에는 지천명의 지혜가 있었지만, 나는 그 지혜를 이해하기엔 너무 어렸고, 나이 든 선생님의 꼰대질로 생각하고 넘겨버렸다. 많은 시간이 지난 후 학생들을 가르친 경력이 쌓여 가면서 그 선생님의 말씀이 진리였다는 것을 깨달을 수 있었다. 좋은 환경이 아니지만 사회적으로 부와 명성을 얻은 많은 사람들의 사주를 풀어보면 나타나는 공통점도 인내와 집중력이다. 사주의 구성은 복잡하고 여러 가지를 종합적으로 읽어야 하기에 그 많은 복잡한 것들을 모두 설명하기엔 무리가 있다. 그러나 공통점을 쉽게 찾을 수 있다.

사주에서 자주 언급하는 신살 중 성공에 관련된 살이 3가지가 있다. 장성살, 괴강살, 백호살. 이 세 가지는 성공을 돕는 살이 되기도 하고 최고로 강한 살 3개로도 취급된다. 나는 3가지 중 백호살은 성공과 잘 연결시키기 않는다. 실제로 사주를 보면 백호살의 작용력이 좋은 에너지로 발현되는 경우가 많이 없기 때문이다. 그래서 나는 백호살은 제외하고 장성살과 괴강살만 언급하려고 한다.

만약 자신의 사주에 괴강살이나 장성살 중 하나가 있거나, 배우자의 사주에 있다거나, 자녀의 사주에 있다면, 그들의 행동을 이해하는 데 큰 도움이 될 수 있을 것이다. 나 또한 학생들을 가르치면서 그 학생의 성향을 이해하는데 많은 도움을 주었고, 학부모 상담을 할 때도 도움이 되었다.

괴강살과 장성살은 둘 다 너무 강하기 때문에 주변사람들에게 독불장군으로 비춰지기도 하고 이기적으로 보이기도 한다. 둘 다 자신이 목표 한 곳 만을 보고 돌진하며 절대 한눈을 팔지 않는다. 중요한 것은 언제 목표가 정해지느냐에 있는데 그 시기는 사람마다 다르다.

사주의 4 기둥 중에서 년주를 청소년기, 월주를 청년기, 일주를 중년기, 시주를 장년기라고 한다. 만약 장성살이 일주에 들어와 있다면 30대 중반에 목표가 생기고, 연주에 들어와 있다면 청소년기부터 목표를 가지고 돌진할 것이다. 문제는 년주에 장성살이나 괴강살이 들어왔을 때 부모와 주변사람들과 갈등이 잦아진다는데 있고, 일주에 들어와 있으면 배우자와 갈등이 잦아진다는 데 있다.

내가 학부모들과 상담을 할 때 학생의 년주부터 괴강살이나 장성살이 들어온 경우 그냥 본인 하고 싶은 대로 하도록 놔두라고 말한다. 어차피 아무도 이기지 못할 것이고, 부모가 통제하려고 하면 할수록 관계만 틀어질 것이며, 아이는 상처만 더 받게 되기 때문이다.

장성살과 괴강살은 강한 살 중에서 제일 강한 살이고, 마음먹은 것은 절대 포기하지 않는 살이지만 행동에는 약간 차이가 있다. 두 가지 유형 모두 내가 가르쳤던 학생들의 행동양식을 보고 추론한 것이다. 사주의 구성과 일주에 따라 차이가 있으니 이것만 보고 장성살과 괴강살을 속단하지 말기를 바란다.

보통 하나를 짧은 시간 동안 올인하는 능력은 괴강살이 최고이고, 긴 시간을 인내하는 능력은 장성살이 최고이다. 다이어트로 치자면 10일 단식해서 살을 빼느냐, 몇달 동안 간헐적 단식과 운동을 병행하느냐 차이다. 단기전이든 장기전이든 두 사람 모두 다이어트를 결심하면 반드시 성공한다.

장성이는 축구선수가 되는 것이 목표다. 가난해서 돈도 벌어야 하고, 축구 연습도 해야 하고, 축구 수업도 들어야 한다. 내일 운동장에서 축구를 하기로 친구와 약속을 한다. 다음날 밖을 보니 비가 억수같이 내리고 있다. 친구가 축구는 다음에 하자고 말한다. 장성이는 비가 나의 의지를 꺾는 것이 싫었다. '나의 계획을 왜 날씨 따위가 막는 것인가.' 혼자 축구공을 챙겨 운동장으로 간다. 속으로 생각한다. '하늘아 퍼부어라. 나는 내 갈길 가련다. 너 따위에 지지 않는다.' 열심히 축구를 하고 집으로 돌아간다.

다음날 새벽부터 열이 나기 시작한다. 비를 맞으며 운동을 했으니 아픈 게 당연하다. 그러나 속으로 또 생각한다. '내가 몸살 따위에 질 것 같으냐? 아파봤자 몸뚱이지 나의 정신은 아니다.' 다음날 종합감기약을 삼키고 코치님의 수업을 들으러 간다. 정신이 혼미하지만 수업을 듣고 알바를 하러 간다.

알바를 하기 전 감기약을 하나 더 삼키고 일을 시작한다. 사장님이 몸이 아프면 들어가서 쉬어도 된다고 말하지만 장성이는 알바를 끝까지 한다. '몸뚱이야. 네가 아프든 말든 나는 나의 갈길을 가련다.

어느 날 친구와 말다툼이 있었다. 계속 신경이 쓰인다. 빨리 풀어야 내 정신이 편하다. 오늘 당장 만나자고 해서 대화를 한다. 좀 억울하긴 하지만 미안하다고 말하고 불필요한 감정싸움을 없애기 위해 친구를 자주 보지 말자고 결심한다. 좀 고독하지만 상관없다. 내가 성공하고 나서 만나면 된다. 성공할 때까지 나는 버틸 것이다.

비가 와도 의지가 꺾이지 않고, 몸이 아파도 의지가 꺾이지 않고, 고독해도 의지가 꺾이지 않는다. 이게 장성살이다.

괴강이는 카카오톡 이모티콘을 도전하여 승인을 받아 돈을 벌겠다는 목표를 세웠다. 교실 구석에서 그림을 그리면서 이모티콘을 구상한다. 친구들이 편의점에 가자고 해도 안 간다. 다음 쉬는 시간에도 뭔가를 계속 핸드폰으로 검색하고 있다. 친구들이 수업 끝나고 자전거를 타러 가자고 해도 안 간다. 밤 12시가 넘었지만 잠자는 것도 잊었다.

늦잠 자다가 학교에 지각을 한다. 선생님에게 혼나고 있는 중에도 머릿속엔 이모티콘을 어떻게 그릴지밖에 생각이 없다. 선생님은 자신의 꾸지람에 아무런 대꾸가 없는 괴강이에게 화를 낸다. 화를 내다가 괴강이의 표정이 정신이 나가 있다는 것을 보고 추측한다. '혹시 우울한 일이 있나? 아니면 집안에 우환이 있는데 말을 안 한 걸까?' 선생님은 괴강이를 그냥 교실로 돌려보낸다.

괴강이는 역시 계속 혼자 그림그릴 방법만 연구 중이고 친구들에게 아는 척을 안 한다. 친구들은 괴강이가 자신들이랑 어울리기 싫어하는 것 같다고 생각한다. 다음부터는 편의점도 같이 가자고 안 하고 자전거를 타러 가자고도 안 한다. 괴강이는 지금 카카오톡 이모티콘을 제안하려고 목표를 세웠고 승인을 받는 것만 관심이 있다. 괴강이는 친구들이 왜 자신을 피하는지 몰랐다. 이미 뇌 속에 이모티콘밖에 없었기에 그 당시 무슨 일이 일어났는지 관심조차 없었던 것이다.

괴강이는 누군가를 무시할 의도가 없다. 그리고 친구들을 싫어하지 않는다. 기분이 나쁜 것도 아니며, 우울하지도 않고, 집안에 우환이 있는 것도 아니다. 그냥 하나에 꽂혀 아무것도 안 보이는 것이다. 당장 먹는 것, 자는 것, 친구들이랑 어울리는 것은 이미 머릿속에 없다. 머릿속에는 단 하나 이모티콘 승인만 있다. 이게 괴강살이다.

괴강이는 지금 아이패드로 그림을 그리는 중이다. 부모님이 심부름을 시킨다. 들리지 않는다. 그냥 계속 자신의 할 일을 한다. 부모님이 자신의 말을 무시하는 거냐며 화를 내신다. 괴강이는 역시 듣지 않고 자신의 할 일을 한다. 뭔가 시끄러운 소리가 들리긴 하지만 신경 쓰이지 않는다. 결국 부모님은 괴강이의 방에 들어가서 소리를 지른다. 괴강이는 아이패드를 들고 현관밖으로 나간다. 대꾸할 정신도, 상황을 설득할 의지도 없다. 어디서든 그림만 그리면 된다.

부모님 입장에서는 무시한다고 생각이 들 테지만 괴강이의 의도는 전혀 그렇지 않다. 무시해서 그런 것이 아니라 관심영역에 아예 없는 것이다. 그림을 그리지 않을 때 그들과 대화를 해보면 바로 알 수 있다. 대화도 잘하고 부모님이 화냈다는 사실자체를 기억하지 않는다.

이것은 배우자의 관계에서도 마찬가지다. 배우자를 무시해서 그러는 것이 아니라 그냥 관심밖에 있는 것이다. 의도적으로 그러는 것이 아니라 지금 괴강이의 뇌구조 안에는 오직 이모티콘 밖에 없는 것이다. 배우자를 사랑하지 않는 것도 아니고 무시해서도 아니다. 그냥 현재 뇌구조가 그런 것뿐이다. 평소에 대화해 보면 온유하고 나긋나긋하고 상대방이 이전에 화를 냈다는 사실도 기억하지 못할 것이다. 이때 무언가를 부탁하면 잘 들어준다.

장성이는 지금 축구하러 나가기로 했다. 그런데 부모님이 자신의 심부름을 하고 가라고 한다. 장성이는 자신이 지금 축구를 하러 나가기로 했는데 왜 지금 시키냐며 화를 낸다. 부모님은 "그래 니 잘났다!!"며 나가버리라고 한다. 장성이는 축구공을 들고 나간다.

장성이는 지금 축구가 중요하다. 자신이 축구선수가 되기 위해서는 매일 꾸준하게 노력을 해야 한다. 심부름을 하면 장성이가 축구할 수 있는 시간은 줄어들 것이고, 그러면 내일 더 많은 양의 축구로 채우려 할 것이다. 장성이에게는 매일 꾸준하게 노력하는 것이 중요하다. 그러니 장성이가 축구를 하러 간다고 하면 축구를 하고 오는 길에 심부름을 해달라고 부탁하길 바라고 만약 지금 당장 해야 하는 심부름이라면 그냥 시키지 않길 바란다.

다시 말하지만 그들이 부모를 무시해서 그런 것이 아니다. 매일 자신이 채워야 하는 노력의 양이 있고, 이들은 그 노력의 양이 채워져야 자신이 원하는 성공을 이룰 수 있다고 믿는다.

이것은 배우자의 관계에서도 마찬가지다. 장성이는 성공에 대한 큰 열망이 있다. 그 열망을 이해해주지 않으면 부부관계가 나빠지기 시작할 것이다. 배우자를 사랑하지 않아서 그런 것이 아라 오히려 배우자를 사랑해서 성공하고 싶어 한다. 내 가족을 책임지고, 잘 먹고 잘 살게 하기 위한 선택이다. 그러니 장성이가 무엇인가에 집중한다면 그냥 놔두자. 이들이 성공하기 위해 한 가지를 정했다면 90%는 성공할 확률이 크니 성공하고 나서 쌈박질을 하든, 따지든, 더 깊이 사랑을 하든, 그건 나중에 하길 바란다.

부모입장에서 화라도 내는 장성이가 나은 것인가? 아니면 대꾸도 안 해버리는 괴강이가 나은 것인가? 둘 다 싸가지 없어 보이긴 마찬가지다.

학부모님들도, 이런 배우자를 가진 상대방도, 서로 자신들의 고충을 토로하며 말한다. 그 순간 너무 싸가지없어 보이고, 무시당한다고 느껴진다는 것이다. 다시 말하지만 그들의 현재 뇌구조는 절대 싸가지와 무시와는 상관이 없다. 그냥 이렇게 생각하자. 괴강이가 무엇인가 집중할 때와 장성이가 목표한 것이 있을 때, 그들의 뇌구조는 일반사람들의 뇌구조와 이미 다르다고. 그냥 다른 별에서 온 종자들이라고. 잔소리할 생각을 버리자. 어차피 이들의 뇌구조 안에 당신이 들어 있지 않다.

내가 처음 학생들을 가르치기 시작했을 때 이런 종자들이 아주 많았다. 초보자시절 내가 뭘 알았겠는가. 그냥 머리채를 잡아서라도 공부를 시켰지. 정말 전쟁 아닌 전쟁이었다. 성적을 올리려는 나의 노력과 공부에 관심은 없으나 부모 때문에 억지로 앉아 있는 그들이

나. 둘 다 잘못한 사람은 없다. 그런데 이제는 알았다. 그런 성향을 보이는 학생들은 사주부터 풀어보고 빨리 이해를 하면 편해진다.

이들은 대부분 3가지 중 하나이다. 괴강살, 장성살, 백호살. 만약 백호살이 있고 사주안에 *상관이 있으면 목표가 있든 없든 그냥 반항심이 있는 경우가 대부분이니 머리채를 잡든 쌈박질을 하든 설득을 하든 상관없다. 그러나 괴강살과 장성살은 머릿속에 자신의 플랜이 이미 정해져 있는 사람들이다. 이들은 자신의 목표를 무시당할 때 반응하는 방법도 다르다.

> *상관 : 관을 상하게 한다는 의미로 반골성향의 기질을 의미한다.

열심히 그림을 그리는 괴강이에게 누군가 말한다. "야, 아무리 시도해도 승인받기는 힘들어. 도전하는 사람이 한두 명 이겠냐?" 괴강이는 속으로 '뭐래?' 한마디 하고 다시 그림을 그린다. 다시 말하지만 이미 그들의 뇌 구조 속에는 인간이 들어 있지 않다. 그러니 인간이 뭐라고 한들 그냥 개 짖는 소리와 비슷한 것이다. 복수 같은 생각도, 상대방에 대한 화도, 만들어지지 않는다.

그런 반면 장성이가 열심히 축구를 하고 있는데 누군가 말한다. "야, 그렇다고 국가대표 되겠어? 요즘엔 실력보다 운이고, 운보다는 돈이야. 적당히 해. 적당히." 장성이는 그 말을 마음에 새긴다. 가슴 깊숙하게 박아 놓으며 생각한다. '내가 성공해서 두고 보자. 반드시 국가대표 축구선수가 되어 나에게 그렇게 말했던 너의 말에, 그렇게 말하며 보냈던 너의 눈빛을 납작하게 눌러 놓고 말겠다.' 장성이에게는 성공이 복수다. 이들은 힘들 때마다 그 말을 꺼내어 곱씹으며 복수의 칼날을 간다. 다른 사람의 부정적인 말마저 인내의 원동력으로 만들어 버린다.

둘 다 무시무시한 것들이다. 그러니 이들에게 부정적인 말은 하지 말자. 소귀에 경 읽기가 되거나, 복수의 칼날이 될 뿐이다.

이 두 명이 장관이라고 생각해 보자.

괴강장군이 부하직원에게 명령을 한다. 부하직원이 토를 단다. 괴강살은 일단 눈빛부터 변한다. 불평하는 부하직원의 말을 끊어버리고 한마디만 한다. "시키면 시키는 대로 해라." 인정머리도 없고, 지혼자 잘났다. 재수가 없다.

장성장군이 부하 직원에게 명령을 한다. 부하직원이 토를 단다. 장성살은 일단 들어본다. 주저리주저리 불평하는 부하직원의 이야기가 다 끝날 때까지 기다려 본다. 말이 다 끝나면 아주 강력한 말발로 부하직원의 불평을 반박한다. 설득력이 너무 강해서 부하직원은 할 말이 없어진다. 말발이 개 쎄다. 지 혼자 똑똑하다. 재수가 없다.

괴강장군은 강압적인 면이 있고, 장성장군은 말발 쎄서 못 이긴다. 재수 없어 보이기는 둘 다 마찬가지다.

나에게 이 두 명의 친구가 있다고 가정해 보자.

일단 괴강이에게 가서 불평을 해본다. 네가 내 말을 무시하는 것 같고, 자존심이 상한다고 불평을 했다. 괴강이는 듣고 있지만 아무 말 안 한다. 나는 계속 화를 낸다. 괴강이는 듣고 있다. 나는 지쳐 간다. 괴강이는 묻는다. "다했어?" 나는 어이가 없다. 괴강이는 아이패드 들고나간다. 나는 속으로 생각한다. '그림이나 그리다 디져버려라!!'

열받은 나는 장성이를 찾아간다. 나는 장성이에게 괴강이가 나에게 이랬다며 불평을 한다. 장성이 역시 듣고 있다. 너도 괴강이와 비슷한 면이 있다며 나는 계속 화를 낸다. 장성이는 열받지 말고 축구나 하러 가자고 말한다. 나는 속으로 생각한다. '그럼 그렇지. 이놈은 축구에 미친놈이지.'

나는 불평하기를 그만한다. 괴강이놈은 어차피 무시하고 본인 할 일 할 테고, 장성이놈은 날 데리고 또 축구를 하자고 할 것이다. 둘 다 이기적으로 보이기는 마찬가지다. 둘 다 오지게 독한 놈들이다.

괴강살의 뜻은 북두칠성 7개의 별 중 우두머리라는 뜻이다. 과거에는 괴수 중에 괴수라고 하여 안 좋은 쪽으로 해석을 많이 했으나, 한 분야에서 성공한 사람들의 사주에 괴강살이 있는 경우가 많다. 괴강살이 있는 경우는 성공의 원동력으로 사용하기엔 좋으나 상대방 입장에서는 무시당한다고 느껴질 수 있다. 말을 안 하기 때문이다. 목표가 생기면 교만해 보이기도 할 만큼 다른 사람들의 말을 안

들는다. 다시 말하지만 이들은 무시하는 것이 아니라 지금 자신의 뇌 속에 한 가지 생각이 가득 찼기 때문이고, 상대방의 말을 듣기 싫다는 게 아니라 정말 안 들려서 그러는 것이다.

장성살의 뜻은 장수의 별이라는 뜻이다. 현대로 치면 장군의 우두머리가 된다. 인내심과 자신감이 한 군대의 장군만큼 왕성하다고 하여 성공살이라고 한다. 역시 한 분야에서 성공한 사람들의 사주엔 장성살이 있는 경우가 많다. 장성살이 들어와 있는 시점이 어디냐에 따라서 그 사람의 목표가 언제 정해졌는지가 나타나는데 사주의 구성이 좋으면 삶의 초년부터 자신의 분야에서 두각을 나타낸다.

괴강살은 단기 목표에 강한 반면 장성살은 장기적인 목표에 강하기 때문에 인내면에서는 장성살이 더 뛰어나다. 그럼 사람들이 물을 것이다. 둘이 싸우면 누가 이기냐고. 중요한 것은 둘이 무언가를 시작하면 끝까지 갈 것이라는 것이다.

윈스턴 처칠은 성공을 이렇게 정의했다.

열정을 잃지 않고, 실패를 거듭하는 능력.

—

영화 몰리스 게임 中

〈감독 아론 소킨. 2018. 9. 6〉

장기전엔 장성살이 강하고
단기전엔 괴강살이 강하다

지금은 싱가포르에서 회계사로 일하고 있는, 나와는 4살 차이가 나는 장성이(가명)가 한 명 있다. 내가 대학교 3학년때 가르쳤던 학생인데, 아니 그 당시엔 퇴학을 당했으니 학생이 아니었다. 내가 다니던 교회의 집사님 아들이었던 장성이는 고등학교 때 폭력조직에 가담했다가 퇴학당하고 부모님의 권유로 검정고시를 봤다.

내가 장성이를 처음 만났을 때는 검정고시를 합격한 이후 대학입시를 준비하고 있던 중이었다. 장성이가 남자였기에 부모님은 남자선생님을 붙여줬는데, 첫 번째 선생님은 말이 너무 거칠어서 장성이가 싫다고 거부했고, 두 번째는 장성이가 선생님을 때리는 바람에 그만두셨다. 장성이의 부모님은 강압적인 남자선생님보다 부드러운 여자선생님이 좋을 것 같다고 생각하시고 나에게 부탁을 하셨다.

내가 처음 장성이의 집에 방문했을 때 거실에 있는 책상에 앉아 게임을 하고 있었다. 장성이는 나에게 딱 한판만 하고 수업을 하자고 말했고 나는 그러자고 했다. '게임이 한판이면 뭐 5분 안에 끝나겠지.'라고 생각했는데 장성이의 게임은 40분이 지나서 끝이 났다. 나는 게임을 잘 몰랐기에 장성이에게 무슨 게임이 그렇게 기냐고 물어보니 스타크래프트라고 하였다. 처음엔 그러려니 했다.

그런데 다음 과외시간에 집에 가보니 또 게임을 하고 있었다. 이번에도 한 판만 한다고 하더니 1시간을 넘어섰다. 나는 속으로 생각했다. '폭력조직에 있던 놈이니 그냥 봐주자. 괜히 내가 얻어맞을 수도 있다.'

다음에 과외 수업을 하러 갔더니 또 게임을 하고 있다. 어떤 게임이 한판에 이렇게 오래 걸리는지 궁금하여 옆에서 계속 지켜봤다. 이건 단순한 게임이 아니라 지능싸움인 것 같았다. 무슨 징그러운 벌레들도 나오고, 보석 같은 것도 나오고, 전략까지 짜고 있으니 말이다. 내가 장성이를 과외해 주러 간 것인데 장성이에게 스타크래프트 과외를 받고 있는 꼴이 되었다.

자신의 목표가 100승을 찍는 거린다. 지금 몇 승이냐고 물어보니 80승이란다. 나는 장성이에게 100승 찍으면 더 이상 게임 안 하고 공부할 거냐고 물으니 그럴 거라고 대답했다. 나는 그날 장성이에게 〈100승까지 찍으면 더 이상 게임하지 않는다. 그 이상 게임을 하면 나는 짐승이다. 100승까지 찍으면 안나 선생님이 시키는 대로 다 하겠다〉라는 각서를 받았다.

그다음 수업에 갔더니 또 게임을 하고 있다. 내가 몇 승까지 찍었냐고 물었더니 아직 80승이란다. 나는 그때 몰랐던 거다. 배틀 나가서 1승 올리려면 하루가 아니라 일주일이 걸릴 수도 있다는 것을.

처음엔 너무 열받아서 '이 새끼를 어떻게 조질까'라는 생각만 했다. 그러다가 생각을 바꾸었다. 내가 상대팀으로 들어가 어디에 기지를 세웠는지 알려주면 장성이가 이기지 않겠나.

나는 그때부터 스타크래프트를 배워서 팀킬을 하며 장성이에게 나의 팀들의 정보를 알려주기 시작했다. 나는 노트북을 켜고, 장성이는 컴퓨터를 켜고, 둘이 과외시간마다 양 옆에 앉아서 하루 5판씩 승리를 이끌어 내니 100승까지는 빠르게 도달했다. 이제부터 수업을 하면 되겠구나 싶어서 수업을 시작하러 간 그날 장성이는 또 컴퓨터에 앉아 게임을 하고 있다.

나는 분노조절장애 아버지의 딸답게 약속을 어긴 장성이의 머리채를 잡아서 바닥에 내다 꽂았다. 그때는 열이 받아서 장성이가 폭력조직일원이었든 아니었든 눈깔에 뵈는 게 없었다. 장성이가 나를 째려보고 욕을 했다. 이에 질 내가 아니었다. 벽에 붙어 있는 각서를 손으로 가리키며 말했다. "넌 사람이 아니다. 짐승은 짐승으로 대하는 게 내 법이다." 그랬더니 이놈이 지금까지 이긴 100승은 정정당

당한 승부가 아니었다면서 그런 것은 인정할 수 없다고 말한다. 20 승만 하면 안 되냐고 나를 설득하기 시작한다. 그때는 수능시험이 6 개월밖에 남지 않았기에 20승은 기다려줄 수 없다고 말하며 절대 안 된다고 했다. 그랬더니 이놈이 말했다. "그럼 선생님이 나를 딱 한 번만 이기면 공부할게요."

이놈이 나를 간과한 게 하나 있다. 나는 괴강살이다. 나도 만만치 않은 년이라는 것을 이놈은 몰랐던 거다. 그래서 나는 그렇게 하자 고 약속을 하고 1개월 동안 칩거에 들어갔다.

하루에 3~4시간만 자고 스타크래프트를 했다. 거의 반 미쳐 있 었다. 꿈에도 드라군이 나오고 눈만 감아도 다크 템플러가 아른거 릴 정도로 나는 환장해 있었다. 어차피 실력으로는 이놈을 절대 이 길 수 없으니 아프리카 TV에 나오는 게임들을 전부 관찰하며 전략 을 짰다. 초반에 조지지 않으면 나는 질 것이다. 저놈은 저그종족이 니 나는 프로토스종족을 선택한 후 다크템플러와 하이템플러로 전 부 지져버리고 초반에 끝내자.

나는 한 달 동안 한 가지 전략만 집요하게 연습했다. 어차피 스타그 래프트는 단축키 빨리 쓰는 놈이 이기는 게임이다. 결전의 날 나는 장 성이와 드디어 배틀을 붙었다. 승부가 나는데 오래 걸리지도 않았다. 괴강살은 한 가지 목표의 단기전에 강하다. 당연히 내가 이겼다.

자신이 질 것이라는 생각을 전혀 하지 못한 장성이는 컴퓨터 앞에서 다 깨부수어지고 있는 자신의 기지를 보며 허탈한 눈빛을 하고 있었다. 장성이가 나를 바라보는 눈빛에는 감탄과 놀라움이 있었고, 내가 장성이를 바라보는 눈빛에는 승리에 대한 허세가 가득했다. 벌써 알 수 있었다. 이놈은 이제 내 밥이다. 그리고 그날부터 장성이는 스타크래프트를 하지 않았다.

수능시험이 5개월 남은 이 시점에서 장성이의 실력을 보니 수학은 이미 물 건너갔고, 교육열 높은 부모님에게서 자라 어린 시절부터 책을 많이 읽었으니 언어 영역은 할만했다. 그러나 사탐이나 과탐은 저 돌대가리로 이해하기엔 끝났고, 시제는커녕 to부정사도 모르는 이놈에게 영어도 불가능해 보였다.

나는 장성이에게 사탐이나 과탐, 아니면 외국어영역 둘 중에 한 과목은 선택해야 한다고 했다. 그 당시엔 두 과목만 1등급을 받아도 들어갈 수 있는 학교가 많았다. 장성이는 영어를 공부하겠다고 했다. 영어는 공부해서 써먹을 곳이 있지 않느냐는 것이다. 그래서 그날부터 장성이는 단어를 암기하기 시작했다.

손바닥에도 적고 암기를 하고, 화장실 벽에도 붙여 놓고, 침대 위천장에도 붙여놓고, 하루에 잠은 4~5시간만 잤다. 한 달에 한 번씩 모의고사를 볼 때마다 등급이 한 단계씩 높아졌다. 밥 먹는 시간과 화장실 가는 시간과 잠을 자는 시간을 제외한 모든 시간은 공부를 하는데 쏟았다.

가끔 친구들과 나가서 술을 마셨는데 술을 마시고 집에 들어와서도 영어단어를 암기했다. 한 번은 장염에 걸려 병원에 입원을 했는데 병문안을 가보니 한쪽팔엔 링거를 꽂고 한쪽손엔 영어단어책을 잡고 외우고 있었다.

나는 지금까지도 장성이같이 노력을 하는 학생은 단 한 번도 본 적이 없었다. 한 가지 목표를 잡고 오래 밀고 나가는 능력은 정말 끝내주는 학생이었다.

5개월 동안 장성이를 가르치면서 나는 깨달았다. 장성이는 인내심도 강하고, 체력도 좋았다. 생각해 보면 스타크래프트 80승을 하려면 그동안 집중한 시간과 인내 역시 만만치 않았을 테고 어린 시절부터 유도를 했으니 체력도 좋았을 것이다. 그런데 왜 이 인내와 체력을 게임과 폭력조직에 썼을까? 장성이의 어머니는 친구를 잘못 사귀어서 그랬다고 말했지만 나는 장성이와 지내면서 이 놈이 절대 친구 따라 강남 갈 놈이 아니라는 것 정도는 알 수 있었다.

5개월 후 장성이는 그 당시 언어영역과 외국어영역에 1등급을 받았다. 이제 한시름 놓았다고 생각했는데 장성이의 부모님이 나에게 전화를 했다. 장성이가 대학교에 가지 않겠다고 부모님께 선언을 했다는 것이다. 나는 그날 장성이와 포장마차에서 어묵탕에 소주를 마시면 대화를 했다.

장성이의 얘기를 들어보니 그의 결심이 이해가 되었다. 장성이는 아버지와 어린 시절부터 갈등이 심했다. 아버지는 대학교 교수님이시고 어머니는 학교 선생님이셨는데 아버지의 행동교정 방식이 어린 시절부터 장성이를 힘들게 했다. 장성이가 아버지의 눈에 거슬리는 행동을 하면 바로 매를 드셨는데, 장성이 말에 의하면 자신이 왜 맞아야 하는지 이해할 수 없을 때가 더 많았다고 했다. 아버지의 엄격한 행동교정 방식은 장성이에게 많은 상처를 남겼고 탈출구가 된 곳이 게임과 폭력조직원 친구였던 것이다.

자신도 잘못된 길을 가고 있다는 것을 알았지만 아버지에 대한 반항심이 너무 커서 그만두지 않았다고 했다. 그럼 수능시험은 왜 봤냐고 물으니 목적은 학교가 아니라 영어였다고 말했다. 애초에 아버지가 안 계신 곳으로 가겠다고 결심했고 그 장소로 싱가포르를 선택한 것이다. 싱가포르에 가서 특별하게 하고 싶은 것이 있냐고 물으니 지금은 아버지를 벗어나는 것이 목표지만 싱가포르에 가서 반드시 성공을 할 것이라고 말했다.

부모님의 강력한 반대에도 불구하고 결국 장성이는 싱가포르로 떠났다. 이쯤에서 내가 장성이의 이야기를 마무리할 생각이었다면 시작하지 않았을 것이다. 장성이가 싱가포르로 떠난 후 어느 날 싱가포르 국제대학교에서 회계학을 전공한다는 말을 했다. 그리고 또 어느 날 회계학전문 자격증까지 땄고, 어느 날 취업을 했다는 소식까지 알려 주었다.

수학에 생짜 무식인 장성이가 어떻게 회계학을 시작했는지는 구체적으로는 모르겠지만 장성이의 인내정도면 수학이든 뭐든 성취는 가능했으리라 생각한다.

장성이는 처음 싱가포르 호텔에서 잡일을 했다. 잡일을 하면서도 영어실력을 늘리려고 의도적으로 영어권 친구와 영어권 애인까지 만들었다. 그리고 어느 날 호텔에서 일하는 회계사가 컴퓨터의 프로그램으로 회계업무를 하는 것을 보게 되었다. 그의 일이 재미있어 보여 대화를 몇 번 하면서 일을 좀 배워보니 자신이 급격하게 몰입하고 있더라고 했다. 그리고 그 일이 장성이의 목표가 된 것이다.

고3 때 영어 생짜 무식이 수능에서 1등급을 받고, 싱가포르에서 대학교에 입학하고, 학위와 전문자격증을 따는 게 가능한지 내 상상력으로도 불가능한 일이었지만, 분명 장성이의 인내와 끈기로는 가능했던 일이었을 것이다.

장성살과 괴강살 중에 뭐가 좋으냐고 물어보면 사실 둘 다 어떻게 쓰는지에 따라 다르기에 나는 우열을 가려서 말할 수는 없다. 그러나 한 가지는 확실하게 말할 수는 있겠다. 두 가지 모두 주변 사람들에게 오해를 불러올 수 있고, 독불장군처럼 보일 수 있고, 사람들과 갈등을 일으킬 수 있다. 하지만 사실 이들이 목표를 갖는 데는 다 그만한 이유가 있고 그것을 이룰만한 인내도 있으니 안 좋은 쪽으로만 바라보지 않았으면 한다.

나는 장성이와 괴강이의 부모님이나 배우자가 있는 사람에게 꼭 말해준다. 어차피 그들이 하겠다고 결심했다면 끝장은 봐야 하니 말리지 말고 그저 응원하라고. 그들이 보이는 행동이 상대방을 무시하는 것같이 느껴질 수 있으나 전혀 그런 것이 아니라고. 그들이 목표가 생기는 순간 뇌구조가 이미 달라진다고. 그러니 상처받지 말라고, 그러니 불평하지 말라고, 그러니 웬만하면 그냥 본인 하고 싶은 대로 하게 놔두라고.

그리고 장성살과 괴강살이 있는 사람들에게도 조언한다.

"나는 너의 신념이 너무 확실해서 바위가 산 아래로 굴러가는 것 같아. 물은 상황에 유연하게 대처해. 돌이 있든, 큰 바위가 있든, 그 무엇도 에둘러 감싸면서 자신이 가야 할 바다로 가거든. 그런데 돌은 깨지고, 까지고, 부서지고, 때로는 어디 박혀서 못 빠져나오기도 하잖아. 물론 두 가지 중 옳은 것은 없어. 시대마다, 상황마다, 두 가지 방법은 적절하게 균형을 이루어 왔으니까.

나는 네가 다치지 않았으면 좋겠어. 너의 몸도 마음도 다치지 않고 너의 목표에 이르렀으면 좋겠어. 그러니 때로는 바위처럼 무섭게도 가다가, 때로는 물처럼 유연하게, 직면한 상황에 적절한 것을 선택해. 네가 다치지 않도록, 혹여나 다치면 회복할 시간도 주면서, 그렇게 너의 목표에 이르렀으면 해."

모아나 : 항해하는 법을 알려줘.

마우이 : 내 할 일은 바다 건너편으로 가는 거야.

모아나 : 난 항해하는 법을 배워야 해.

마우이 : 그건 길 찾기라고 하는 거야. 이 공주님아.

그리고 그것은 단지 돛과 매듭만을 의미하는 게 아니야.

네가 어디로 가고 있는지 마음속으로 보고,

지금 네가 어디 있는지를 알고,

어디를 지나왔는지 아는 것이야.

—

영화 모아나 中

〈감독 론 클레멘츠. 2017. 1. 12〉

제 4 장

토는 생명의
근본이다

토는
생각이다

잠을 자려고 누웠는데 마음속에 계속 걸리는 일이 있다. 일을 하다가 순간적으로 욱해서 화를 냈다거나, 아니면 누군가 자신에게 화를 냈다. 말이 순간적으로 잘못 튀어나와서 당황했다거나, 아니면 누군가 자신에게 상처 되는 말을 했다. 일에 정신이 팔려 상대방의 말을 제대로 듣지 못한 것 같다거나, 아니면 누군가 자신에게 마음이 변했다고 느껴질 만한 행동을 했다. 자신의 미래에 대한 불안감과 걱정 때문에 생각이 많아지거나, 아니면 사랑하는 사람의 불행에 마음이 아프다. 상황이 무엇이든 마음속에 걸리는 이 문제가 생각에 생각이 꼬리를 물고 내면 깊은 곳까지 파고들어 결론을 내려고 애를 쓰게 만든다.

이들은 삶에서 일어나는 상황이나 고통을 단지 긍정적 사고로 지나치려 하지 않는다. '왜?'라는 질문을 반복하고 그 답을 찾으려고 한다. 답을 찾으려고 하니 생각이 많아지게 된다. 생각은 오행 중 토(土)에 해당된다. 토(土)는 목(木), 화(火), 금(金), 수(水)의 에너지를 모두 담고 중앙에 존재한다. 중용이자 생각의 힘이고, 포용력이자 안정감이다.

천간의 토는 무(戊)토와 기(己)토가 있다. 무토는 이상적이고, 기토는 현실적이다. 조선시대로 보면 무토는 성리학자이고, 기토는 실학자이다. 더 자세히 말하면 무토는 이기론(理氣論) 중에서 이(理 = 법칙, 원리, 정신적 내면세계)를 중시하는 이황 선생님이고, 기토는 이기론(理氣論) 중에서 기(氣 = 개혁, 실학, 물질적 외형 세계)를 중시하는 기대승 선생님이다.

무토는 투쟁적이고, 기토는 친화적이다. 일제강점기로 가면 무토는 위정척사운동이나 의병운동이 되고, 기토는 애국계몽운동이나 외교활동이 된다.

무토와 기토 둘 다 성리학자로 내면을 탐구하려는 힘이 있고, 무토와 기토 둘 다 애민정신을 실현하려는 의리와 강단이 있다.

무토는 산맥이고, 기토는 밭이다. 무토는 하늘과 가까워지려 하고, 기토는 땅과 가까워지려 한다. 무토는 속세를 떠나고 싶어 하고, 기토는 속세에서 뜻을 이루고 싶어 한다. 무토는 아버지와 같이 자신의 밭을 보호하고, 기토는 어머니와 같이 밭에 식물들을 길러낸다.

사주에 무토와 기토가 공존하면 산맥아래 있는 분지가 되어 마을과 도시가 만들어질 수 있는 안정적인 구조가 된다. 무토와 기토 둘 다 생명이 살아가는 데 기본 구조이고, 무토와 기토 둘 다 양육의 근본이다. 사주에 무토나 기토가 없으면 항상 불안감을 가지고 안정감 없이 삶을 살아가게 되는 이유도 생명이 살아가기에 가장 기본적인 요소가 바로 토양이기 때문이다.

힌두교에서는 무토를 〈아나하타 차크라〉라고 하고 이는 심장차크라에 해당한다. 강력한 창조력을 가지고 있는 감성적인 이브의 영역이고, 영이 물질화하여 형상을 취하게 하는 신의 영역에 해당한다. 그래서 일주 천간이 무토인 사람은 사랑과 연민이 강하다.

기토는 〈마니푸라카 차크라〉라고 하고 이는 태양신경총(위장, 명치)에 해당한다. 집의 에너지를 가지고 있는 이성적인 아담의 영역이고, 의지와 인내와 권력과 야망을 모두 포용하고 있는 대양과 같다. 그래서 일주 천간이 기토인 사람은 인내와 끈기가 강하다.

두 개의 차크라는 다른 성향이지만 창조의 근본 에너지이다.

무토와 기토는 둘 다 토이기 때문에 자신의 영역을 지키려는 힘이 강하다. 그 말은 즉 둘 다 고집이 장난 아니라는 뜻이다.

도교에서는 무토가 용이고, 기토가 호랑이이다. 실제로 무토(戊土)

간여지동인 무술(戊戌)일주와 무진(戊辰)일주는 태몽으로 용꿈이 많고, 기토(己土)간여지동인 기축(己丑)일주와 기미(己未)일주는 태몽으로 호랑이 꿈이 많다. 무토와 기토는 둘 다 고집이 강하기 때문에 한번 싸우면 한쪽이 죽을 때까지 절대 물러서지 않는다고 하여 용호상박(龍虎相搏)이라고 표현한다.

그러나 둘이 싸우기만 하지는 않는다. 도교에서는 무토와 기토의 에너지가 합일되어 몸의 경락을 모두 열고 에너지체를 얻어 신선이 될 수 있다고 한다. 힌두교에서는 무토와 기토의 에너지 합일로 송과체를 활성화시키고 무지개의 몸으로 우주의 영역에 들어간다고 한다.

이것이 이해가 안 되는 사람들은 매트릭스 2에서 영화 초반에 죽은 트리니티를 살리기 위해 네오가 손을 심장에 넣어 다시 뛰게 하는 장면을 떠올리면 된다. 트리니티의 심장 속으로 들어간 네오의 손이 무지개의 몸, 에너지체에 해당한다. 라나 워쇼스키 감독이 에너지체를 이해하고 영화를 만들었는지 까지는 모르겠으나, 어쨌든 무토와 기토가 합하면 하늘과 땅의 에너지를 모두 아우르게 되어 누구도 이길 수 없는 자가 된다.

지지의 토는 진(辰), 술(戌), 축(丑), 미(未)의 4가지로 되어 있고, 환절기의 중간에서 잠시 멈추어 있는 상태를 나타낸다. 환절기에 해당하니 앞계절의 성향, 뒤계절의 성향, 토의 성향 세 가지를 모두 가지고 있다. 그래서 진술축미는 어렵다. 종잡기도 힘들고, 해석하기도 힘든 글자이다.

간단한 성향만 나열하면 진(辰)토는 사람이 중요하고, 술(戌)토는 도덕성이 중요하고, 축(丑)토는 돈이 중요하고, 미(未)토는 보여지는 게 중요하다. 진(辰)토는 진중함이 없고, 술(戌)토는 개방성이 없고, 축(丑)토는 말이 없고, 미(未)토는 실속이 없다. 진(辰)는 따뜻하고, 술(戌)토는 건조하고, 축(丑)토는 춥고, 미(未)토는 뜨겁다. 각각의 글자가 가지고 있는 에너지가 달라도 일단 사주에 토가 있는 사람들은 기본적으로 생각이 깊고, 타인의 의견을 잘 수용하며, 성숙함이 있다.

명리학자들 사이에서도 가장 풀어내기가 힘들다는 글자가 바로 진(辰), 술(戌), 축(丑), 미(未)이다. 토는 흙 안에 무엇이 묻혀 있는지 겉으로 확인하기 힘들고, 진술축미 작용이 어떻게 결과로 나타날지 의견이 분분하며, 사실 나도 정확한 풀이는 하지 못한다. 지지의 글자 진술축미 중 한 글자만 달라도 전혀 다른 인생이 나타나기도 하고, 진술축미가 일으키는 형 충 파의 작용이 천간의 한 글자 차이로 인해 좋은 사주가 되기도 하고 불행한 사주가 되기도 하며, 글자의 조합에 따라 삶의 중반부터 운이 갑자기 상승하기도 하고 갑자기 하락하기도 한다.

그래서 명리학의 공부는 진술축미에서 끝난다고 말해도 과언이 아니다. 그 정도로 토의 에너지 작용은 복잡하다. 복잡하다는 것은 사주에 진(辰), 술(戌), 축(丑), 미(未)를 갖고 있는 사람 또한 복잡한 사람이라는 의미이고, 이 글자를 갖고 있는 사람의 삶도 복잡하다는 의미이다. 어느 명리학자는 사주에 토가 많으면 전생의 업이 무겁다는 말도 했을 정도로 지지에 진술축미가 많으면 많을수록 인생풍파가 많다고 한다.

정말 그럴까? 정말 인생풍파가 많은 걸까? 나의 통계로 보면 둘 중 하나이다. 정말 풍파가 많거나, 예민하거나.

완월 玩月

- 한용운 韓龍雲 -

空山多月色 공산다월색.

孤往極淸遊 고왕극청유.

情緖爲誰遠 정서위수원.

夜闌杳不收 야란묘부수.

텅 빈 산에 달빛 아름다워

달은 홀로 가면서도 아주 깨끗하구나

뉘 위한 그리운 마음 저토록 멀리 가나

밤은 깊고 아득하니 붙잡을 수 없구려.

예민함은
통찰력이다

예민한 사람들은 혼자만의 공간이 매우 중요하다. 토의 성향상 자신의 영역을 지키려는 기질 때문이고, 자신의 공간이 있어야 스트레스로부터 벗어나 깊이 사색할 수 있기 때문이다. 이들이 계속 혼자 있으려고 하는 이유는 상황을 회피하려고 하는 것이 아니라, 자신에게 생각할 수 있는 공간을 만들어 주기 위해서이다. 이것을 염세적(厭世的)이라고 표현하기도 하고, 무덤 속에 들어간다는 말로 입묘(入墓)라고 표현하기도 하며, 화려함을 덮는다는 뜻으로 화개살(華蓋煞)이라고 표현하기도 한다.

예민함은 통찰력과 같은 말이다. 예민할수록 통찰력은 더욱 깊어진다. 자신만의 공간에서 자신의 삶과 고통에 대해서 깊은 통찰을 하고, 깊은 통찰은 지혜가 되고, 지혜가 인격의 상승을 가져오며, 위대한 예술작품으로 승화시킨다. 이것이 토가 갖고 있는 강력한 에너지이다.

사주의 천간에 무토나 기토가 있거나 지지자리에 진술축미가 있는 자녀나 배우자가 있다면 반드시 혼자만의 공간을 마련해 주고 그들이 그 공간에 있을 때는 충분한 시간을 주기를 바란다. 그들의 마음이 평안하도록 긍정적인 말을 해주고, 그들의 예민함을 받아들여 주기 바란다. 이것은 그들이 삶을 지속하기 위한 생존방식의 하나이고, 태어날 때부터 타고나는 본인도 어찌할 수 없는 기질이다.

그들은 지금 사방에 수평선만 보이는 바다 한가운데서 홀로 표류하는 고독감과, 우주에 홀로 떠다니면서 자신의 숨소리 위엔 아무것도 들리지 않는 적막감만 있는 자신의 공간 안에서 해방을 위한 전쟁을 하는 중이다. 이들이 전쟁을 끝내면 스스로 알아서 나올 것이고, 아주 값어치 있는 작품을 들고 나올 것이다.

만약 이런 과정을 존중해주지 않고 계속 방해한다면 그들은 당신으로부터 더 먼 곳에 자신만의 공간을 만들려고 할 것이다. 그러면 결국 당신과도 멀어질 것이고, 관계는 소원해질 것이다. 만약 그들이 갈곳이 없는 상황에서 예민함을 받아들이지 않는다면 자신들이 혼자라고 생각하고 더욱 깊은 우울감으로 빠져들어 극단적인 선택을 할 수도 있다. 이들에겐 당신들의 도덕적 잣대보다 마음의 안정감을 주는 받아들인이 더 필요하다. 그것에 따라 예민함을 삶의 긍정적인 방향으로 사용할지 부정적인 방향으로 사용할지가 결정된다.

　예민함은 완벽주의적 성향과도 연결된다. 이들은 자신들에게 지적질을 하거나 쓴소리를 하는 것을 예민하게 받아들이기 때문에 일을 완벽하게 해내 스트레스를 최소한으로 줄이고 싶어 한다. 그러니 사회에서도 책임감 있게 일을 잘하고, 일을 잘하니 성실하다는 소리도 듣고, 성실하다는 소리를 들으니 상사에게 인정도 받을 것이다. 상사에게 받는 인정이 때로는 동료들에게 시기질투를 받게 하기 때문에 이들의 예민한 성격이 문제가 될까 싶기도 하지만 의외로 시기질투에 크게 신경 쓰지 않는다. 그런 행동을 하는 사람들을 경박하다고 여기고 무시해 버리기 때문이다.

　이들의 무기는 예민함 뒤에 있는 강한 신념과 도덕성, 그리고 냉정함이다. 얕은 수로 그들을 시험하거나 어설프게 모함하려 한다면 그들의 반응은 둘 중 하나가 될 것이다. 당신의 행동에 전혀 반응이 없거나, 당신을 매장시켜 버리거나. 겉으로 보이는 수용적이고, 포용력 있는 모습에 그들을 만만하게 보고 함부로 대하면 피해는 상대방에게 돌아갈 것이다.

　간혹 시기질투가 많은 사람들이 집단을 이루어 이들에 대해 안 좋은 소문을 퍼뜨릴 수도 있다. 구설 때문에 스트레스받는 사람들이 있다면 이것을 기억하기 바란다. 주변사람 100명 중 가십을 좋아하는 10명 이하의 사람들이 당신에 관해 나불거리는 것이다. 90명 이상은 먹고살기 바쁘고 자신의 문제를 해결하느라 당신과 관련된 구설에 관심이 없다.

사주에 토가 많은 사람은 재고귀인이라 하여 재물을 모으는 능력이 있다. 이들이 재물을 잘 모으는 이유 역시 예민함과 관련되어 있다. 이들은 돈이 없는 상황에 대해 극도로 불안감을 느낀다. 자본주의 사회에서 돈이 없다는 것은 나를 지키지 못하고, 사랑하는 사람을 지키지 못하고, 가족을 지키지 못하는 것과 직결된다. 통장에 쌓여 있는 돈은 사람의 마음에 편안함을 준다. 그들이 재물을 잘 모으는 이유는 불안감을 극복하는데 돈이 상당 부분 도움을 주기 때문이다. 그들이 돈을 통장에 모으고 내어놓지 않는다고 비난하지 않기를 조언한다. 그들은 돈이 없는 상황에서 극도의 불안과 두려움을 느낀다. 그들의 평안을 위해서라도 통장에 돈은 반드시 어느 정도 쌓여 있어야 한다.

사주에 토가 많은 사람은 이중적이라고 말한다. 맞다. 이들은 소시오패스적 성향과 앰패스적 성향을 동시에 가지고 있기에 어느 순간엔 한없이 이기적으로 보이고 어느 순간엔 인류애가 가득한 성인군자처럼 보인다.

친구가 슬퍼서 울고 있으면 같이 눈물 흘리고 그들을 도울 수 있는 방법을 찾는다 사랑하는 사람이 불평을 하면 그 불평을 해결해

주고 싶어 하고 그 사람이 원하는 것을 해주려고 한다. 불쌍한 사람을 보면 그냥 지나치지 못하고 지갑에 있는 현금을 모두 빼서 주게 된다. 그러나 상대방이 자신을 시험하고, 얽매고, 이용한다고 판단되면 가차 없이 돌아서는 것도 이들이다.

예민한 기질 때문에 나의 고통도 타인의 고통도 싫지만, 고통을 받을만하다고 판단되는 사람에게까지 베풀어줄 연민은 없다. 약자에겐 부드럽게 대하고 강자에게는 강하게 대하는 반골성향의 기질이 있고, 분명한 인과관계와 확실한 투입산출이 계산적으로 보이기도 한다. 이 말은 받은 만큼 돌려준다는 뜻이기도 하고, 은혜는 꼭 갚는다는 뜻이기도 하다. 조금 더 확장해 보면 죄를 지으면 벌을 받고, 선을 행하면 복을 받는다는 카르마의 믿음도 포함된다. 그러니 이들이 죄를 짓는다고 판단되는 사람에게는 소시오패스가 되고, 선을 행한다고 판단되는 사람에게는 앰패스가 되는 것이다.

예민함은 결국 완벽주의와 재고귀인과 이중성과 모두 연결된다. 이들은 예민함을 타고났기에 그것들을 바꾸라는 조언은 할 수 없다. 그러나 자질구레한 감정들은 버리라는 조언은 많이 한다. 타인의 삶이든 나의 삶이든 사소한 것 하나까지 모든 일에 반응하고 신경 쓰면 불면증만 심해지고 꿈자리만 뒤숭숭해질 것이다. 삶은 그냥 그런 것이다. 삶은 그저 그렇게 사소한 것들이 모이고 모여서 흘러가는 것이다. 당신에게만 일어나는 풍랑이 아니라 그냥 인생 자체가 크고 작은 풍랑의 연속이니 그것들에 대해 너무 깊은 내면 속까지 자신을 데리고 가지는 않았으면 한다.

　이사오기 며칠 전, 친하게 지냈던 언니에게 전화가 왔다. 별다른 일이 있어서 전화를 한 것은 아니었다. 그저 삶의 넋두리가 하고 싶었기에 나를 찾은 듯했다. 나는 늘 그렇듯 이 언니의 넋두리에 리액션만 하며 들어주었다.

　처음 결혼을 했을 때 사랑하는 사람과 함께 가정을 이룬다는 것만으로도 너무 행복했다. 그러나 2년이 지나도록 임신이 되지 않자 불안감이 몰려오고 주변사람이 아이에 대해 물어볼 때마다 신경질이 나서 사람들도 만나기 싫었다. 결국 인공수정을 했다. 비용이 만만치 않았기에 3번만 시도해 보자고 남편과 합의를 했다. 2번 모두 실패했다. 집 밖에 나가면 놀이터에 뛰어노는 아이들을 볼 때마다 자신이 삶을 비관했고, 집 안에만 있으면 우울감이 심해져 아무것도 하지 않고 누워있었다. 그러다가 3번째 시도에 임신에 성공했다. 세상을 다 가진 것 같이 행복했다.

　그러나 그것도 잠시였다. 임신하자마자 입덧 때문에 죽을 맛이었고, 낳아 놓으니 키우느라 죽을 맛이었다. 남편은 다음날 출근해야 된다고 다른 방에 가서 잠을 잔다. 남편이라는 뜻이 남의 편이라더니 원수가 따로 없다. 다 때려치우고 싶다. 너무 피곤하고 힘들다. 독박육아에 지쳐 친정어머니에게 도움을 요청했다. 어머니의 도움 덕분에 피곤함이 덜했고 자녀를 안정적으로 키울 수 있었다.

자녀를 어느 정도 키워놓고 나니 입시준비를 위한 돈이 필요해 일을 시작했다. 육아의 시작과 함께 경력이 단절되어 할 수 있는 일이 일용직 육체노동자밖에 없었다. 마트에서 일을 시작한 지 몇 달 만에 친정어머니의 몸도 아프기 시작했다. 자녀를 키울 때 도와주시느라 어머니가 아프신 게 아닌가 하는 죄책감이 밀려온다. 일과 간병을 병행하니 다시 죽을 맛이다. 자녀의 과외비에 아파트 대출금에 어머니 병원비까지 내려니 일을 멈출 수도 없다. 친정의 일에 남편은 무관심했고, 도와달라고 말하기도 자존심이 상했기에 모든 것을 혼자 감당했다. 어머니는 수술과 퇴원을 반복했고, 그때마다 병원과 일터를 왔다 갔다 했다. 육아를 할 때 힘든 건 비교가 안되었다. 자녀가 대학만 가면 좀 쉴 수 있겠거니 생각하며 버텼다.

그런 시간을 3년 동안 보내면서 꾸역꾸역 자녀의 대학입시를 마무리했다. 대학등록금은 학자금대출로 일단 해결하고, 어머니의 병원비에 돈을 더 썼다. 어머니의 몸이 어느 정도 회복이 되고 자녀는 군대를 갔다. 일을 그만하고 좀 쉬려고 하니 이제 나의 몸과 남편의 몸이 삐걱거리기 시작한다. 모아놓은 돈도 없기에 남편과 자신의 병원비 때문에 일을 멈출 수가 없게 되었다.

언니는 전화 통화의 끝에 나에게 물었다.

"인생이 대체 뭐야? 사는 게 대체 뭐야?"

나는 웃으며 되물었다.

"그게 답이 있는 질문이에요?"

전화를 끊은 이후 생각했다. 저 질문에 정확하게 대답할 수 있는 사람이 세계인구 81억 명 중 몇이나 될까? 모두의 답이 다를 것이고, 답도 나이에 따라 다를 것이고, 대부분은 어설픈 대답이거나 어디서 귀동냥으로 들어본 대답을 하지 않을까?

20대 시절 나도 저 질문에 답을 얻으려고 무던히 생각에 생각을 거듭했었다. 저 질문의 답을 알게 되면 삶에서 실수 없는 선택을 할 것이라고 생각했다. 지금 되돌아보니 실수에 대한 두려움이 나를 예민하게 만들었고, 인생에 대한 답을 찾으려고 애쓰다가 삶의 중간에 찾아온 기회들을 놓치게 만들었고, 행복하고 즐거운 순간들을 즐기지 못하게 만들었다.

주변에서 일어나는 일에 대한 자질구레한 감정은 버리고, 실수에 대한 두려움을 버려야 현재를 살아갈 수 있다는 것을 깨달았다. 어차피 인생은 답이 없는 것들 투성이고, 인과관계가 불명확한 것들 투성이다. 그냥 일단 못 먹어도 go다!! 집구석에 틀어 박혀 질문만 한다고 인생을 어떻게 알겠나. 일단 내가 열심히 살아 보고, 일단 내가 도전해 보고, 그리고 나서 생각해 보자.

세 친구

'할 예정이었어'와 '할 수도 있었어'와
'했어야 했어'가 모여
햇볕을 쬐며 누워
할 예정이었던 일과 할 수도 있었던 일과
했어야만 했던 일들에 대해
이야기하다가…
모두들 갑자기 달아나 숨었어.
꼬맹이 '했어'가 나타났거든.

—
내가 하늘로 떨어진다면
〈시, 그림 셸 실버스타인. 옮긴이 김기택.
출판사 비룡소. 2012. 12. 10〉

통찰력은
연민이다

토의 가장 강한 에너지는 생각이고, 생각은 예민함과 통찰력이다. 이것은 그들이 세상을 살아가면서 진리를 탐구하는 능력이 되기도 하지만 삶이 힘들다고 느껴지게 만드는 원인이 되기도 한다. 같은 상황이 닥쳐도 다른 사람들의 생각의 깊이와 이들의 생각의 깊이 차이는 아주 크다는 뜻이다.

부모가 부부싸움을 하면 '부부가 싸울 수도 있지'하고 신경을 쓰지 않는 자녀가 있는 반면, '나의 부모님은 왜 이렇게 자주 싸우는 걸까'라며 우울해하는 자녀가 있다. 가난한 집에서 살면서 '어른이 돼서 열심히 벌면 되지'라는 생각을 하는 자녀가 있는가 하면 '나는 왜 가난한 가정에서 태어난 것일까'라며 어린 시절부터 재물에 집착을 하는 자녀도 있다. 술을 마시고 우는 어머니를 보면서 '그런 날도 있는 거지'라고 무던하게 반응하는 자녀가 있는가 하면 '나의 어머니의 삶이 왜 힘든 걸까'라고 고통에 대해 깊이 생각하는 자녀도 있다.

같은 자극에도 예민하게 반응하는 이들이 바로 사주에 토가 발달한 이들이다.

민수(가명)와 혁수(가명)는 1살 터울의 형제이다. 아버지는 일찍 돌아가셨고 어머니와 두 형제 이렇게 세 식구가 함께 살았다. 형제는 내가 일하던 학원에 함께 다녔으나, 둘이 형제라는 것을 알게 된 것은 한참 이후였다. 서로 기질도 외모도 행동도 너무 달라서 부원장님이 말해주기 전까지 전혀 눈치챌 수 없었다. 형인 민수는 허세와 출세욕이 있는 외향적인 성향이었고, 동생인 혁수는 조용한 성격에 감수성이 풍부한 내향적인 성향이었다. 둘이 친하지도 않았고, 어울리는 친구들도 달랐고, 좋아하는 운동도 다른, 같은 점이 성별 말고는 전혀 없는 형제였다.

민수와 혁수는 사주를 봐도 다르다는 것을 알 수 있었다. 재성과 관성만 있는 계사(癸巳)일주 민수. 비견과 겁재만 있는 무술(戊戌)일주 혁수. 계사(癸巳)일주는 신이 내린 상팔자라고 하는데 아버지가 유산으로 물려받은 땅 덕분에 돈걱정이 없고, 집안일도 동생이 다 해주니 역시나 인생 편해 보였다. 무술(戊戌)일주 혁수는 예민한 성격과 타인에 대한 연민이 깊은 탓에 항상 어머니를 신경 쓰고 있었다.

어머니는 아버지 없이 홀로 두 아들을 키웠다. 남편이 떠나고 두 아들이 초등학교에 들어가기 전까지는 남편이 남긴 땅을 일부분 팔아 자녀들을 키웠고, 이후에는 직장생활을 했다. 생활고가 심하진 않았지만 어머니가 가장으로서 주부로서 해야 할 일은 너무 많았다. 직장생활을 하면서 집안살림을 돌보고 자녀들의 학교생활을 신경 쓰는 것이 많이 힘들었던지 어머니는 두 아들에게 힘들다는 말을 자주 하셨다.

민수는 집안일에 대해서는 무관심하지만 여자와 돈에는 관심이 많았다. 혁수는 집안일엔 항상 신경을 쓰지만 여자와 돈에는 관심이 없었다. 민수는 학원이 끝나면 친구들과 농구를 하러 가지만, 혁수는 집으로 가서 청소를 하고 빨래를 정돈한다. 민수는 어머니가 몸이 아프신 것에 관심이 없지만, 혁수는 어머니가 아프면 친구들과 약속을 깨고 어머니의 간병을 한다. 민수는 학원비에 과외비에 친구들과 놀러 가는 용돈도 잘 받아내지만 혁수는 학원하나 다니는 것도 생계에 부담을 줄까 걱정을 한다.

어느 날 민수만 학원에 오고 혁수가 오지 않았다. 혁수에게 전화를 해보니 오늘 어머니가 김장을 하시겠다고 배추를 절여 놓으셨는데 양이 너무 많아서 조금만 도와드리고 가겠다고 한다. 민수에게 물으니 김장을 하는지도 모르고 있다. 혁수에게 보충수업을 해주는 날 가끔은 민수가 하는 짓이 꼴 보기 싫지 않냐고 물었더니 혁수가 말을 이어 나간다.

며칠 전 어머니가 술을 드시고 거실에서 술주정을 하셨다. 민수는 자신의 방 안에서 게임을 신나게 하고 있었고, 혁수는 꿀물을 타서 어머니께 가져다 드렸다. 어머니가 혁수에게 자신의 신세를 한탄하는 말을 하셔서 그 옆에 앉아 있었다. 누군가는 옆에 있어줘야 될 것 같았다. 그런데 민수가 게임을 하면서 신나게 떠드는 소리가 거실까지 크게 들리기 시작했다. 어머니에게 너무 관심이 없는 민수 때문에 순간 화가 난 혁수는 민수의 방에 들어가 민수의 컴퓨터를 꺼버렸다. 혁수와 민수는 주먹질을 하면서 싸우기 시작했다. 형제의 주먹질에 어머니는 술이 깨셨는지 둘 사이를 말리기 시작했고, 누가 이기고 진 것 없이 싸움이 끝났다. 그리고 그 후로 민수와 혁수는 말을 안 하고 있다.

민수가 꼴 보기 싫은 적은 많았지만 둘이 싸우면 어머니가 속상해하실까 봐 혁수는 계속 참고 있었는데, 그날은 자신도 모르게 머리 끝까지 화가 났다고 했고, 절대 사과하지 않을 것이라고 했다. 나는 혁수에게 말했다.

"혁수야. 민수는 너와 아주 많이 달라. 민수는 세상을 바라보는 시각이 돈과 명예가 있냐 없냐의 수직적인 시선이고, 너는 동지와 동지가 아닌 수평적인 시선이야. 민수는 돈과 인맥과 출세가 중요하고 그것들을 얻기 위해 세상을 살아가지만, 너는 사람과 공감과 도덕성이 중요하고 그것들을 실현하기 위해 세상에서 가치 있는 일을 하고 싶어 하지. 네가 민수를 보면 감정공감능력도 없고, 돈과 출세에 미친 세속적인 사람이고, 자신만 아는 이기적인 인간으로 보이겠지만, 민수가 너를 보면 감정에 휘둘려 자기 일도 못하고, 돈이나 출세엔 관심도 없는 현실적이지 못한 사람이고, 사회성도 없는 유연하지 못한 인간으로 보일 거야.

너희는 세상을 바라볼 때 다른 색의 안경을 끼고 있는 거나 다름 없어. 그리고 서로 가지고 있는 장점도 단점도 다르지. 이걸 서로 비난하기 시작하면 야채가게에 가서 왜 고기가 없냐고 따지고, 정육점에 가서 왜 과일이 없냐고 따지고, 철물점에 가서 왜 야채가 없냐고 따지는 것과 다를 바가 없다는 뜻이야."

민수는 나의 말에 동의했다.

"맞아요. 며칠 전에 외숙모가 방문하셔서 가족들과 외식을 했어요. 외숙모가 대학교 행정실에서 근무하시거든요. 그래서 자연스럽게 대학교에 대해서 물으셨어요. 그런데 민수는 자신의 인맥과 출세를 위해 어느 학교가 좋을지를 고민하고 있었고, 저는 학비가 저렴한 국립대 중에서 심리학과를 고민을 하고 있더라고요. 민수가 저한테 돈도 못 버는 심리학과는 뭐 하러 가느냐고 비난하기에 제가 민수에게 말했어요. "너는 일제강점기 시대에 태어났다면 출세를 위해서 창씨개명부터 했을 놈이고, 나는 독립투사가 돼서 너부터 처단했을 거야." 그랬더니 크게 웃으면서 창씨개명이 아니라 나라도 팔았을 거라고 스스로 인정하더라고요.

그리고 또 있어요. 집에서 영화 아일랜드를 같이 본 적이 있어요. 그 영화를 보면 복제인간을 건물에 가두고 장기가 필요하면 장기를 빼고 나서 복제인간을 죽이는 내용이에요. 나는 인간을 어떻게 저렇게 상품으로 대할 수 있냐고 비난하고 있었고, 민수는 아주 획기적인 방법이라면서 저런 방법이 빨리 상용화가 되면 좋겠다고 말하더라고요. 이 자식은 도덕성은 밥 말아 처먹은 놈이에요."

"혁수야. 사람은 태생적으로 펌웨어(firmware)같은 기질을 가지고 태어나. 본질적으로 다른 수백 수천 명의 다른 펌웨어가 지구상에 살고 있는 거지. 서로 다른 것을 비난하기 시작하면 그건 정말 전쟁이 되는 거야. 비난하기 시작하면 파벌이 형성되는 건 순식간이야. 붕당정치, 이념대립. 전부 다 자신들이 옳다고 하면서 만든 파벌이거든. 조선시대 사대부들끼리 편가르고 전쟁해서 어떻게 되었니? 사림들끼리 동인 서인, 남인 북인, 시파 벽파, 그렇게 쌈박질해서 조선왕조가 평안해졌나? 정변에 사화만 일어나서 사람만 더 죽어나갔지. 사회주의와 민주주의가 서로 전쟁하고 죽이면서 이념갈등이 해결되었니? 냉전만 가져왔지.

혁수야. 그냥 민수는 그런 인간이라고 받아들여. 신경 쓰기 시작하면 너만 더 스트레스 받아. 그리고 계사일주는 하늘에서 내린 개 꿀 빠는 팔자래. 지금은 좀 스트레스 받겠지만 나중에 민수가 잘살게 되면 어머니도 너도 걱정하나 줄어들긴 하잖아. 가족이 잘못되는 것보다는 잘되는 게 훨씬 좋지 않아?”

“그렇지만 승자는 있잖아요. 편가름이 파벌이 되어 전쟁을 하게 되면 승자가 갖고 있는 이념이 세상을 지배하잖아요. 그럼 승리가 중요한 게 아닌가요?”

“맞아. 승패가 중요한 싸움도 있지. 특히 승자 쪽의 이념이 세상을 지배하는 전쟁이면 목숨을 걸고 싸울 명분이 되지. 그러나 삶을 살아가는 방식의 문제는 싸울 명분이 없어. 각자가 각자의 길을 가는 것이지, 이기고 지고의 문제가 아니야. 그저 자신의 신념에 맞게, 자신의 속도에 맞게, 자신의 길을 걷는 거지, 서로 경쟁하면서 누가 빨리 가고, 이기고 지고의 경쟁의 문제는 아니거든.

너와 민수는 형제이긴 하지만 성향도 다르고 기질도 다르고 사주도 다르고 모두 다르잖아. 승패의 문제가 아닌 일에 승패를 붙이지 말고, 그냥 혁수 너는 너의 길을 가. 너에게 마음이 편한 쪽으로 가면 돼. 어머니를 위해서 무언가를 해주고 싶으면 그냥 해줘. 민수가 어머니를 위해서 뭘 해주든 그건 민수의 삶이고 민수의 선택이고 민수의 카르마가 되겠지. 너의 삶은 너의 선택이고 너의 카르마가 될 테고.”

“선생님, 선생님 말대로 민수팔자가 개꿀 빠는 팔자면 이건 신이 너무 불공평한 거예요. 그 자식은 본인 혼자만 생각하는 놈이에요.

집에 있어도 청소 한번 설거지 한 번을 안 해요. 빨래는 다 던져서 방에 쌓아 놓고, 배달 음식은 먹고 그대로 식탁에 두고 치우지도 않아요. 제가 어머니께 드리려고 도넛을 사서 냉장고에 넣어 놓으면 물어보지도 않고 혼자 다 처먹고, 어머니께는 학교에 실험실습비 내야 한다고 거짓말해서 용돈 받아내서 친구들이랑 술 마시고 다니는 놈이에요. 자기 여자친구 생일날은 어머니에게 받은 용돈으로 케이크랑 선물이랑 퍼다 주면서 어머니생일에는 천 원 한 장도 안 쓰는 놈이라고요. 그런데 그런 놈이 상팔자면 하나님도 너무 한 거 아니에요? 그런 놈이 잘되면 우리는 대체 어떤 세상에 사는 거예요?"

"나도 너의 말이 맞다고 생각해. 그런데 있잖아. 선생님이 명리학을 공부하면서 깨달은 것이 있어. 팔자가 좋다는 것이 반드시 좋은 인간이다 아니다의 판가름이 되진 않더라고.

일제 식민지시대 위정척사운동을 했던 의병들, 애국 계몽 운동을 하던 지식인들은 척박한 땅에서 외롭게 혼자 싸우다 객사하는 팔자였을 것이고, 창 씨 개명하고 조선인들 피땀을 쥐어짜는 친일파는 잘 먹고 잘 사는 팔자였을 테니까. 지금 이 시대에도 말이야 사회생활 잘한다는 사람들을 보면, 약자에게 강하고 강자에게 약한 사람일수록 출세는 빠르고, 권력자에게 기생하여 자신의 이득을 잘 챙기는 사람일수록 관료제에서는 유리하잖아. 뒤에서는 욕해도 앞에서는 잘 웃는 앞뒤가 다른 사람일수록, 상황에 따라 줄 잘 서는 의리 없는 사람일수록, 처세술이 좋다는 말을 듣잖아.

좋은 사주가 좋은 인간이라는 것을 의미하지 않고, 선하다는 의미가 아니야. 선과 악, 공평과 불공평, 이런 프레임을 씌워서 외부를 받아들이기 시작하면 세상은 모든 것이 잘못되어 있다고 느끼게 되더라. 그래서 선생님은 그냥 그런 생각을 버렸어. 그저 자신만의 방법으로 자신의 길을 가는 것이지, 누구의 방법을 옳다 그르다 판단할 필요는 없는 것 같아."

혁수가 내 말의 의도를 이해했던 것인지 아니면 듣기 싫었던 것인지 조용하게 고개를 끄덕이고 더 이상 민수의 이야기는 이어가지 않았다.

민수는 계사(癸巳)일주이다. 60일주 중에서 신이 내린 가장 상팔자 중 하나에 속하는 일주로 평생 의식주의 걱정 없이 부모덕으로 윤택한 삶을 누릴 수 있다. 일주 자리에 천을귀인을 가지고 태어나 위기에서도 잘 벗어나고 육친상 아버지와 관련된 복이 많은 사주이다. 운이 좋은 팔자라 출세를 잘하지만 워낙에 부모덕이 좋아서 본인은 한량 같은 기질도 있다. 사주를 풀어보면 실제로 천을귀인이 일주에 있는 사람은 먹고사는 문제에 있어서 남들보다는 운이 따르는 것으로 보인다. 그러나 같은 계사일주라도 사주의 구성에 따라 희로애락이 왔다 갔다 하고, 아무리 천을귀인이 있어도 자신의 실수로 공든 탑이 모두 무너지는 경우도 있다.

혁수는 무술(戊戌)일주 이다. 천간과 지지가 무토로 되어 있는 일주로 물상으로 보면 에베레스트 산 위에 있는 진돗개가 되겠다. 진돗개는 본디 주인말만 듣는다. 안 그래도 사교성이 없는 진돗개가 에베레스트 산 위에 있으니 자신의 곁을 쉽게 내어주지도 않고, 친해지려고 다가가도 말을 섞기 힘들다. 나도 거의 2년이라는 시간이 지나고 나서야 혁수와 편하게 대화할 수 있었다.

무술(戊戌)일주는 지지에 술(戌)을 깔고 있다. 사주팔자에 술(戌)을 갖고 있는 사람들은 이미 어른이 된 상태에서 태어난다. 아이는 본래 부모에게 챙김을 받아야 하지만 술을 갖고 있는 사람들은 자신이 부모를 챙기고, 형제도 챙기고, 친구도 챙긴다. 그래서 인간관계를 협소하게 유지하려는 경향이 있다. 너무 많은 사람들을 신경 쓰면 자신의 에너지가 빨리 소진되기 때문이다.

특히 일지 자리에 술(戌)을 가지고 있는 사람들은 자신의 기분을 드러내지 않고 상대방을 기쁘게 해 주려는 성향이 강하다. 진돗개가 주인에게만 꼬리를 흔들고 주인말만 듣는 것과 같이 자신이 좋아하는 사람에게는 한 없이 귀여워지고 희생적이지만, 싫어하는 사람에게는 가차 없이 냉담하고 이해심이 없다. 혁수 역시 자신이 사랑하는 어머니에게는 한없는 연민을 보이지만, 싫어하는 민수에게는 냉혹한 말도 서슴없이 한다.

무진(戊辰)일주, 무술(戊戌)일주, 기축(己丑)일주, 기미(己未)일주. 이 4

가지의 간여지동은 모두 토로되어 있고, 고집도 강하다. 고집이 강한 혁수는 민수와 싸운 이후 1년 동안 말을 섞지 않았다. 민수 말로는 자신이 말을 걸어도 대꾸조차 안 해서 말을 걸기 싫다고 했다.

입시 상담을 하는 도중 어머니가 나에게 하소연을 하기 시작했다. 혁수에게 혼을 내고 화를 내도 민수와 말을 하려고 하지 않는다는 것이다. 혁수의 고집이 얼마나 강한지 민수와는 겸상도 안 하려고 한다며 어떻게 해야 할지 모르겠다고 걱정을 한 보따리 풀어놓으셨다. 나는 어머님께 말씀드렸다.

"혁수는 어머니를 아주 많이 사랑하고 어머니가 속상해하거나 힘들어하는 것을 가장 싫어하니 혁수를 혼내지 말고 어머니의 속상함을 차라리 솔직하게 표현해서 연민을 느끼게 하는 게 더 좋은 방법이 될 것 같아요."

어머님이 구체적으로 어떤 방법을 쓰셨는지는 모르겠지만 어머니에 대한 측은지심에 혁수는 드디어 묵언수행을 끝내고 민수와 말을 하기 시작했다. 그러나 아마 둘 사이가 가까워지기는 힘들 것이다. 60개의 일주 중에서 도덕성의 기준이 제일 높은 일주가 무술일주이다. 그런 혁수가 돈과 출세를 위해서라면 어떤 요행도 마다하지 않는 계사일주와 형제라면 갈등은 피할 수 없을 것이다.

토가 발달되어 있는 사주들은 사랑하는 사람이 속상해하거나 슬퍼하는 것에 대해 쉽게 마음이 무너진다. 말했듯이 소시오패스적 성향과 앰패스적 성향이 동시에 있기 때문에 이런 사주를 가지고 있는 배우자나 자녀가 있다면 화를 내거나 논리적으로 설득해서 마음을 돌리려고 하는 것보다 차라리 불쌍한 척을 하는 것이 더 잘 통할 수 있다. 이들은 연민의 감정이 발달해 있기 때문에 사랑하는 사람이 아픈 것은 절대 보고 싶지 않아 한다. 다만, 가식적인 행동으로 연민을 불러일으키는 행동은 삼가기 바란다. 이들이 만약 상대방이 자신의 연민의 감정을 이용한다고 판단되면 그다음부터는 소시오패스로 변할 테니까.

세계는 나의 의지로부터 독립적이다. 설령 우리가 원하는 모든 것이 일어난다 하더라도, 그것은 운명의 은총에 불과할 것이다. 왜냐하면 의지와 세계사이에는 그것을 보장해줄 논리적 연관이 없으며, 가정된 물리적 연관을 우리 자신이 다시 의지할 수 없기 때문이다. 선하거나 악한 의지가 세계에 영향을 미친다면, 그것은 세계의 한계에 영향을 줄 뿐, 언어에 의해 모사되지 않으며 언어에서 보일 수 있는 사실에는 영향을 주지 않는다. 간단히 말해서, 세계는 선악의 의지를 통해 전혀 다른 세계가 되어야 한다. 그것은 한계로서 팽창하거나 축소되어야 한다. 마치 뜻의 첨가나 누락처럼. 죽을 때에도 세계는 바뀌는 것이 아니라 끝나는 것처럼.

—

비트겐슈타인 철학일기 中
〈저자 루트비히 비트겐슈타인. 옮긴이 변영진. 책세상. 2015. 12. 5〉

천라지망
(天羅地網)

천라지망(天羅地網). 하늘에는 새의 그물이 있고 땅에는 물고기의 그물이 있다고 하여, 아무리 벗어나고 싶어도 벗어나기 어려운 상황에 처하거나 삶에서 일어나는 재앙을 피할 길이 없다는 뜻이다. 지지 자리에 술(戌) + 해(亥)가 오거나, 진(辰) + 사(巳)가 오는 경우 명리학에서 천라지망(天羅地網)사주라고 한다. 사주에 술(戌)만 있을 때 대운에 해(亥)가 오는 경우, 사주에 해(亥)가 있고 대운에서 술(戌)이 오는 경우는 천라살(天羅殺)이라고 하고, 사주에 진(辰)이 있고 대운에 사(巳)가 오는 경우, 사주에 사(巳)가 있고 대운에서 진(辰)이 오는 경우 지망살(地網殺)이라고 한다. 어쨌든 지지 자리에 술(戌), 해(亥), 진(辰), 사(巳)중 한 글자라도 있다면 대운이나 세운에서 오는 글자에 의해 천라지망살(天羅地網殺)을 반드시 지나가야 한다.

천라지망살은 사주의 8글자 구성과 대운의 영향을 받아 그물에서 벗어나기도 하고 그물에 걸리기도 하기 때문에 풍파가 많다고 결론 내릴 수 없다. 그리고 천라지망 사주라도 8글자의 구성에 따라 그물에 걸리는 부분이 직업인지, 배우자이지, 자식인지, 부모인지, 재물인지, 명예인지, 건강인지, 모두 다르다. 그리고 모두 걸리는 사주는 단 한 번도 보지 못했다. 신은 다 주지도 않고, 모두 안주지도 않는 법이다.

지금부터 말하게 되는 지수(가명)씨는 *기유(己酉)일주이고 지지자리에 묘유진사(卯酉辰巳)를 깔고 있는 사주로 진사천라지망과 *묘유(卯酉)충이 둘 다 있는 사주에 속한다.

* 기유일주 : 겉으로는 평범하고 유순해 보이나 능력자인 경우가 많다. 잔소리나 상처가 되는 말로 배우자와 사이가 멀어지기 쉽다.

* 묘유충 : 인생의 성패가 극단적이고 생각도 극단적인 성향이 있다. 사업이 망했다가 다시 흥하게 되거나, 몸이 아프다가 다시 건강해지거나, 큰돈을 잃었다가 다시 얻거나, 이혼을 하고 새 출발을 하는 극단적인 상황과도 연결된다.

통계 tip
사주에서 금(金)기운을 나타내는 한자는 천간에 경(庚), 신(辛), 지지에 신(申), 유(酉)가 있다. 금은 물상에서도 알 수 있듯이 차갑고 냉혹한 기운이 있어 사주원국에 금기운이 너무 강하면 말과 행동에 차가운 기운이 있어 곁에 있던 사람들이 떠나 본인은 외롭게 되는 경우가 많다.

그러나 실제로 금기운이 강한 사람들과 사귀어 보면 차가운 행동이나 말과 다르게 속은 따뜻한 사람들이 많다. 그들이 겉으로 드러나는 행동이 차갑고 냉혹하게 보일지라도 자신이 의도해서 그렇다기보다는 금기운이 갖는 차가운 성질 때문에 그렇게 느껴지는 경향이 강하다.

금기운만 따로 설명을 하고 싶은 이유는 실제로 금기운이 강한 사람들이 관계의 어려움과 외로움을 말하는 사람이 많았기 때문이다. 본인 사주에 금기운이 너무 많다면 타인에게 너무 냉정하게 말을 하거나, 차갑게 대하지 않는지 생각해 봤으면 좋겠다.

1) 경(庚)금은 재련되지 않은 무쇠덩어리나 원석을 의미한다. 자신만의 규칙을 중요하게 생각하기 때문에 겉으로 보기에 자기중심적으로 보이기도 하지만 사람을 잘 배신하지 않고 리더십이 강하다. 조선시대 왜란과의 전투를 승리로 이끌었던 이순신 장군의 사주도 월주와 일주의 천간에 경금이 있고, 박정희 대통령의 사주에도 일주의 천간이 경금으로 되어 있다. 이 외에도 역사에서 강력한 리더십이 있었던 많은 분들의 사주에 경금이 있다.

그러나 너무 강한 리더십은 주변인을 희생하게 할 수도 있으니 이 점을 항상 주의해야 한다. 이순신 장군님이 전쟁에서 승리하기 위해 뒤에서 희생한 수많은 부하들이 있었을 것이고, 박정희 대통령이 강력한 군사정권에 대하여 불평이 있었지만 그의 강력한 추진력 때문에 어쩔 수 없이 따랐던 부하들도 분명 있었을 것이다. 그러니 사주에 경금이 있는 사람들은 항상 주변인들에게 과도한 희생을 하게 하는 것이 아닌지를 살펴야 한다.

2) 신(辛)금은 잘 다듬어진 예쁜 보석을 의미한다. 그래서 사주에 신금이 있는 사람들은 외모가 뛰어난 사람들이 많다. 특히 신금 두 개가 나란히 있다면 90% 미인이나 미남이었다. 잘 다듬어진 보석답게 신금은 아무나 가까이할 수 없다. 날카롭고 예민한 성격 탓이 쉽게 삐지고 잔소리가 심하다. 신금은 현침살에 해당되기 때문에 상대방에게 비판이나 비난을 하여 상처를 주는 경우가 많다. 그래서 말년이 외로운 사람들이 많다.

실제로 필자는 주변에 신금이 있는 친구가 한 명도 없다. 말을 너무 아프게 하기 때문에 가깝게 지내다가도 나의 멘탈이 버텨내기가 힘들어 결국은 거리를 두고 싶어지기 때문이다. 그러나 이들도 사실은 속정이 많고 따뜻하다. 사주에 신금이 있는 사람들은 자신의 장점과 단점을 잘 기억하고 말을 주의하면 대인관계가 훨씬 원만해질 수 있다.

3) 지지의 신(申)금은 강한 자기 확신과 주체성이 있다. 이 기운이 과하면 상대를 억누르고 자신이 위로 올라가 과시를 하고 싶은 욕구가 된다. 실제로 일주와 월주의 자리에 신금이 두 개 있는 사람들은 강한 자신감과 활동성을 갖고 있어 필자가 옆에 있기 부담스럽다고 느껴질 때가 있었다. 자신이 결단한 것을 실행하게 위해 주

변인들 전부 무시하고 돌진하기 때문에 주변인과 마찰이 생길 수 있다.

천간의 경(庚)금과 지지의 신(申)금은 모두 강력한 리더십이 있지만, 경금은 대의를 위한 명분으로 일을 추진한다고 한다면, 신금은 자신의 우월감과 과시욕을 위해 일을 추진하는 느낌이 강하다. 더욱이 지지에 신금이 있는 사람들은 대운에서 묘(卯)가 올 때 묘신(卯申)귀문관살 원진살이 걸린다. 감정기복이 심해지고, 예민해지고, 뜻대로 되지 않을 때 주변인에게 의도하지 않게 상처를 줄 수 있다. 사주에 신금이 있는 사람들은 대운에서 묘(卯)가 올 때 스스로의 감정기복을 조절하는 능력을 키우는 것이 좋다.

4) 지지의 유(酉)금은 한마디로 완벽주의다. 자신만의 완벽한 그림이 이미 머릿속에 있고, 그것을 실행하기 위해서 삶을 살아간다. 유금은 신기가 있다. 예지몽을 꾸거나 앞일에 대한 예측을 잘하기 때문에 자신의 완벽한 인생의 그림을 제대로 그리는 사람들이 많다. 그러나 문제는 그 그림을 완벽하게 만들려면 가까운 사람들에게 요구하는 사항들도 많아진다.

유금은 도화살에 해당한다. 사주원국에 유금이 많거나 일주에 유금이 있으면, 겉으로 보기에 매력적이고 실속 있고 완벽해 보이지만 가장 가까운 사람들은 유금이 가진 완벽주의와 까다로운 성격 때문에 힘들다고 토로하는 경우를 많이 보았다. 그리고 유금은 인유(寅酉)귀문관살 원진살에 해당한다. 대운이나 세운에서 인(寅)이 오면 안 그래도 예민한 성격이 더 예민해지고 감정기복이 심해져 가까운 사람들에게 상처를 줄 수 있다.

유금이 있는 사람들은 혼자만의 공간에서 생각하는 시간을 갖는 것이 좋다. 유(酉)금은 신(申)금보다 정서적으로 성숙한 사람들이 더 많다. 생각하는 시간이 조금만 주어져도 자아성찰을 통해 자신의 단점을 절제할 수 있다.

지수언니는 피아노를 전공한 키가 크고 날씬한 언니였다. 교회에서 반주자로 사역했고, 얼굴도 예뻐서 인기가 많았다. 아름다운 외모와 달리 언니의 얼굴은 항상 그늘져 보였으나, 피아노 레슨이 많아 피곤하기 때문에 그럴 것이라고 추측했다. 나는 반주를 하고 있는 언니를 볼 때마다 피아노도 잘 치고 인기가 많은 언니를 부럽다고 생각했다.

러시아의 대문호인 도스토옙스키가 말하길 희극만 있는 삶은 없다고 하더니 어느 날 예배시간에 언니가 교회 구석에 앉아 펑펑 울고 있는 모습을 보았다. 교회에서 구석자리를 선호하는 사람은 나와 지수언니와 몇몇 어르신들밖에 없었기 때문에 내 앞자리에서 울고 있는 언니를 모른 척할 수 없어 화장실에서 화장지를 가져다가 언니에게 건네주었다. 그런데 그다음 주도 지수언니는 나의 앞자리에 앉아서 또 울고 있었다. 그때는 언니와 친하지도 않았기에 물을 수도 없었고, 어설픈 위로를 건넬 수도 없었다. 그저 일이 있겠거니 하고 화장지만 건네주었다.

　그로부터 몇 년 이후 나는 교회에서 시골 할머니들께 파마를 해드리는 봉사활동에 지원했다. 지원자들 중에 젊은 사람은 지수언니와 나밖에 없었고, 봉사활동을 다니면서 언니와 많이 친해지게 되었다.

　언니는 단지 외모만 아름다운 것이 아니라 마음도 아름다웠다. 할머니 한분 한분께 상냥하고 친절하게 대했고, 간혹 말도 안 되는 억측을 부리는 할머니들을 넓은 이해심으로 대했고, 불교 가톨릭 남미 호랑계교 등 다른 종교에 대해서 말하는 할머니들의 이야기도 경청하며 고개를 끄덕였다. 언니는 아주 성숙한 사람이었고, 의식의 수준이 높았으며, 이미 모든 종교와 사상을 뛰어넘는 높은 경지에 있었다.

　봉사활동을 한 지 6개월쯤 되었을 때 나는 언니가 교회에서 왜 그렇게 울고 있었는지, 언니의 얼굴이 왜 항상 그늘져 보였는지 이유를 알게 되었다.

　지수언니는 자연경치가 좋고, 공기가 맑고, 이웃끼리 사이가 좋은 시골마을에서 자랐다. 학교가 끝나면 동내 친구들과 시골교회에 모여 신나게 놀다가 저녁이 되어 어머니들이 아이들을 불러야 집으로 돌아갔고, 어머니들의 사이도 좋아서 이 집의 친정어머니가 쌀집을 하고, 저 집의 시어머니가 성격이 괴팍하시다는 시시콜콜한 사연까지 서로 알고 지내는 마을이었다.

평화로운 학창 시절을 보내던 어느 날 지수언니의 아버지와 같은 마을 친구의 어머니가 바람을 피운다는 소문이 나기 시작했다. 가짜 소문이었다면 그저 해프닝으로 끝났을 테지만 안타깝게도 소문은 사실이었고, 온 마을 사람들은 지수언니의 아버지와 친구의 어머니를 비난하기 시작했다. 지수언니는 고등학생이었고, 예민한 사춘기 시절이었다. 학교를 가는 길에도 아버지와 바람을 피운 아줌마의 집이 있었고, 학교에서도 그 아줌마의 자녀이자 자신의 친구인 미영(가명)씨를 피할 수 없었다.

이 일에 지수언니가 무슨 잘못이 있었을까. 아버지의 일 때문에 왜 지수언니가 왕따를 당해야 했을까.

미영씨는 성격이 활발하고 외향적이었다. 친구들을 자신의 무리로 만들고 지수언니를 왕따 시켰고, 지수언니의 아버지가 자신의 어머니에게 먼저 접근해서 못된 짓을 했다는 소문을 퍼뜨리기 시작했다. 소문의 진위 여부를 떠나서 지수언니는 오랜 친구였던 미영씨의 행동과 아버지의 외면에 깊은 상처를 받았다.

지수언니는 어머니에게 전학을 가게 해달라고 울면서 부탁했다. 사춘기 시절에 예민하고 내향적이었던 지수언니가 이런 일들을 감당하기는 힘들었을 것이다. 아버지도 친구들도 모두 등 돌린 상황에서 어떻게 지수언니가 학교에 갈 수 있단 말인가. 지수언니의 어머니는 아버지와 이혼을 했고, 도시로 이사를 했고, 지수언니 역시 고향에서 멀리 떨어진 고등학교로 전학을 했다.

지수언니가 학교를 다니기는 더 편했겠으나 아버지가 없는 집에서의 생계문제는 어머니가 전부 해결해야 했다. 지수언니는 피아노를 전공하는 고등학생이었다. 그러니 들어가는 돈 또한 만만치는 않았을 것이다.

지수언니는 집에 부담을 주고 싶지 않아 알바를 구하기 시작했고, 자신을 가르쳐주시던 선생님의 소개로 지인의 학원에 들어가 피아노학원 레슨을 시작했다. 지수언니의 삶에 이런 귀인이 있는 것을 보면 천라지망사주라도 도망갈 모든 구멍을 막지는 않는 모양이다. 언니는 낮은 자세로 최선을 다해서 일했다. 학원청소, 분리수거, 설거지 같은 다른 선생님들이 하지 않는 일도 마다하지 않고 적극적으로 했고, 주변 사람들을 감동하게 했다. 그리고 더 많은 귀인들이 언니를 도와주기 시작했다.

학원 원장님은 언니가 입시를 준비할 수 있도록 공짜로 레슨을 해주기도 했고, 옷을 사주기도 했으며, 끼니를 해결할 수 있도록 탕비실까지 마련해 주었다. 대학교에 입학한 이후에도 학비를 위해 학원강사와 레슨과외와 반주알바를 계속했고, 이 과정에서도 수많은 사람들이 언니를 도와주었다.

언니는 주변인들이 아버지와 어머니의 역할을 해주었기에 자신이 대학교를 휴학 없이 계속 다닐 수 있었다며 그 사실에 너무 감사하다고 말했다.

대학교를 졸업한 언니는 계속 돈을 모았다. 자신이 할 수 있는 모든 일을 하면서 세 식구의 생계에 보탬을 주고 저축을 해나가기 시작했다. 그리고 20대 중반이 되어 건축업을 하고 있는 8살 연상의 남자를 만나 결혼을 했다.

남편은 이미 좋은 집이 있었고 좋은 차가 있었기에 자신이 지금까지 모아놓은 2천만원의 돈을 결혼하기 전 어머니에게 모두 드렸고, 결혼을 한 이후에는 육아와 교회반주의 일만 하면서 가정주부로 살았다. 남편의 일은 항상 바빴고 만나야 할 사람들도 많았기에 자신과 많은 시간을 보내지는 않았지만, 언니의 마음은 이전보다 많이 안정되어 있었고 행복하다고 느꼈다. 그리고 그 행복이 영원할 것이라고 생각했다.

둘째 아이가 태어나고 몇 달 후 언니의 남편은 교통사고로 가족들 곁을 영원히 떠났다. 언니의 말에 의하면 남편의 교통사고가 정말 사고였는지 사고를 위장한 자살이었는지 의문스럽다고 했다. 남편의 사망소식이 회사로 전해진 이후부터 남편이 받은 대출이 줄줄이 수면 위로 드러나기 시작했기 때문이다. 남편의 회사는 부도가 났고, 집은 경매로 넘어갔고, 시댁에서는 언니를 도와주지 않았다.

남편이 해결하기 힘들어 자신이 전부 떠안고 자살을 했던 건지 단순 사고였는지 알아낼 방법이 없었으나 그런 걸 따지고 있을 상황이 아니었다. 당장 아이들의 생활을 안정시키고 돈을 벌어야 했다.

언니의 어머니는 결혼하기 전에 받았던 2천만원과 어머니가 모은 돈 2천만원을 합하여 언니에게 4천만원짜리 작은 전셋집을 얻어주었다. 그리고 언니는 일을 시작했다. 다시 학원강사와 레슨과외와 반주알바를 했고 언니의 어머니는 아이들의 육아를 도와주었다.

내가 교회의 구석자리에서 지수 씨가 울고 있는 모습을 본 것이 바로 이때였다. 집에는 어머니와 아이들이 있었기 때문에 눈물을 흘리는 모습을 보일 수가 없어 울고 싶을 때마다 교회에 와서 울었다고 했다.

무슨 팔자가 이렇게 사납기에 부모님은 이혼을 하고 학생 때부터 돈을 벌고 과부까지 돼야 하는지 알 방법이 없었다. 하나님에게 따졌지만 그분은 묵묵부답이었다.

언니에게는 매일이 치열했고, 매일이 고통이었고, 매일이 멈추고 싶은 순간이었다. 그러나 시간은 언니의 의지와 상관없이 계속 흘렀고, 감정을 추스를 여유 따위도 없이 상황은 계속 이어졌다.

어머니가 아이들의 육아를 해주시고 1년도 지나지 않아 아버지는 뇌경색으로 쓰러지셨다. 몸의 반이 마비가 되어 혼자서는 생활이 불가능했고, 어머니는 아버지의 간병을 위해 아이들의 육아를 돕기가 힘들었다. 피아노레슨과 학원수업은 대부분 오후에 잡히기 때문에 오후에 늦게까지 아이들을 돌봐줄 곳이 너무나 간절했다.

아이들을 돌봐줄 수 있는 기관을 이리저리 알아보던 중 유치원 원장님의 소개로 사설기관 한 곳을 알게 되었다. 불교신자이신 보살님이 사정이 급한 경우만 단기간 돌봐주는 곳이었다. 언니는 불교든 힌두교든 따질 상황이 아니었기에 보살님을 찾아가서 상황설명을 하고 아이들을 부탁했다. 아이들의 육아 때문에 만났으나 이 인연의 시작이 언니에겐 삶의 전환점이 되는 계기가 되었다.

어른

고단한 하루 끝에 떨구는 눈물
난 어디를 향해 가는 걸까

아플 만큼 아팠다 생각했는데
아직도 한참 남은 건가 봐

이 넓은 세상에 혼자인 것처럼
아무도 내 맘을 보려 하지 않고 아무도

눈을 감아 보면 내게 보이는 내 모습
지치지 말고 잠시 멈추라고
갤 것 같지 않던 짙은 나의 어둠은
나를 버리면 모두 갤 거라고

—

나의아저씨 ost
〈아이유 X 손디아. 2018. 3. 21〉

우리는 모두
정상을 향해서
등산을 하고 있는 중이다

언니는 아이들을 보살님에게 맡기면서 자연스럽게 불교사상을 배울 수 있게 되었다. 언니의 말로는 보살님이 강요한 것이 아니라 자신이 궁금해서 이것저것 물어보았다고 했다. 보살님의 너그러운 성품과 온화한 삶의 태도가 언니의 마음을 감동하게 했고, 보살님과 대화하면서 언니의 내면에 많은 울림을 주었다.

자신이 기독교적 세계관으로 세상을 바라보고 있다는 것도 깨닫게 되었고, 자신의 마음 안에 짐들만 바라보며 스스로를 괴롭히고 있다는 것도 알게 되었다. 세상을 바라보는 시각이 변하니 자신을 바라보는 모습도 변하게 되었고, 마음 안의 무거운 짐들이 한결 가벼워진 것 같은 편안함을 느꼈다. 그리고 그때부터 언니는 재혼을 고민하기 시작했다.

언니가 보살님에게 재혼에 대한 고민을 털어놓으니 사주를 한번 봐도 되겠냐고 되물으셨다. 언니는 태어나서 처음으로 자신의 사주팔자에 대해서 들었고, 보살님은 재혼을 하지 않는 것이 더 좋을 것 같다고 답하셨다. 나도 언니의 사주를 풀어봤기에 보살님이 왜 이렇게 말씀하셨는지 이해한다.

나는 지수언니의 사주를 풀어보면서 유명한 영화배우인 오드리헵번이 생각났다. 오드리헵번은 지수언니와 같은 기유(己酉)일주에 지지 자리에는 축유진사(丑酉辰巳)이고, 진사지망살(辰巳地網殺)이다.

예술적 능력이 있는 것도 비슷하고, 타인에 대한 연민도 강하고, 정의감도 강하다. 둘 다 어린 시절부터 일찍 사회생활을 시작했고, 강인한 성격으로 삶의 어려움을 이겨냈으며, 타인에게 친절하고 사교성이 좋다. 둘 다 날씬한 몸매와 아름다운 얼굴 때문에 주변에 남자가 없었던 적이 없었고, 지수언니는 재혼을 고민 중이고 오드리헵번은 2번 이혼하고 1번의 동거를 했다. 둘 다 진사지망살에 일부종사를 하기 힘든 사주의 구조를 가지고 있다.

남편과 이혼을 하거나 사별을 했다고 알려진 유명인들의 사주를 보면 천라지망살(天羅地網殺), 삼형살(三刑殺)이나 충(沖)을 사주 원국에 갖고 있는 사람들이 많다. (전부 모아 놓고 보니 많았다는 것이지, 모든 천라지망살, 삼형살, 충살이 이혼이나 사별을 의미하는 것은 절대 아니라는 것을 꼭 명심하기 바란다. 천라지망살이 있어도 결혼해서 잘 사는 사람들이 있고, 삼형살이 있어도 천간에 막아주는 글자가 있다면 크게 작용하지 않기도 하고, 오히려 좋은 작용을 하는 경우도 있다.)

보살님이 재혼을 하지 않았으면 좋겠다는 말에 언니가 물었다.
"저는 전생에 죄를 많이 지어서 이런 팔자를 타고났나요?"
보살님은 지수 씨의 질문에는 대답하지 않고 다른 말씀을 하셨다.

"지수 씨, 사람은 누구나 자신의 등에 가방을 메고 세상에 옵니다.
그 가방에 들어 있는 것을
누군가는 전생의 업이라고 하고,
누군가는 무의식이라고 하고,
누군가는 죄라고 말하거나,
누군가는 세상에서 해야 할 숙제라고 말하기도 하고,
누군가는 한이라고 말하기도 하지요.
어느 표현이든 중요하지 않아요.
중요한 것은 가방에 있는 짐을 꺼내는 일이에요.

우리는 세상에 살면서
관계를 맺기도 하고 관계를 잃기도 하고,
부와 명예를 얻기도 하고 부와 명예를 잃기도 하고,
소망을 이루기도 하고 소망이 좌절되기도 해요.

이 모든 과정을 통해 가방 안의 무거운 짐들을 하나씩 꺼내야 해요."

"가방 안에 들어 있는 것이 무엇인가요?"

"또 다른 당신이자, 숙제이자, 카르마예요.
어떤 것들은 천박하고, 어떤 것들은 고결해요.
어떤 것들은 더럽고, 어떤 것들은 아름다워요.
어떤 것들은 악취가 나고, 어떤 것들은 향기가 나요.
어떤 것들은 추악하고, 어떤 것들은 선해요.
어떤 것들은 혐오스럽고, 어떤 것들은 매력적이에요.
어떤 것들은 어둡고, 어떤 것들은 밝게 빛이 나지요.

인간이 아무리 가면을 쓰고 산다고 한들, 무의식 안에 있는 또 다른
자신은 결정적인 순간이 되면, 기회만 있으면, 언제든 무의식에서
의식 위로 드러나게 돼요. 의식 위로 드러난 것들 중 버려야 할 것 들
은 버리기 위해, 우리는 지구에서의 삶을 계획합니다.

분쟁, 미움, 인색함, 음행, 호색, 방탕, 불신, 공갈, 허세, 옹졸, 불평,
배척, 비난, 사기, 협박, 음해, 비방, 당파 짓기, 배신, 두려움, 공포,
열등감, 시기질투, 관종적 성향, 분노, 복수심, 교만, 죄책감, 자괴감,
어리석음, 허영, 우울.

전생에서 가지고 왔든 현생에서 만들어졌든,

직면하고 싶지 않고 꺼내고 싶지 않은,

천박하고, 더럽고, 악취 나고, 추악하고, 혐오스러운 어두운 그림자

를 직면하고, 인정하고, 버리기를 선택하는 것.

그리고 평화, 사랑, 관용, 자비, 온유, 용서, 감사, 친절, 이해, 통찰

력, 조화, 공감, 영감, 지성, 창조, 지혜, 인내, 절제, 침착, 정직, 도덕

성, 정의, 덕성, 겸손, 믿음, 위로, 희락, 충성, 빛과 같은 청명한 것들

만 남기는 과정이지요.

철학에서는 진정한 자신을 알아가는 과정이라 하고,

심리학에서는 무의식을 정화하는 과정이라 하고,

종교에서는 카르마를 감당하는 과정이라 하고,

선지자들은 지혜를 얻는 과정이라 하고,

인문학자들은 의식이 진화하는 과정이라고 말하지요."

"그 과정을 왜 저는 남들과 다르게 더 고통스럽게 가야 하는 것이죠?"

"지수 씨, 산을 오르는 방법은 여러 가지가 있습니다.

누군가는 버스를 타고 가고,

누군가는 자가용을 타고 기고,

누군가는 가마를 타고 가고,

누군가는 케이블카를 타고 가고,

누군가 가는 두 다리로 열심히 걸어 올라가요.

산을 오르는 길도 여러 갈래의 길이 있지요.

누군가는 사람들이 많이 가는 등산로로 가지만,

누군가는 그늘지고 험한 계곡으로만 가고,

누군가는 도로만 따라서 가거나,

누군가는 길을 잘못 들어 동굴로 들어갔다 나오기도 하고,

누군가는 길을 잃어 같은 자리를 빙빙 돌기도 하고,

누군가는 다른 사람의 길을 따라가기도 해요.

들고 가는 짐도 모두 다르죠.

누군가는 무거운 군장을 메고 오르지만,

누군가는 가벼운 짐만 들고 올라가고,

누군가는 다른 사람이 대신 들어주기도 하지요.

어떤 방법으로 길을 오르든, 어떤 길로 가든, 어떤 가방을 들었든,

우리는 산의 정상으로 간다는 목적을 위해 길을 나선 겁니다.

남의 방법을 부러워할 일도 아니고,

내가 가는 길에 열등감을 느낄 일도 아니고,

내 가방이 무겁다고 불평할 일도 아니에요.

빨리 갈 필요도 없고,
의도적으로 게으를 필요도 없어요.

그냥 내 속도에 맞게 내가 선택한 길을 나의 방법으로 가는 거예요.
어쨌든 우리는 모두 같은 정상을 향해 가고 있어요.

신은 모든 것을 주지 않지만, 모든 것을 안주지도 않아요.
지수씨는 험난하고 그늘진 계곡으로 오르는 중이지만,
그만큼 지수씨가 가는 길에는 귀인들이 많이 있어요.

가는 길이 지루하지 않도록 길가에 피어있는 들꽃이 되어주는 귀인.
맑고 청명한 하늘을 한번 올려다보며 감상하도록 해주는 나비 같은
귀인.
소나기가 내릴 때 피할 수 있도록 큰 나무가 되어주는 귀인.
추운 겨울날 지수씨의 몸을 따뜻하게 해 줄 수 있는 포근한 담요 같
은 귀인.
무거운 지수씨의 가방을 같이 들어주는 귀인."

"산의 정상에 가면 무엇이 있나요?"

"영원한 평안이 있지요."

    지수언니는 남편이 지인들에게 빌린 돈을 지금도 갚고 있고, 레슨이 없는 낮시간에는 친정에 가서 아버지의 간병을 하고 있는 어머니를 돕고, 시시때때로 반찬을 만들어 어머니와 남동생에게 보내주고, 주일엔 모든 시간을 아이들과 함께 한다. 일을 하고, 친정식구를 돌보고, 아이들을 챙기는 일에 바쁘기 때문에 친구들을 만날 시간은 고사하고 목욕탕 한번 갈 여유조차 없다. 하루하루가 정신없이 흘러갔고, 하루하루를 성실하게 지금도 그렇게 지내고 있다.

    언니에게 재혼을 하고 싶은 마음이 정말 없는지 물은 적이 있다. 언니는 솔직하게 대답했다.

    "가끔 생각하기도 해. 외로워서가 아니라 돈이 많으면 모든 것이 해결될 것 같거든. 그런데 돈 때문에 재혼하고 싶다고 생각하는 나 자신이 너무 어린애같이 느껴져서 바로 생각을 접고 말지. 내가 능력이 없지도 않고, 애들이 굶어 죽는 것도 아닌데 뭐. 혹시 또 모르지 명 짧고 돈 많은 놈 있으면 생각이 바뀔지.ㅎㅎ"

    어린아이에게 험한 길로 가라고 하지 않듯, 의식 수준이 낮은 사람에게 쓰나미 같은 풍파를 겪게 하진 않는다. 험난하고 거친 계곡은 근력이 잘 발달되어 있고 인내가 있는 강인한 자들만 갈 수 있는 길이니까. 그 길을 가면서 이들은 지혜를 쌓고, 성품을 고결하게 만들고, 의식의 수준을 향상시킨다.

그 등산의 정상이 불교에서 말하는 윤회의 끝이든, 기독교에서 말하는 천국이든, 채널링에서 말하는 7차원의 세계이든, 유대교에서 말하는 테오시스가 되는 것이든, 우리는 모두 각자가 선택한 방법으로, 각자가 선택한 길로, 각자의 가방을 메고, 정상으로 가고 있는 중이다.

인생 다 각자 걷고 있지만 결국 같은 곳에 다다를 우리였다.

우리의 걸음은 우리를 퍽 닮아 있었다.

유서를 대신해 써 내려가는 호외와

부서진 몸속으로 남은 생만큼 타들어가는 아편과

끝끝내 이방인인 자에게 쥐어진 태극기를 들고

우리가 도착할 종착지는

영광과 새드앤딩 그 사이 어디쯤일까.

—

미스터 선샤인 中

〈연출 이응복. 극본 김은숙. 2018. 7. 7〉

고통은 고립을,
고립은 고독을,
고독은 고요를

사람은 누구나 삶의 풍파가 한 번씩 지나갈 때마다 가치관의 변화를 경험한다. 그리고 가치관의 변화를 가장 크게 경험하는 사주는 일주에 화개살이 있는 사람들이다. 일주의 화개살을 입묘(入墓)라고 하여 묘지속으로 들어간다고 하는데, 스님이나 화류계나 죽음과는 전혀 상관이 없다.

입묘가 되는 과정은 세 가지가 있다. 지식의 끝, 속세의 끝, 고통의 끝. 이 세 가지는 화개살이 무엇과 동주하고 있느냐에 따라서 달라진다. 첫 번째로 화개살만 두 개로 되어 있는 경우는 지식의 끝을 보고 무덤에서 스스로 나오는 형상이다. 두 번째로 화개살과 반안살이 동주하고 있는 경우는 속세의 끝을 달리다가 명예가 땅바닥으로 추락해 다시는 자신을 드러내지 못하는 형상이다.

세 번째로 화개살과 백호살이 동주하고 있는 경우는 고통으로 몸부림치다가 극복하고 무덤에서 스스로 나오는 경우이다.

과정이 어떻든 간에 이들은 그 안에서 큰 지혜를 얻고, 의식의 성장을 이룬다.

(1) 지식의 끝, 화개살과 화개살

교회에서 알고 지내던 목사님이 있다. 목사님의 부모님은 외국인 선교사의 도움으로 집안의 부와 명예를 이루셨고, 그때 하나님께 아들을 바치겠다는 서원을 하셨다고 한다. 목사님은 그런 부모님의 뜻에 따라 교회생활도 성실하게 잘했고, 신학대에 들어갔으며, 부모님의 도움으로 유학까지 다녀와 큰 교회의 목회자가 되었고, 집안 좋은 장로님의 딸과 결혼하여 건강하고 예쁜 딸까지 낳았다.

그러나 목회자의 길을 걸으며 동료 목사님들의 편협한 사고와 허세, 우상화, 합리화와 이중성은 목사님에게 기독교에 대한 회의감이 생기게 만들었다. 부모님과 아내는 큰 교회에서 목회를 한다는 사실에 큰 자부심을 가지고 있었기에 가족들 앞에서는 표현하지 않고 버텼지만 뒤로는 다른 종류의 책을 읽기 시작했다. 철학서적 유학서적 불교서적 영성서적 심리학서적을 읽은 후 5년이 지난 37살에 가족들 앞에서 더 이상 목회자로 살지 않을 것이라는 선언을 했다.

이 사건은 목사님의 집안을 발칵 뒤집어놓았다. 부모님의 뜻을 한 번도 거스르지 않았던 아들이었기에 아버지는 큰 배신감을 느꼈고, 어머니는 사탄에 들렸다면서 새벽기도를 나가셨고, 아내는 짐을 싸 들고 딸과 함께 친정으로 가버렸다. 부모님과 아내의 친정식구들이 목사님을 찾아와 지속적으로 설득했으나 목사님은 자신의 뜻을 바꾸지 않았다. 아내는 친정에서 돌아오지 않았고, 부모님은 결혼할 때 사주었던 아파트를 다시 가져갔으며, 목사님은 월세로 방을 얻고 번역일과 택시기사일을 시작했다.

목사님의 모든 인간관계는 교회라는 테두리 안에 있었기에, 목회자를 그만두면서 많은 지인들과도 연락을 하지 않았다. 그리고 이전과는 다른 인간관계가 형성되었는데 철학과 교수님들 스님들 심리상담가들이었다.

목사님은 3년 동안 아내를 설득했으나 결국 이혼을 당하셨고, 친구가 있는 제주도로 떠나셨다. 그곳에서 지금도 번역일과 택시기사를 지속하고 있고, 심리상담사로 일하시는 여자분을 만나 재혼을 하셨다.

목사님은 일주에 화개살 두 개가 동주해 있는 사주이다. 이런 사주는 큰 고통이나 신체적 변고의 문제가 아닌 스스로의 선택으로 입묘 되는 경우가 대부분이었다. 목사님은 목회자를 스스로 그만두면서 입묘를 했고, 제주도로 떠나면서 묘지속에서 나오는 구조를 가지고 있다. 이것을 명리학에서는 *충(沖)이라고 표현한다. 입묘를 하는 선택의 이유는 여러 가지가 있기에 통계를 낼 수 없지만 묘지에서 나오는 과정은 모두 똑같다. 대운의 지지 자리와 자신의 일주지지 자리에 충(沖)이 오면 이사나 이직이나 재혼으로 삶의 큰 변화가 생기고, 보통 긍정적인 변화가 대부분이었다.

* 충(沖) : 진술(辰戌)충, 축미(丑未)충, 자오(子午)충, 인신(寅申)충, 묘유(卯酉)충, 사해(巳亥)충

1) 진술(辰戌)충 + 축미(丑未)충 : 같은 토기운 끼리의 충으로 붕충(朋沖)이라고 한다. 다른 충에 비해 타격감이 강하지 않고, 충이 오는 대운에 지장간에 있는 글자들이 투출되면서 삶이 업그레이드 되는 경우가 80% 이상이다.

2) 자오(子午)충 + 사해(巳亥)충 : 물과 불의 싸움. 양극단이 부딪힘. 파괴력이 강하다. 정신질환, 신경증, 조울증이 심해진다.

3) 묘유(卯酉)충 : 금속과 나무의 싸움. 금속이 나무를 때리고 깎는다. 삶의 변화가 극단적이다. 갑자기 부자가 되거나 가난해지거나. 갑자기 배우자가 아프거나 본인이 아프거나. 갑자기 본인이 사고를 당하거나 배우자가 사고를 당한다. 사주 원국에 있다면 항상 몸이 다치는 일을 조심하고 문서에 관련된 일을 주의해야 한다.

4) 인신(寅申)충 : 금속과 나무의 싸움. 금속이 나무를 때리고 깎는다. 파괴력이 강하다. 인사신삼형살에도 해당되기 때문에 관제 소송 구설을 주의해야 한다.(책의 마지막에 더 자세하게 적어 놓았다.)

(2) 속세의 끝, 반안살과 화개살

2010년 9월. 태풍 곤파스가 한반도를 강타했다. 많은 건물과 해안과 산림이 피해를 보았고, 인천 송도에서 오픈식을 며칠 앞둔 바이블엑스포의 구조물들도 태풍에 의해 산산조각이 났다. 바이블엑스포를 주최했던 나정식(가명) 대표님은 일순간에 폭망했다. 지금도 인터넷에 바이블엑스포를 검색하면 '비운의 엑스포' 라거나 '종교 사기극'이라는 말이 나올 정도로 망해버린 행사이다. 나정식 대표님은 송도 센트럴파크의 점용로도 내지 못했고, 파괴된 구조물을 복구할 돈도 없었다.

대표님은 잠적을 했다. 잠적한 대표님은 이름을 개명한 후 부동산 일을 하기 시작했다. 부동산 일이 처음엔 잘 되는 듯 보였으나 3억짜리 땅을 같이 계약하기로 했던 동료는 약속을 어기고 잠적했고, 대표님은 부동산 계약파기로 인한 위약금을 갚을 길이 없었다. 바이블엑스포의 투자사들과 부동산 위약금을 받으려는 중개업자들에 쫓겨 결국 대표님은 작은 개척교회로 도망을 갔다.

　내가 이분을 처음 만난 것은 2017년 7월, 그 개척교회에서였다. 과외를 하던 학생의 부모님이 그 개척교회의 목회자셨고 교회와 나의 집과 가까워 교회에서 자주 수업을 하게 되었다. 그러면서 교회에서 일하고 있는 나정식 대표님과도 친해지게 되었다.

　대표님은 곤파스가 오기 전까지 소위 말하는 상류층이었다. 학창 시절부터 전교 1~2등 안에 있었고, 연세대학교를 졸업했으며, 대기업에 입사해 중직을 했다. 퇴사한 이후에는 그동안 쌓아온 인맥과 부와 명예를 이용해 사업을 시작했고, 끝장나게 잘 나갔다. 미스코리아 뺨치는 외모의 아내를 얻었고, 아들과 딸을 얻었으며, 사업으로 부를 쌓기 시작했다. 주변의 모든 사람들은 대표님을 떠받들고 우러러봤다. 그리고 대표님은 더 큰 꿈을 꾸기 시작했다. 크게 벌어보고 싶은 욕구와 마지막으로 한방 날릴 기회를 물색하다가 바이블 엑스포를 구상해 냈다. 주변에서 서로 투자를 하겠다고 했고, 큰 교회를 운영하는 목사님과 장로님들이 사업을 함께 하자고 줄을 섰으며, 일의 진행에 전혀 막힘이 없었다. 그러나 하나님은 그의 교만과 거만을 와장창 깨고 싶으셨나 보다.

　엑스포 개막을 며칠 앞두고 태풍 곤파스가 한반도를 강타하면서 전시된 구조물들이 반이상 아작이 났다. 대표님은 그 당시를 회고하면서 말했다.

"그때 사기그릇을 하나씩 엮어서 바벨탑을 만들었어. 곤파스가 바벨탑을 무너뜨릴 때 그릇이 쏟아지는 소리가 어찌나 크던지 내가 있던 숙소까지 들리더라고. 그때 깨달았어. 한방 해보고 싶은 나의 인간적 욕망이 교만이었다는 것을. 나의 교만을 하나님이 절대 두고 보지 않으리라는 것을. 그때 정신을 차렸어야 했는데 나는 그때도 정신 차리지 못했지. 부동산으로 큰 거 한방해서 다시 재기하고 싶었거든. 그런데 안되더라고. 성경에서 이르기를 - 교만은 패망의 선봉이요 거만한 마음은 넘어짐의 앞잡이니라.(잠언 16:18) - 라고 하더니 하나님은 나에게 그 말을 하고 싶었던 거야."

옛 성현들 말씀에 달은 차면 기울고 화무는 십일홍이라고 했다. 속세에서 맛본 화려한 지난날을 잊지 못해 돌아가고 싶겠지만 이들의 운은 이미 삶의 전반전에 다 쓴 것이나 다름없다. 명리학을 강의하는 유튜버 중에서 "빨리 피는 꽃은 빨리 시든다"라고 말하시는 분이 있다. 나정식 대표님 같은 분의 전형적인 예가 아닌가 생각한다.

대표님은 일주에 화개살과 반안살이 동주해 있는 사주이다. 유명한 셀럽들 중에서 어떤 사건으로 갑자기 명예가 실추해 대중 앞에서 사라진 사람들은 전부 일주에 화개살과 반안살이 동주해 있다. 보통은 이들의 말년을 내가 직접 확인하기 힘들다. 장소를 변경해 다른 재기를 꿈꾸거나, 속세를 떠나 시골로 정착하거나, 둘 중 하나가 아닐까 생각한다.

대표님은 장소를 바꿔 다른 재기를 몇 번 더 꿈꿨으나 모든 일은 물거품으로 돌아갔다. 그리고 지금은 인터넷 화상과외 회사를 운영하며 소소하게 살고 계신 중이다.

(3) 고통의 끝, 화개살과 백호살

앞에서 말했듯이 필자는 백호살을 좋아하지 않는다. 실제로 학생들을 가르치면서 백호살이 일주에 있으면 기운이 너무 강해 사람들과 불협하도록 만든다는 것을 알고 있기 때문이다. 직장생활이나 알바를 하던 시절에도 백호살이 있는 사람들을 관찰해보면 무언가 다르다는 것을 바로 알 수 있다. 자신의 세력이 강할 때 기세 등등하게 타인을 함부로 대하다가 세력이 약해진다 싶으면 갑자기 태도를 바꾸어 친절한 척 하는 모습을 많이 보았다. 상황에 따른 처세술이 사회생활에 나쁘다는 의미는 아니나 자신의 세력이 강할 때 주변사람들에게 함부로 하는 것은 도덕성의 문제가 된다.

백호살이 사주의 구성에 따라 아주 좋은 쪽으로 발현되는 예가 없는 것이 아니다. 지금 예능에서 활약하는 많은 사람들도 일주에 백호살을 가지고 있으며 부와 명예가 넘치고 그들의 이웃과 지역사회에 나누는 일도 하고 있다.

그러나 백호살이 화개살과 동주해 있는 경우는 작용력이 반대가 된다. 사주의 구성에 따라 차이가 있지만, 배우자의 질병이나 이혼이나 신체적 변고가 대부분이다. 이들이 입묘에 들어가 있는 동안 고통이 그들의 정서를 지옥 끝까지 데리고 가고, 그 고통을 마약이나 도박이나 섹스나 술, 피해망상으로 해결하려고 한다.

아내의 죽음으로 세상과 단절하고 홀로 시간을 보내며 매일 술을 마시는 남자. 남편과 이혼 후 경제적인 문제와 육아의 고통에 매일 망상증에 시달리는 여자. 아내와 이혼한 상실감을 마약과 섹스로 해결하는 남자. 아내의 죽음으로 고독감과 고통을 도박으로 해결하는 남자. 전부 화개살과 백호살이 같이 있다.

백호살은 길바닥에 피를 뿌린다는 살로 호랑이가 이빨을 드러내고 누군가를 물어서 피가 날 정도로 강력하다는 뜻을 가지고 있다. 문제는 화개살과 동주해 있을 경우 자신을 물어뜯는 가학행위를 하게 되고, 그 가학행위의 예가 마약, 도박, 섹스, 알코올, 망상증이라는 것이다. 이들의 행위가 고통을 잊고 싶은 몸부림이 시작이겠으나 그 행위의 반복이 이들을 입묘 시켜버리고 컴컴한 무덤 안에서 반복적인 가학행위와 더 깊은 피해망상을 만든다.

일주에 백호살이 있는 사람들은 화개살이 있든 없든 기본적으로 감정기복이 심하고, 누군가의 명령을 받는 것을 싫어한다. 그러니 입묘 되어 있는 동안 그 누구의 말도 듣지 않을 것이고, 감정기복이 그들을 더 깊은 낭성에 빠지게 만든다. 그러나 이들도 그 안에 계속 있지는 않는다. 결국에는 충(沖)이 올 때 세상 밖으로 나오게 된다.

필자는 년주에 백호살과 화개살이 동주해 있다. 어린 시절 다니던 교회 현관에 넘어지면서 몸의 이곳저곳이 찢어져 피를 많이 흘렸고, 지금도 손에 큰 흉터가 남아 있다. 이 외에도 납치를 당할 뻔하거나, 성폭행을 당할 뻔하거나, 감금을 당할 뻔하거나, 성추행과 성희롱이 중학교 때까지 끊이지 않았었다. 그때 트라우마 때문에 집밖으로 잘 나가지도 않았고 모든 남자들이 다 성적으로 퇴폐적인 생각을 할 것이라는 망상증을 20대까지 가지고 있었다. 그리고 20살 때 충(沖)이 오면서 세상 밖으로 나와 내가 망상증이었다는 것을 깨달았다.

감정기복, 망상증, 마약, 도박, 섹스, 술 중독 증세를 옳다 그르다거나 좋다 나쁘다고 평가할 일은 아니다. 그들은 그들의 방식으로 고통을 해결하려는 몸부림이고, 그들의 고통을 경험하지 않고 비난할 수는 없는 일이다. 중요한 것은 그들의 고통이 고립을 가져오고, 고립은 고독을 가져오고, 고독은 고요를 가져오고, 고요는 결국 영혼의 심연으로 안내한다는 것이다. 그들은 삶에 스스로 이런 각본을 세팅해 놓고 스스로 무덤 속으로 들어갔다가 지혜와 깨달음을 들고 스스로 걸어서 나온다. 그리고 지난날 자신의 실수를 반복하지 않기 위해서 더욱 노력한다.

내용 없는 사고는 공허하고
개념 없는 직관은 맹목적이다
비둘기는 공기저항이 없으면
더 잘 날 수 있을 것이라고 생각하지만,
사실 공기가 없으면 비둘기는 날 수 조차 없다.

—

칸트

산이 높으면 계곡이 깊고,
해가 밝으면 그림자가 짙고,
왕관이 화려할수록 어깨는 짓눌리는 법

사주에 토가 많은 사람, 화개살이 있는 사람, 진술축미가 많은 사람은 스님팔자나 화류계 팔자라는 무당이 있고, 살면서 고쳐야할 단점이 많은 팔자라는 스님도 있었으며, 전생의 업이 무겁다고 말하는 명리학자도 있다. 그러나 실제로 스님이 되거나 화류계에서 일하는 경우는 거의 없었고, 살면서 고쳐야 할 단점이 많다기보다는 그들의 예민함이 삶을 통찰하게 만들어 지혜를 얻는 경우가 많았으며, 전생의 업을 논하기에는 큰 업적을 이룬 사람들이 많았다. 역대 대한민국의 대통령의 사주에도 진술축미가 많은 사주들이 있으며, 사회적으로 성공한 대기업의 회장들도 마찬가지고, 철학자들의 사주에도 진술축미가 있다. 그리고 이들은 실제로 보통사람이 살면서 한번 겪을까 말까 하는 삶의 풍파를 많이 겪었다.

결국 풍파가 많으면 세 가지 중 하나다. 큰 명성을 얻거나, 큰 지혜를 얻거나, 큰 부를 얻거나. 산이 높으면 계곡이 깊고, 해가 밝으면 그림자가 짙고, 왕관이 화려할수록 어깨는 짓눌리는 법이다.

묘지에 들어가는 원인이 무엇이든 결국 이들은 그 과정을 통해서 의식의 성장을 이룬다. 그리고 의식이 성장한 자아는 자신의 둥지에 그대로 있지 않는다. 뱀이 성장하면서 답답한 허물을 탈피하듯 인간의 의식이 성장하면 기존의 둥지가 답답하다고 느끼게 될 것이다. 그곳에서는 더 이상 배울 것이 없다. 그때가 바로 지식의 끝이거나, 속세의 끝이거나, 고통의 끝이 될 것이다.

묘지에서 나온 화개살들은 세 가지 중 하나를 선택하게 된다. 자신의 둥지를 리모델링하거나, 기존의 둥지를 떠나 다른 둥지를 찾아가거나, 자신만의 둥지를 창조하거나.

삶에서 일어나는 고통의 종류를 예측하려고 명리학을 열심히 공부하고, 명상을 아무리 해도 우리는 모든 것을 알지 못할 것이다. 인간은 라플라스 악마와 같이 모든 것을 알 수 있도록 디자인되지 않는다. 신통력 좋다는 현재 예언자들의 예언도, 인도의 유명한 스승 바바지의 예언도, 노스트라다무스의 예언도, 인류에게 일어나는 일을 전부 맞추지 못한다. 우주가, 신이, 절대 그렇게 설계해 놓지 않는다. 내가 화개살에 통계 낸 세가지 경우 역시 마찬가지다. 세상은 변

수 투성이고, 수천 가지의 경우의 수가 있으며, 81억 개의 개성을 가진 인간들이 존재하고 있기 때문에 이 통계를 벗어나는 경우도 분명 존재할 것이다.

그러나 당신이 갈구하는 지식이 무엇이든, 당신이 살았던 속세가 어떻게 마무리되든, 당신이 고통을 어떻게 해결하든, 당신은 분명 이전에 알지 못했던 큰 깨달음과 지혜를 가지고 무덤에서 나오게 될 것이다.

왕관을 쓴 자 누구도 편히 쉴 날이 없나니.
세익스피어 헨리 4세, 제2부.

—

영화 더 퀸 中
〈감독 시티븐 프리어스. 2007. 2. 15〉

제 5 장

삼천만 학부모에게
읍고함

열등감을 자녀에게
투영하지 말아라

명리학에서는 십성 중 겁재, 상관, 편관, 편인을 4흉신이라고 한다. 명리학자들이 사주를 풀 때 년월자리에 4흉신 중 3개만 있어도 부모가 없는 것과 같다거나, 차라리 없는 것이 낫다고 한다. 왜냐하면 이런 사주를 가진 대부분이 부모의 역할을 자녀가 대신하거나, 부모의 빚을 자녀가 대신 갚거나, 자녀가 가장의 역할을 해야 하거나, 자녀가 희생한 이후 가족들에게 배신을 당하기 때문이다.

어머니와 형이 자신의 돈으로 호의호식하다가 가족들을 상대로 소송까지 하게 된 유명한 개그맨도 년월의 4자리 중 3자리가 흉신이다. 어머니와 남동생이 자신의 돈으로 호의호식 하고 자신의 명의로 거액의 빚을 내어 결국 가족들과 인연을 끊은 유명한 트로

트 여가수 역시 년월의 4자리 중 3자리가 흉신이다.

년월자리에 흉신은 단순하게 물질적인 문제로 국한되지는 않는다. 신체적이나 정서적으로 학대당하는 경우도 이에 해당된다. 앞서 말했던 주연씨의 년월자리에도 4흉신으로 되어 있고 아버지로부터 신체적 학대를 받았다. 지금부터 이야기하게 될 수인(가명)이 정인(가명)이 남혁(가명)의 년월의 자리도 4흉신으로 되어 있고 이들은 정서적인 학대를 받은 예에 해당하다.

수인이는 영어학원에서 강사를 할 때 만난 초등학교 6학년 학생이었다. 아버지는 철물점을, 어머니는 식당에서 매니저를 하셨고 수인이 아래로 남동생이 있었다.

수업을 하는 어느 날 수인이가 샤프로 책상을 사정없이 내리찍기 시작했다. 처음엔 벌레를 잡는 것인가라는 생각에 나의 책상 위에 있는 에프킬라를 가지고 다가가보니, 손에는 피가 흐르고 있고 수인이는 사정없이 샤프로 자신의 손을 내리찍고 있었다. 처음에 나는 자해를 하는 상황으로 받아들이지 못하고 '뭐 하는 거지'라고 생각하며 멀뚱멀뚱 쳐다보고 있었다. 옆에 앉아 있던 학생이 수인이를 말리기 시작했다. 상황파악이 늦었던 나는 그제야 화장지로 수인이의 손을 감아 주었다. 워낙에 얌전하고 조용한 학생이었기 때문에 몹시 당황스러웠다.

나는 수인이를 데리고 병원 응급실에 가서 응급조치를 취하고, 원장은 수인이의 어머니에게 전화를 걸어 상황을 설명했다. 수인이의 어머니는 급하게 응급실에 오셨고 그날 수인이의 어머니를 처음 뵈었다. 어머니는 붕대를 감고 나오는 수인이의 손을 거칠게 잡아당기며 소리를 질렀다.

"동네 창피하게 이게 무슨 짓이야!! 글씨 제대로 못쓴다고 한마디 했다고 이런 미친 짓을 해!! 그럴 거면 학교도 학원도 가지 말고 집에 처박혀서 아무것도 하지 마!!"

나에게는 죄송하다거나 감사하다거나 한마디 없이 수인이를 데리고 집으로 가버렸다. 어머니가 나를 대하는 태도에도 화가 났지만 수인이를 대하는 태도에 더 화가 났다. 딸이 다쳐서 붕대를 감고 병원에 왔는데 어머니는 수인이가 다친 것보다 자신의 위신을 더 중요하게 생각하는 것 같았다.

2일 뒤 수인이는 다시 학원에 나와 나에게 죄송하다는 말을 했다. 수인이는 자신이 머리가 나쁘고 공부를 못하는 것이 어머니를 화나게 하는 것 같아 죽고 싶다는 말을 했다. 아마 자신이 아니라 자영(가명)이가 딸로 태어났다면 어머니가 더 행복했을 것이라고 말했다. 나는 수인이에게 어머니의 구체적인 행동을 듣게 되었다.

자영이는 같은 학원의 상급반이다. 자영이의 어머니와 수인이의 어머니는 고등학교 동창이었는데, 수인이의 어머니는 자영이의 어머니에게 열등감이 매우 깊었다. 수인이와 자영이를 비교하면서 상급반에 들어가지 못하는 수인이를 매일 질책하고 비난했다. 그러나 둘은 이미 비교할 수 있는 상대가 아니었다.

학생들을 가르쳐보면 단어 외우는 속도나 문법 습득력만 봐도 머리가 좋고 나쁨이 한 시간 안에 갈린다. 자영이는 이미 습득하는 속도가 남들보다 빠르고, 단어 기억력도 월등하게 높았다.

자영이의 어머니 역시 수인이의 어머니와 많이 달랐다. 자영이의 어머니는 자영이가 몸이 조금만 피곤하고 아프다고 해도 학원을 쉬게 해 주고, 학교를 며칠씩 빠지고 가족여행을 가기도 했다. 자영이의 표정만 봐도 가족에서 받는 안정과 신뢰가 단단하다는 것을 느낄 수 있었다. 그러나 수인이의 경우는 정 반대였다.

사실 수인이는 머리가 나쁘다. 남들은 쉽게 넘는 산도 수인이는 히말라야같이 느꼈고, 다른 사람이 단어 10개를 소화할 동안 수인이는 3개도 버거워했다. 상급반에서는 이미 to부정사 진도를 나갈 때 수인이는 do, did, does의 쓰임을 이해하는 것도 힘들어했다.

수인이의 부모님은 말이 상당히 거치신 분들이었다. "처먹어라. 처박아라. 아구지 닫아라. 입 닥쳐라. 꼴값한다." 이런 말들을 서슴없이 내뱉었다. 부모님의 이런 성향은 남동생에게 그대로 전달되어 친구들에게도 누나에게도 그 말을 그대로 따라 했다.

수인이의 동생처럼 수인이도 그 말을 따라 하면서 강한 척을 하는 것이 더 나았던 것일까? 부모님에게 대들고 반항하는 게 더 나았던 것일까? 아니면 수인이와 같이 스트레스를 받다가 자해를 하는 편이 나은 것인가? 나 또한 그냥 수인이의 상황을 간과했어야 했을까?

학원에서는 한 달에 한번 파이널테스트를 본다. 파이널테스트의 시험지와 그동안 공부했던 책들은 부모님에게 전달된다. 상급반의 시험과 하급반의 시험은 반의 실력에 따라 다르게 출제된다. 나는 이 시험이 문제가 될 것이라고는 전혀 예측하지 못했다. 수인이의 어머니는 상급반 중급반 하급반의 시험지가 모두 같은 것이라고 생각했던 모양이다.

어느 날 수인이의 어머니가 나에게 전화를 걸어 자신의 딸이 파이널테스트에서 90점을 받았는데 왜 상급반에 가지 못하는 것이냐고 표독스럽게 따지기 시작했다. 보통 이런 어머니는 원장님이 알아서 처리하는데, 담당 선생님을 바꾸라는 말만 되풀이해서 어쩔 수 없이 전화를 나에게 바꾸었다. 나는 그 찰나의 순간 깊은 고민에 빠졌다. '현실을 얘기하면 수인이가 더 힘들어질까? 아니면 오히려 안 힘들어질까?' 나는 원장님과 상의를 해보겠다고, 어머님의 의사는 잘 알았다고 말씀드리고 전화를 끊었다.

다음 날 수인이의 어머니는 학원까지 찾아오셨다. 원장님은 상급반과 하급반의 교재를 보여주었고, 파이널테스트 시험지까지 보여주었다 수인이가 이제까지 파이널테스트에서 90점을 받은 이유는 다른 친구들에게는 시험지를 보여주지 않지만 수인이에게는 시험지에 정답까지 전부 써주고 외우게 하여 시험을 봤고, 사실 그 시험조차도 다른 친구들보다 시간이 오래 걸렸다는 것까지 솔직하게 말씀드렸다. 어머니는 충격을 받으셨는지 얼굴이 울그락불그락하기 시작했다. 그리고 혹시 이것을 자영이의 어머니가 알고 있는지 물었다. 자영이는 이미 하급반 중급반을 거쳐 상급반에 갔으니, 책도 다르고 시험지를 다르다는 것을 알고 있을 것이라고 말했다.

나는 어머니에게 수인이의 마음을 솔직하게 말씀드렸다. 어머니가 자영이와 수인이를 비교하는 말에 수인이가 상처를 많이 받았고, 죽고 싶다는 말을 했을 정도로 정서적으로 불안정하며, 가정에서 수인이에게 따뜻한 말과 시선이 필요할 것 같다는 말을 하자 수인이의 어머니는 화를 내셨다. 자식 낳아 길러본 적도 없는 네가 부모마음에 대해서 뭘 아느냐, 다른 집 아이들은 어린 시절부터 영재소리 듣고 공부도 잘하는데 왜 수인이는 못하냐, 네가 잘 가르친 게 맞냐. 원장님은 내가 상처를 받을까 걱정되셨는지, 아니면 같이 들이받고 싸울까 봐 걱정되셨는지 나를 상담실에서 나가게 하신 후 수인이 어머니와 한참을 더 대화하셨다.

솔직하게 말한 내가 잘못했던 걸까. 수인이는 그날부터 학원에 나오지 않았다. 원장님은 나에게 말씀하셨다.

"수인이 엄마가 자영이 엄마한테 항상 파이널테스트 점수를 물어봤나 봐. 지난달에 자영이가 80점 받고 수인이가 90점 받았다는 걸 알고 본인 딸 자랑을 자영이 엄마한테 아주 대놓고 했나 보더라고. 학원에 다닌 지 6개월밖에 안 됐는데 벌써 90점을 받는다는 둥. 머리가 좋다는 둥. 그런데 사실은 시험지 난이도 자체가 하늘과 땅차이라는 것도, 그렇게 난이도가 낮은 시험을 억지로 90점 받게 한 것도, 자영이 엄마가 알면서도 그냥 들어준 것도, 어제 학원에 와서 알게 된 거지. 학원에 그만 다니는 걸로 자기 분풀이를 하고 싶었던 것 같아. 수인이는 그냥 잊어버려. 안타까워도 별 수 있나. 열등감 심한 엄마한테서 태어난 지 팔자 탓이지."

그러나 나는 수인이가 샤프로 자신의 손을 찍었던 일이 몹시 마음에 걸렸다. 수인이의 친구들은 샤프로 손을 찍은 행동뿐만이 아니라 다른 이상한 행동도 많이 봤다고 말해주었다. 학교에서 칼로 머릿속을 긁는 장면을 본 적도 있고, 점심시간에 아무것도 먹지 않고 멍하니 앉아 있던 것도 보았고, 아무도 없는 운동장에서 혼자 밤늦게까지 땅바닥에 그림을 그리면서 있는 것도 많이 보았다고 했다. 나는 학생들에게 혹시 운동장에 그렇게 혼자 있으면 나에게 전화를 해달라고 말했다. 내가 해줄 수 있는 것은 많이 없었지만 밥 한 끼는 사먹일 수 있을 것 같았다.

그렇게 말한 지 일주일도 안 되어 전화가 왔다. 밤 9시쯤 고등부 수업을 하던 시간이었다. 수인이가 운동장 있는데 집에 데려다준다고 해도 가지 않는다고 수인이의 친구에게 전화가 왔다. 나는 고등부에게 시험지를 풀게 하고 수인이를 데리러 운동장으로 갔다. 수인이는 아직은 추운 3월 홑잠바 하나만 입고 운동장에 그림을 그리고 있었다.

내가 감정이입을 너무 심하게 했던 탓인지 그 모습을 보고 눈물이 흐르기 시작했다. 어린 시절 아버지만 있는 집에 들어가면 또 맞을까 봐 추운 겨울날 공사장에서 흙놀이를 하며 어머니를 기다리던 오빠와 나의 모습이 수인이에게서 보이기 시작했다. 나는 코트를 벗어 수인이를 덮어주고 밥을 먹으러 가자고 수인이의 손을 끌었다. 수인이가 놀란 이유가 나의 갑작스러운 등장 때문이었는지, 내가 눈물을 흘리고 있었기 때문인지는 모르겠다. 그러나 주책맞은 눈물은 계속 흐르고 있었고, 수인이는 붕대를 감은 손으로 내 눈물을 닦아주고 있었다.

그날 나는 수인이와 고등부학생들에게 순대국밥을 배달시켜 주었다. 고등부 학생들 눈에는 수인이가 참 귀여웠던가 보다. 김치도 찢어서 수저에 올려주고, 붕대를 감고 있는 오른손을 대신해 순대를 호호 불어 수인이에게 먹여 주었다. 돈은 십만 원 정도가 깨졌지만 나는 그 돈이 아깝지 않을 만큼 뿌듯했다. 수인이가 밝게 웃는 모습을 처음 보았기 때문이다. 그런 관심과 사랑을 받는 것이 처음이었던 건지, 순댓국이 맛있었던 건지는 모르겠으나, 수인이는 김치도 순대도 잘 받아먹고 오물오물 잘도 씹었다.

수인이를 집에 데려다주면서 나는 수인이에게 나의 어린 시절을 이야기했다.

"수인아 선생님도 어릴 때 집에 들어가기 싫었어. 아빠가 시도 때도 없이 화내고 허리띠로 때렸거든. 그래서 항상 교회에 있거나 친구집에 있었어. 운동장은 혼자 있으면 위험할 수 있으니까 교회나 친구집이나 도서관에 있는 것이 더 좋을 것 같아. 혹시 갈 곳이 없으면 학원에 와있어. 원장님은 수인이가 학원에 안 다녀도 상관하지 않을 거야."

그 이후로 수인이는 밤늦게 자주 학원에 왔다. 학원에는 어린이 영어 동화책이 100권이나 있었고, 영어 색칠공부, 영어 낱말카드, 영어 낚시놀이, 온라인 영어동화, 온라인 영어퀴즈 등 수인이가 할 수 있는 놀이가 아주 많았다.

원장님도 수인이가 놀러 오는 것을 좋아했다. 사실 온라인 영어장비를 아무도 사용하지 않아서 비싼 장비들이 먼지만 쌓여 있었는데 수인이가 사용해 줘서 고맙다고 말했다. 고등부학생들도 수인이에게 친절하게 대해주고 간식도 같이 먹었다. 고등부 학생들은 일주일에 한 번씩 피자나 치킨을 사주기 때문에 수인이도 그 덕에 맛있는 음식을 같이 먹을 수 있었다.

원장님 말에 의하면 수인이의 어머니가 아이가 학원에 있는지 몇 번 확인 전화를 하신 적이 있다고 한다. 딱히 학원비를 내는 것도 아니고 맛있는 것도 먹이니 학원에 있는 것을 크게 신경 쓰지 않는 것 같다고 했다. 그렇다고 고마워할 인간들도 아니라는 말에 원장님과 나는 웃고 말았다.

그렇게 한 달 동안의 시간이 흐른 어느 날 수인이의 어머니는 밤늦은 시간 수인이를 데리러 직접 학원으로 오셨다. 나는 고등부수업을 하고 있던 중이었기에 확인하지 못했고, 원장님의 말에 의하면 반 강제적으로 팔을 끌고 갔다고 한다. 원장님도 나도 영문을 알 수 없었다. 그리고 수인이는 학원에 다시는 오지 않았다. 수인이의 친구 말에 의하면 수인이의 아버지가 그 학원에 다시 가면 죽여버리겠다고 하여 오지 않는 것이라고 했다. 나는 수인이의 친구들에게 혹시 운동장에서 수인이를 보거든 도서관이라도 같이 가주라는 말을 한 후 더 이상 수인이의 일에 관여하지 않았다. 더 이상 내가 해결할 수 있는 문제가 아니었다.

그 이후로 수인이를 생각할 때마다 가슴 한쪽이 아려왔지만 부모가 멀쩡하게 살아있는 수인이를 내가 어찌했어야 했는지 지금도 답을 모르겠다.

수인이의 어머님은 *신사(辛巳)일주로 현침살이 일주 월주 년주에 3개나 있었다. 명리학을 공부해 보면 가장 흔하게 볼 수 있는 신살도 이 현침살이다. 현침살의 의미는 바늘로 사람을 찌르듯 말로 사람을 아프게 한다는 뜻이지만 실제로 현침살을 가지고 있는 경우는 세 가지로 나뉜다. 첫 번째로 어느 한 분야에 전문가가 되어 자신의 분야에 대해 정곡을 찔러 말을 할 수 있는 분석가적인 성향을 가지고 있는 사람. 두 번째로 의학계통의 일에 종사하면서 실제로 바늘을 사용하는 사람. 세 번째로 열등감이 강해 사람들을 아프게 하는 말을 잘하는 사람이다.

> * 신사일주 : 승부욕과 경쟁심이 강하며 독립적인 성향을 갖고 있다. 운이 따르지 않아 자신이 경쟁에서 밀리게 되면 질투심과 열등감이 강해진다.

철학자 아들러가 열등감을 심리학으로 열나게 파듯, 나도 명리학을 공부하며 열등감을 열나게 팔 수밖에 없었습니다. 왜냐하면 수인이의 어머님같이 자신의 열등감을 자식에게 투영하고 아픈 말로 상처를 주는 부모님이 너무 많았기 때문이다. 그리고 그런 부모들의 사주를 보면 현침살이 반드시 있고, 학생의 년월자리가 대부분 흉신으로 되어 있다.

모든 열등감을 가진 사람이 현침살을 가지고 있지는 않다. 그리고 현침살을 가지고 있다 한들 반드시 남을 아프게 하는 말을 하지도 않는다. 내가 하려는 말은 열등감이 강하다고 판단되는 사람들의 사주를 전부 모아보니 현침살이 있었고, 자녀의 사주에서 년월자리에 흉신이 있다는 것이다. 그 말은 즉 부모가 내뱉는 상처되는 말은 자녀의 정서에 미치는 영향이 부모가 없는 게 낫다고 생각될 정도로 파괴적이라는 의미이다.

인간은 모두 열등감을 가지고 있다. 열등감은 매우 원초적인 감정이며 자아발전의 촉매제이다. 우리는 열등감을 해결하는 방식에 따라서 그 인간의 수준이 낮다고 또는 높다고 평가한다.

작은 키에 열등감이 있으면 다른 방식으로 자신의 개성을 살리려고 노력하거나, 지식이 없는 것에 열등감이 있으면 공부를 하고 책을 읽거나, 가난이 열등감이면 열심히 일해서 돈을 모으거나, 사랑받지 못한 것에 열등감이 있으면 사랑받는 사람들의 행동을 보고 배우거나, 외모에 열등감이 있으면 예뻐지려고 성형이나 시술을 받거나, 피지컬에 열등감이 있으면 운동을 해서 근육을 만들거나, 뚱뚱한 몸에 열등감이 있으면 살을 빼거나. 즉 자신이 부족하다고 생각되는 부분을 보완하기 위해 인간은 자기계발이라는 것을 한다.

그러나 의식이 낮은 열등한 인간들은 자기계발이 아니라 자녀나 배우자에게 열등감을 투영시키고 비난과 비교의 말을 서슴없이 한다. 그리고 그 말들은 상대방과의 관계를 망친다.

과연 수인이가 자라면 어떻게 될 것 같은가. 그 예가 바로 정인이이다.

출강하던 학원에서 한국사 검정능력 시험 준비반을 운영하고 있었다. 담당 선생님이 출산예정일보다 더 빨리 출산을 하시는 바람에 누군가는 그 자리를 대신해야 했다. 그때 출강하시던 선생님들 중에서 한국사 1급 자격증이 있는 사람이 나밖에 없어서 어쩔 수 없이 그 반의 수업을 하게 되었다. 그리고 그 반에는 정인이도 있었다.

정인이는 얼굴도 아주 예쁘고, 아이돌급의 몸매를 가지고 있었으며, 공부도 상위권에 있는 무엇 하나 빠질 것이 없어 보이는 중학교3학년 학생이었다. 어리버리한 성격과는 다르게 머리가 영특하고 암기력이 좋아 한국사를 암기하는 능력도 남들보다 월등하게 빨랐다.

남들보다 더 잘하는 학생에게 눈길이 가는 것은 어쩔 수 없는 일이다. 다른 친구들은 시험 날짜가 다가오자 겁부터 먹고 시험을 미루었지만 정인이만 유일하게 정해진 날짜에 시험을 보겠다고 접수를 했다.

정인이의 부모님께 시험날 내가 직접 데리고 갔다 오겠노라고 말씀을 드리고 당일날 정인이와 약속한 장소 앞에서 차를 주차하고 정인이를 기다리고 있었다. 그런데 약속시간이 지나도 정인이는 나타나지 않았다. 이렇게 약속을 어기는 친구가 아니기에 나는 무슨 일이 있을 것이라는 생각이 들었다. 정인이에게 전화를 걸어보니 전화기는 꺼져 있었고, 부모님에게 전화를 해보니 집에서 한참 전에 나갔다는 말을 했다. 약속장소에 오지 않았다고 하자 부모님은 자신들이 찾아보겠노라며 집에 돌아가시라는 말을 하였다.

나는 부모님의 반응이 좀 의아했다. 생각보다 놀라지 않았고, 한숨을 쉬면서 대답을 하는 모양새가 마치 이런 일이 한두 번이 아닌 것 같은 반응이었다.

며칠 후 정인이는 학원에 다시 나타났다. 수업이 끝난 후 보충수업을 핑계로 정인이와 오랜 시간 대화를 하면서 그날 정인이가 시험 보러 가지 않은 이유를 알게 되었다.

정인이의 부모님은 두 분 모두 학력에 대한 콤플렉스를 가지고 계셨고, 그들의 형제분들에 비해서 낮은 학벌에 대한 열등감이 있었다. 어머님은 정인이에게 "누구보다는 더 좋은 대학에 가야 한다. 누구보다는 등수가 더 높아야 한다. 누가보다 더 이 자격증을 빨리 따야 한다."는 말을 많이 하셨다. 여기서 '누구'에 해당하는 사람이 바로 정인이의 사촌오빠였다. 정인이가 한국사 검정 능력 시험을 따려고 학원에 온 이유도 사촌오빠가 한국사 1급을 고등학교 1학년에 땄다며 자랑하는 큰어머니의 말에 정인이의 어머니가 자극을 받았기 때문이다. 어머니는 정인이가 머리가 좋으니 더 빨리 딸 수 있을 것이라고 생각하고 한국사 자격증 준비반이 있는 학원을 수소문해서 보낸 것이다.

정인이의 큰어머니에게는 두 명의 아들이 있었는데 큰 아들은 서울대에 입학했고, 둘째 아들은 고등학교 1학년이었다. 둘 다 머리가 좋아 집안의 자랑이었고 동네에서도 유명했다. 정인이의 어머니는 정인이가 어린 시절부터 큰집의 아들들과 비교하였고, 너는 반드시 저 집 아들만큼은 해야 한다라는 말을 귀에 못이 박히도록 들어왔다. 어린 시절에는 영어 유치원을 보내고, 초등학교 때는 논술학원에 보내고, 중학교 때는 원어민 영어 과외를 시작했다.

정인이는 어머니의 과도한 교육열이 숨이 막혔지만 불만을 직접적으로 드러내지는 않았다. 정인이의 말에 의하면 자신이 스트레스를 푸는 곳이 따로 있었기 때문에 참고 견딜 수 있었다고 했는데, 그곳은 장소나 취미활동이 아니라 남자였다. 청소년기에 건전한 이성교제가 문제가 된다고 생각하진 않는다. 그런데 정인이는 건전하지 않아서 문제였다. 너무 건전하지 않아서 중학교 2학년때 이미 낙태를 경험했다.

정인이의 낙태 사건이 부모님에게 큰 충격을 주었고, 부모님은 그때부터 정인이의 일거수일투족을 감시하고 핸드폰도 시시때때로 들여다보았다. 어머니는 하루에도 전화를 10통 이상씩 하면서 정인이의 위치를 확인했고, 같이 있는 사람의 장소와 사람을 파악하기 위해 영상통화도 요구했다. 정인이의 숨 막힘은 더 심해졌고, 이때부터는 대놓고 가출을 하기 시작했다.

정인이가 가출을 하고 가는 곳은 오빠들의 자취방이었다. 구체적으로 어떤 오빠들인지는 모른다. 며칠 동안 집에도 학교에도 안가고 오빠들 자취방에서 3~4일 숙식하다가 집으로 들어가서 두드려 맞고, 또 숨이 막혀 다시 가출해 오빠들 집에서 3~4일 있다가 집으로 들어가서 두드려 맞았다. 가출 횟수가 반복될수록 부모님의 통제는 더욱 심해지고, 그럴수록 정인이는 더 가출을 했다. 정인이는 한두 번 가출을 해보니 세 번째부터는 별일도 아니라고 느껴졌고, 두드려 맞는 것에 대한 타격감도 없어졌다. 한국사 시험을 보는 날 했던 가출이 다섯 번째라고 태연하게 말했다.

나는 가출청소년을 어떻게 대해야 하는지, 이들에게 어떻게 조언해야 하는지 방법을 모른다. 방법을 모르는 나는 정인이의 이야기를 그저 듣고만 있었다.

시험 전날, 어머니는 정인이에게 반드시 1급을 따서 네가 더 머리가 좋다는 것을 보여줘야 한다는 압박을 하기 시작했다. 그리고 정인이의 삶을 설계하기 시작했다. 한국사 시험을 딴 이후에는 토익시험을 준비해서 900을 넘어야 하고, 토익이 900이 넘으면 한국어능력시험을 준비해야 하고, 대학교는 서울 연고대를 들어가 아나운서 시험을 최연소로 보게 한다는 내용을, 밥을 먹는 정인이 앞에서 줄줄이 말을 했다고 한다.

시험을 보러 가는 당일 날 아침 어머니는 "1급 못 따면 접시물을 준비해 놓을 테니 코를 박을 각오를 해라."라고 말했다. 그 말에 숨이 막힌 정인이는 남자친구에게 전화를 걸어 자신을 데리러 오라고 했다. 남자친구와 오토바이를 타고 지나가는 길에 선생님이 차 안에서 기다리는 것을 봤지만 선생님에게 말을 하면 자신을 붙잡고 못 가게 할 것 같아서 그냥 지나쳤다고 했다. 정인이는 말했다.

"엄마는 자신이 그렇게 말하는 것이 자신의 열등감을 드러내는 행동이라는 것을 전혀 모르는 것 같아요. 엄마는 마치 드라마의 조연 같아요. 주인공들과 비교하면서 어떻게든 따라가려고 몸부림치는 조연들. 그리고 주연이 되고 싶어 나를 이용하려는 거죠. 나는 엄마의 열등감에 지쳤어요. 나는 엄마의 열등감을 해결해 주는 삶을 살고 싶지 않아요. 그날 시험을 보지 않은 이유도 그래서예요. 내가 할 수 있는 모든 반항으로 엄마에게 실망감을 안겨줘서 포기하게 만들 거예요."

나는 정인이의 말에 가슴이 아팠다. 자신의 삶을 망쳐서라도 어머니를 포기하게 만들고 싶을 정도로 어머니의 열등감에 진저리가 나다니. 대체 어린 시절부터 얼마나 힘들었던 것일까.

정인이는 며칠 이후부터 학원에 나오지 않았다. 다른 학생의 말로는 임신을 해서 다시 병원에 낙태를 하러 갔다는 소문이 학교에 퍼졌다고 했다. 그 소문이 사실인지 아닌지는 확인할 수 없었다. 학교에도 학원에도 출석하지 않는 이유가 또 가출을 했기 때문인지, 정말 임신을 했기 때문인지, 다른 사정이 있어서인지는 아직도 모른다.

정인이의 어머님은 자신의 열등감이 자녀를 망친다는 사실을 과연 살면서 깨닫게 되는 날이 있을까? 이런 학부모들과 대화를 해보면 보이는 태도가 뚜렷하다. 교만과 허세. 아들러는 '교만과 열등감은 하나이고 분노와 두려움은 하나'라고 했다. 부모님들이 자녀들 앞에서 허세와 분노를 표출할수록, 결국은 자신의 열등감과 두려움을 더 드러내는 것이다. 그리고 부모님들이 예상하는 것보다 자녀들은 아주 정확하게 부모님의 열등감과 두려움을 알고 있다.

정인이 어머니는 *신묘(辛卯)일주로 역시 현침살이 년주 월주 시주에 3개이고 정인이의 년월자리 역시 흉신으로 되어 있다. 만약 정인이가 독립할 수 있는 나이가 되면 어떻게 될까? 바로 더 이상 부모님과 만나지 않는 남혁이 같이 된다.

*신묘일주 : 일 처리가 꼼꼼하고 변화에 대처하는 능력이 좋다. 그러나 인내와 지구력이 약해 중도에 포기하거나 변덕을 쉽게 부린다. 성격이 날카롭고 직설적이기 때문에 상처가 되는 말을 잘한다.

남혁이는 수인이같이 마음고생을 하며 어린 시절을 보냈고, 정인이같이 방황이 심한 청소년기를 보냈다. 겨우 대학교에 갔으나 남혁이의 학교가 마음에 들지 않았던 부모님은 재수를 하라고 계속 강요했다. 그러나 남혁이는 재수를 하지 않았고 호주 워킹홀리데이를 떠나면서 부모와 인연을 끊었다. 남혁이는 나에게 이런 말을 남겼다.

"부모님은 내가 어린 시절 밖에 나가서 살 수 없다는 것을 무기 삼아 나를 학대했어요. TV도 못 보게 했고, 성적이 조금만 떨어져도 온갖 비난과 비교를 했고, 자신의 열등감을 분노로 표출했죠. 열등감이 강하면서 못되기까지 한 인간을 소시오패스라고 해요. 자신들의 열등감을 소시오패스적 성향으로 풀기에 자식이란 존재는 아주 적절한 대상이죠.

어렸을 때 저는 부모님의 사랑을 원했어요. 자신에게 사랑을 갈구하는 작은 인간. 사랑을 받기 위한 이 작은 인간의 반응이 아주 쾌감이 있었겠지요. 본인들 맘대로 휘두르기 좋았을 테니까요. 저는 상처받고 아파했어요. 소시오패스들은 누군가에게 상처 줄 수 있고 아프게 할 수 있다는 권위로 자신들의 열등감을 해결하려고 해요. 그리고 그것을 누리기에 자식만 한 존재가 없었겠지요. 저는 그들이 원하는 것을 해주면 사랑받을 수 있다고 생각했지만 이젠 알겠어요. 나는 그들이 원하는 것을 채워줄 수 없고, 그들은 내가 원하는 방식으로 절대 나를 사랑해주지 않을 거예요.

평생 모를 줄 알았나 보죠? 그들의 열등감에 평생 휘둘릴 줄 알았나 보죠? 나는 더 이상 부모님을 위한 인생은 살지 않기로 했어요. 그들을 내 인생테두리 밖으로 버릴 거예요."

호주에서 돌아온 지 3년이 지난 지금도 남혁이는 부모님과 연락하지 않는다. 남혁이의 부모님은 남혁이와 연락이 되면 알려달라고 말했지만 나는 알려드리지 않았다. 남혁이 외에도 부모와 인연을 끊은 학생들은 몇몇 더 있다.

수인이나 정인이나 남혁이 같이 부모님에게 상처를 받아 평생 가슴속에 가지고 살아야 하는 사람들을 쓰라고 한다면, 나는 이 책의 두 배 분량으로 적을 수 있다. 이 부모들은 자신의 열등감을 자녀에게 투영하고 비난과 비교의 말을 자식에게 쏟아내다가 결국 자녀와의 관계를 망친다.

열등감을 자기계발로 풀지 않고 자녀에게 투영하는 것도 문제가 되지만 더 큰 문제는 그것을 상처가 되는 말로 뱉어낸다는 것이다.

말은 보이지 않는 칼이다. 실제로 칼부림을 하면 소송이나 손해배상을 받기라도 하지만 마음의 상처는 보이지가 않는다. 마음을 난도질하고 찌르면 몸에 상처가 난 것과 똑같이 마음에도 상처가 난다. 몸의 상처가 회복하는 데 시간이 걸리 듯 상처가 비만 오면 쑤시듯, 마음의 상처도 회복하는 데 시간이 걸리고 특정 상황이 되면 또 아프다. 몸의 상처가 불구를 만들기도 하듯이, 마음의 상처도 마음의 불구를 만든다. 평생 아무도 사랑하지 못하도록. 결국 자신도 사랑하지 못하도록.

나는 이 말을 하고 싶은 학부모가 너무 많았다. 그러나 20년 동안 단 한 번도 밖으로 내뱉은 적이 없다. 학부모는 나의 고용주였고 나는 먹고살기 위해 참을 수밖에 없었다. 그리고 그 말들을 이제 좀 시원하게 해보려고 한다.

고통을 대하는 태도가 당신의 의식 수준이고, 두려움을 대하는 태도가 당신의 성품이고, 열등감을 대하는 태도가 당신의 인격이다. 자신의 열등감을 자녀에게 해결 받으려고 하지 말아라.

옛말에 콩 심은 곳에 콩 나고 팥 심은 곳에 팥 난다는 말이 있다. 당신이 고학력자가 아님에도, 당신이 학창 시절을 공부를 잘한 적이 없음에도, 왜 당신의 자녀들에게 자신들의 한을 풀기로 작정하기로 한 듯이 비난과 비교의 말을 서슴없이 하는가? 당신은 학창 시절 1등만 했었나? 당신은 서울대 졸업했나? 당신은 학창 시절에 대체 얼마나 공부를 잘했고 어떤 대학에 들어갔길래 당신 자녀에게 그렇게 강요를 해대는 것인가? 개천에서 용나는 경우가 세상에 몇%나 된다고 왜 그런 경우만 주구장창 자식에게 비교하면서 아이의 자존감을 바닥으로 떨어뜨리는가? 그러는 당신은 왜 개천에서 용난 경우가 되지 못했나?

자녀가 처음 세상에 나와 당신의 품에 안겼을 때는 생각해 보라. 작은 생명체가 눈도 뜨지 못한 채로 당신 품에 안겨 숨을 쉬고 있었다. 그 작은 생명체에게 당신은 신이었다. 그때 당신도 너무 기뻐하지 않았나? 그저 건강하게만 자라게 해달라고 신에게 그렇게 빌지 않았나? 그 작은 생명체가 당신에게 온 날부터 당신은 이 작은 존재를 나의 열등감을 해결하기 위한 도구로 쓰기로 작정했나? 절대 아니라는 것을 알고 있다. 그런데 왜? 어느 시점부터 당신은 자녀를 그렇게 보기 시작했나?

아이의 걸음이 다른 아이보다 느려서? 아니면 유치원의 다른 아이들보다 키가 작은 것을 인식했을 때부터? 아니면 다른 학부모의 자랑질을 듣기 시작했을 때부터? 이 모든 질문이 이해가 가는가? 당신이 시선을 외부로 돌리면서부터 당신의 열등감이 건드려졌고, 그것을 자식에게 그대로 표현하기 시작했다.

자녀가 태어날 때의 기쁨은 다른 아이들이 한글을 먼저 읽기 시작하면서 잊어버렸고, 자녀가 자라면서 당신을 웃게 했던 행복은 다른 학부모들의 자랑질을 들으면서 잊어버렸다. 자녀에게 느꼈던 기쁨과 행복을 잊어버리고, 당신이 먼저 삶의 조연으로 밀려나기 시작하면서 당신의 자녀도 뒤이어 다른 자녀들의 조연으로 밀어붙인 것이다. 바로 당신이 그렇게 한 것이다.

그렇게 지속적으로 밀어붙이면 결국 당신 존재가 자녀의 인생 밖으로 밀려나게 될 것이다. 이것은 정신적 고통으로부터 벗어나기 위한 인간의 가장 기본적인 생존본능이다.

기회가 있을 때 자녀의 인생에서 자녀를 다시 주연으로 세워주고 당신도 당신의 삶에 주연이 되어라. 더 이상 당신의 주변이 만들어낸 기준으로 당신의 자녀를 바라보지 말고, 자녀 그 자체를 받아들여 주어라. 기회가 있을 때, 자녀가 당신을 아직 신뢰하고 있을 때, 자녀가 당신 존재를 자신의 인생 밖으로 아직은 밀어내지 않았을 때 정신을 차리기 바란다.

자녀는 당신의 소유물이 아니다. 당신을 통로 삼아 세상에 나오기로 선택한 완전히 다른 인격체이다. 당신의 열등감은 당신 스스로 해결해라. 그들은 당신의 열등감을 해결해 줄 의무가 전혀 없다.

통계 tip

명리학적인 내용과는 무관하지만 오랜 과외와 강사생활을 하면서 학부모와 자녀가 갈등하는 가장 흔한 문제에 대해서 적어볼까 한다. 이 글은 내가 가르쳤던 학생들이 직접 나에게 호소했던 내용이기도 하고, 아래 적게 될 내용이 상담을 할 때 학부모를 이해시키는 데 많은 도움이 되었다.

학부모와 자녀는 가족관계로 되어 있다. 가족은 매일 얼굴을 보고 같이 밥을 먹고 같은 공간에서 생활을 한다. 그런 생활들이 학부모로 하여금 자녀가 자신보다 나이가 20살 이상 어린 사람으로 취급하지 않도록 만든다.

내가 가르쳤던 학생 중에서 학원과 집의 거리가 멀었던 효민(가명)이 있었다. 효민이는 보통 버스를 타고 귀가를 하지만 비나 눈이 많이 오는 날엔 어머니가 학원까지 자차로 데리러 오는 경우가 많았다.

어느 여름 장마철에 효민이는 쏟아지는 비를 보고 어머니에게 전화를 했고, 효민이는 어머니가 도착했다는 전화를 받고 나서 학원밖으로 나갔다. 그리고 그 다음날 효민이가 학원에 나오지 않아 전화를 했더니 전날 집에 가는 차안에서 있었던 일을 말하기 시작했다. 도착했다는 어머니의 전화를 받고 엘리베이터를 타고 가려고 하는데, 엘리베이터 안에 커다란 개가 주인과 같이 탑승해 있었고, 강아지를 무서워하는 효민이는 6층에서 1층까지 걸어서 계단으로 내려갔다. 평소같으면 엘리베이터를 기다렸다가 탔을 텐데 길가에 차를 대고 기다리는 어머니를 생각해서 계단으로 내려간 것이다.

차에 타자마자 어머니는 왜 이렇게 늦었냐며 화를 내셨다. 교통체증이 심한 비오는 날 길가에 차를 대놓고 기다리니 아마 지나가는 차들이 빵빵거리며 욕을 해댔던 것 같다. 효민이는 빨리 내려오려고 계단으로 뛰어내려온 사연들을 말했다. 그리고 자신의 얘기를 들어보지도 않고 화부터 내는 어머니에게 짜증을 내기 시작했다. 어머니는 비오는 날 자신의 일을 모두 제치고 효민이를 데리러 왔는데 네가 짜증낼 일이냐며 더욱 화를 내기 시작했다. 둘은 비가 오는 날, 정체되는 길 차안에서, 큰 소리로 싸우기 시작해, 결국 비나 눈이 오면 학원에 가지 않겠다는 효민이의 마지막 결론으로 끝이 났다.

같은 날 어머니에게 전화가 왔다. 효민이가 학원에 왔는지 확인하는 전화였다. 정말 안갔는지 궁금했던가 보다. 나는 날씨 때문에 오지 않는다는 전화를 받았다고 말씀드렸더니, 효민이 어머니는 광분하며 말을 이어가기 시작했다. 요약하자면 효민이가 자신에게 어떻게 그렇게 할 수 있냐는 것이다. 중학생이면 웬만큼 알만한 나이인데 짜증이 보통이 아니라며 나에게 10분 넘게 하소연을 하셨다. 평소에도 효민이 어머니는 나에게 전화를 자주 하셨던 분이기에 감정표현이 얼마나 솔직하신지 잘 알고 있었다. 나는 모든 통화 내용을 듣고 어머니에게 물었다.

"어머님. 어머니하고 효민이 나이차이가 30살 넘는 다는 것은 알고 계시지요? 어머니는 40대 후반이시고 불혹(不惑)의 나이를 지나 지천명(知天命)에 가까워지고 있지만, 효민이는 이제 15살이에요. 아직 감정표현도 미숙하고, 사회생활을 하면서 관계의 처세술도 배우지 못했고, 큰 고난이나 풍파없는 삶을 살았으니 생각이 어머님과 같이 깊은 나이는 아니지요.

사실 그렇잖아요. 인간은 인격이 성숙된 상태로 태어나지 않고 살면서 일어나는 크고 작은 일을 대처하면서 성숙해지고 깨닫는 거잖아요. 그런데 어머님, 효민이는 아직 학생이에요. 세상에서 배워야 할 것들이, 경험할 것들이, 이겨내야 할 것들이 아직 많이 남아 있어요. 아직 삶의 반에 반도 오지 못한 효민이에게 어머님과 같은 수준의 공감과 처세술과 감정절제를 요구하시면 안돼요.

어머니의 마음은 이해해요. 아주 많은 학부모님들이 자녀를 자신보다 나이가 한참이나 어린, 아직은 감정표현에 미성숙한 인격체라는 것을 인지하지 못할 때가 많아요. 매일 얼굴보고, 매일 같이 밥먹고, 매일 대화를 하니 친구같이 느껴지기 때문에 그런거에요. 어머니만 그런 것이 아니라 아주 많은 학부모들이 자녀를 자신과 같은 수준이라고 착각을 해요.

자녀가 감정표현이 서툴다고 판단되시면 어머니가 온유한 말로 가르쳐주시면 되요. 어머님은 어른이시고, 효민이는 배워야 할 것들이 많은 아이니까요. 그리고 어머니도 성숙한 감정표현을 하셔야 하구요. 아이는 부모를 보고 배우거든요."

효민이 어머니는 나의 모든 말이 끝나자 나의 말을 수긍을 하였고, 자신의 서툰 감정표현과 자녀가 아직 나이가 어리다는 사실을 잊을 때가 많다는 것을 인정하셨다.

사실 효민이 어머님과 같이 친한 관계에서나 이런 대화가 가능하지 다른 부모님들과는 이런 대화를 하기는 쉽지 않다.

실제로 학부모들 중에는 효민이 어머니와 같이 자녀가 자신보다 한참 어린 아이라는 것을 인지하지 못하는 경우가 상당히 많다. 이것을 인지하지 못하니 자녀에게 어른의 처세술을 기대하고, 어른의 성숙한 감정표현을 기대하고, 어른의 생각의 깊이를 기대한다. 이것은 사주팔자와 상관이 없고, 인격의 성숙과는 상관이 없다. 같은 공간에서 오랫동안 같이 생활하다보면 겪게 되는 어쩔 수 없는 착각인 것이다.

아이는 아이다. 당신과 같은 수준의 처세술과 당신과 같은 감정표현과 당신의 생각의 깊이를 기대하지 않기를 바란다. 어른인 당신이 아이인 자녀를 이해하고 가르치고 보듬어야 한다는 사실을 잊지 않기를 바란다.

아이가 순종적인 것을 문제 삼는 부모는 없다. 대개 반항적인 경우 부모는 문제를 느낀다. 그럼에도 불구하고 우리의 교육방식은 아이에게 야망을 갖게 하고 과대망상을 품게 하는 방향으로 이루어지고 있다. 가정에서든 사회에서든 다른 사람보다 더 훌륭하고 뛰어난 사람이 되어야 하는 것이다. 이러한 교육 방식은 아이의 정신발달에 큰 장애 요소가 된다.

—
항상 나를 가로막는 나에게
〈저자 알프레드 아들러. 편저 변지영. 출판사 카시오페아. 2014. 6. 12〉

지랄총량의
법칙

나에게 다른 호소를 하는 부모님도 많이 있었다. 자신은 자녀에게 비교나 비난을 한 적이 없고, 말을 거칠게 한 적도 없으며, 학업에 대한 스트레스는 한 번도 주지 않았는데 자녀가 부모와 사회에 대한 반항심이 심하다고 말하는 학부모들도 있다. 자녀의 사주 년월에 편재와 상관이 있는지 확인해 보기 바란다. 편재는 본인이 하고 싶은 것만 하는 극단적인 성향을 나타내고, 상관은 강자에게 강하고 약자에게 부드러운 반골성향을 의미한다. 만약 식신이나 인성도 없다면 반항하는 기운이 더 강할 것이다.

강아지를 키우는 견주들에게 쓰는 단어 중 지랄총량의 법칙이라는 말이 있다. 강아지들은 평생 지랄할 양이 정해져 있고 리트리버는 2살까지 그 양을 모두 채우기 때문에 2년 후부터는 얌전해진 다고 한다. 말티즈는 5년까지 지랄할 양을 채우고 5년 후부터는 얌 전해지고, 보더콜리는 중년이 넘어가야 좀 얌전해진다고 한다. 학생 들을 가르치면서 지랄총량의 법칙은 강아지들에게만 해당되는 법칙 이 아니라는 것을 깨달았다.

보통 년주에 편재와 상관이 있으면 청소년기 때 인생에서 하는 모 든 지랄총량을 전부 채우려고 한다. 강아지로 비교하면 리트리버에 해당된다고 할 수 있겠다. 년주와 월주에 같이 있으면 20대까지 지 랄총량을 채운다. 강아지로 비교하면 말티즈 정도가 되겠다. 그런데 년월일에 모두 있으면 평생에 걸쳐 지랄총량을 채우다가 말년이 돼 서야 정신을 차린다. 강아지로 비교하면 보더콜리 정도가 되겠다. 이것도 그나마 나은 것이다.

내가 알고 지내던 언니 한분은 월지에 상관, 시지에 편재가 있고 월일시 지장간에도 계속 편재가 들어와 있다. 지장간에 있는 글자는 자신의 욕망을 다른 사람들 몰래 실행하는 것을 의미한다. 역시 연 속으로 있으면 그 기운도 강해진다.

언니는 10대 때 착하고 순한 학생으로 부모님 말씀에 반항 한번 안 했다. 20대 중반에 같은 동네의 오빠와 결혼해서 자녀도 낳았다. 그런데 30대부터 바람을 피우기 시작했다. 바람도 한 놈이 아니라

이놈 저놈 갈아타면서 피웠다. 물론 남편은 몰랐다.

40대가 되니 바람기는 사라지고 돈을 벌겠다고 주식을 하기 시작했다. 남편 몰래 집문서를 담보로 대출받아서 주식하다가 2억을 날렸다. 열받은 남편은 언니 앞으로 되어있는 모든 재산을 자신의 명의로 바꿨다. 언니는 빚을 갚겠다고 밖으로 나돌기 시작했다. 2년을 넘긴 직장도 없으며, 1년에 3~4번씩 이직을 했다.

50대가 되니 이번엔 명품수입에 관련된 사업을 한다고 해외를 왔다 갔다 했다. 해외에서 만난 남자와 바람이 났는데 알고 보니 사기꾼이었다. 결국 동생에게 빌린 거액의 돈과 대출받은 돈까지 전부 다 날렸다. 남편은 언니와 이혼을 했고, 언니는 친동생의 집에 얹혀살면서 다른 사업을 하려고 준비 중이다. 개들 중에서도 이런 종자는 없다.

청소년기에 지랄총량을 모두 채울수록 나이가 들면 누구보다 빨리 정신을 차리고 삶을 안정적으로 살아가는 사람들이 많다. 20살부터 지금까지 가르친 학생들 중에서 사회인이 되어 있는 사람들 모두를 통계 내봐도 지랄총량의 법칙은 진리이다. 그러니 청소년기에 심한 반항과 본인 좋은 것만 하겠다는 편중된 학업방식에 너무 염려하지 않기를 바란다. 어린 시절 얌전하고 성인이 된 이후 지랄총량을 채우는 것보다 짧고 굵게 빨리 지나가는 편이 더 나을 수도 있으니 말이다.

십 대 자녀의 반항은 일시적인 현상이라는 걸 잊지 않기를 바란다. 하지만 이런 반항이 개성화 과정의 한 부분임을 이해하지 못하고 큰 문제로 만들어 버린다면, 성인이 되어서도 그 반항은 끊이지 않을 것이다. 부모가 친절하고 단호한 양육법을 사용하면 자녀의 반항은 다소 줄어들 수 있다. 하지만 개성화를 정상적인 성장과정에서 받아들이지 않으면 자녀의 반항은 더 격렬해질 수 있다.

만약 당신이 그저 편안한 마음으로, 아이들이 자기 생각을 만들어가는 실험을 하는 중이라는 것을 기억한다면 자녀가 성장하는 과정을 함께 즐길 수 있을 것이다. 또한 당신이 편하게 마음먹으면, 자녀가 지금 보이는 모습이 결코 부모의 모습은 아니며 어른이 되어서 자녀가 그런 사람으로 살게 되는 것도 아니라는 것을 믿게 될 것이다. 이와 같은 태도를 가진다면 지금 일어나는 일에 쉽게 흔들리지 않고 장기양육에 집중할 수 있으며, 자녀가 믿을 수 있는 가이드, 퍼실리테이터(Facilitator)가 되는 법을 배울 수 있다.

—
긍정의 훈육
〈저자 제인 넬슨, 린 로트. 옮긴이 김성환, 정유진.
출판사 에듀니아. 2018. 6. 22〉

제 6 장

혜영아 고마워

안녕,
오랜만이야 혜영아

어제 꿈에 바닷가 앞에서 너와 대화하는 꿈을 꾸었어. 20대 이후로 널 본적도 만난 적도 없어서 내 기억에서 지워진 줄 알았는데, 20년 만에 꿈에서 너를 만나니 슬프면서도 반갑더라고. 오랜만에 본 너의 모습이 좋아 보였기 때문이었는지, 너와 나눈 대화가 너무 심오했기 때문이었는지, 그 철없던 청소년시절의 일들이 머릿속에서 연달아 떠오르기 시작했어. 그리고 내가 힘들었던 그 질풍노도의 시기에 네가 아니었다면 나의 인생이 완전히 다르게 흘러갈 수도 있었겠구나라는 생각이 들었지.

그때 철없고, 경박하고, 천방지축 나하고 싶은 대로만 하려고 했던 나를 왜 그렇게 다 받아줬는지 불현듯 너의 사주가 궁금해졌어. 그래서 아침에 일어나자마자 바로 풀어봤지. 생일은 어떻게 기억했냐고? 네가 항상 123이라고 나에게 밥먹듯이 말했잖아. ㅎㅎ 머릿속에서 지워지지가 않더라.

사주를 보자마자 바로 알았어. 인성이 발달한 *을축(乙丑)일주. 아… 그래서 그랬구나. 그래서 내가 그렇게 헛소리를 하고 엉뚱한 소리를 해도, 다 들어주고 웃어주고 호응해 준 거구나. 그래서 날 끌고 교회 가려고 그렇게 설득을 많이 한 거구나. 그래서 내가 너희 집에 그렇게 죽치고 있어도 집에 가라고 안 하고, 같이 밥 먹고, 같이 잠자고 했던 거구나. 그래서 내가 이기적으로 굴어도 나한테 불평하지 않은 거구나.

* 을축일주 : 성품이 온화하고 신앙심이 깊은 일주에 속한다. 겸손하고 자상하며 신앙심이 깊어 어느 종교든 깊은 믿음을 갖고 삶을 이겨나간다.

혜영아. 고마워. 네가 나를 끌고 주말마다 교회에 가지 않았다면, 난 그 시간에 공터나 놀이터에서 담배 피우고 본드 마시는 학생들과 어울렸을지도 몰라. 내가 우울한 표정으로 혼자 멍하니 있을 때 같이 밥 먹자고 식당에 끌고 가지 않았다면, 난 가출해서 집을 영영 떠났을지도 몰라. 그날 어두운 골목길에서 내가 혼자 앉아 있을 때 네가 옆에 같이 앉아 있어주지 않았다면, 난 자살했을지도 몰라. 그 시절에 네가 없었다면, 나는 이미 탈선해서 교도소에 있거나 술집에서 일하는 삶을 살고 있을지도 몰라. 나는 그때 부모님 때문에 너무 힘든 시간을 지나고 있었어.

너는 교양 있고 점잖은 집에서 가정교육을 잘 받은 양반집 딸 같았고, 나는 시골에서 개 풀 뜯어 먹고 자란 시고르자브종 같았어. 너는 고요하고 따뜻한 미소가 있었고, 나는 천박한 요란함이 있었지. 너는 기품 있는 말투와 지적인 행동이 있었고, 나는 경박한 말투와 실속 없는 허세만 있었어. 그래서 나는 너와 같이 있는 게 너무 편하고 좋았나 봐. 학교가 끝나면 너의 집에 가고, 방학 때도 너의 집에 가고, 수영도 같이 배우고, 교회도 같이 다니고, 숙제도 같이 하고, 너랑 모든 것을 같이 하려고 했잖아. 너는 거절하는 법이 없었지. 너무 내 멋대로 해서 화날 법도 했을 텐데, 왜 나한테 그렇게 친절했던 걸까? 내가 가스라이팅을 했던 걸까? 사주를 보고 의심이 됐어. 내가 아주 못되게 행동해도 그냥 받아준 걸 수도 있다고.

수기운 인성과다는 가스라이팅을 당하면서 주어진 상황에 그냥 끌려갈 수도 있거든. 너는 년월이 모두 수기운이고, 년월이 모두 정인과 편인이더라.

혜영아. 내가 너를 힘들게 했다면, 진심으로 너에게 사과할게. 숨막히는 가정에서 벗어나 너와 있는 시간이 편하다고 느껴져서 지켜야 하는 선도 넘었었나 봐. 내가 너에게 상처 주고 슬프게 만들었던 일이 있다면 진심으로 사과할게. 용서해 줘. 정말 미안해.

강변의 들판에 내 사랑과 나는 서 있었지.

기울어진 내 어깨에 그녀가 눈처럼 흰 손을 얹었네.

강둑에 풀이 자라듯 인생을 편히 받아들이라고 그녀는 말했지.

하지만 나는 젊고 어리석었기에 이제야 눈물을 흘리네.

—

윌리엄 버틀러 예이츠

이제야 너에게
말하는 구나

내가 나의 변명을 해보자면 - 물론 그때 너에게 단 한 번도 나의 부모님에 대해 말하지는 않았지만 - 나의 아버지는 분노조절장애 성향이 강했고 어머니는 자기애성 인격장애 성향이 강했어. 이 사실을 알게 된 건 5년 전이지만 그때 너의 부모님을 보면서 나의 부모님이 평범하지는 않다는 건 알고 있었어.

너의 아버지는 참 점잖으시고 인자한 분이셨지. 너의 초등학교 졸업식에 가지 못한 것도 미안하시다며 용돈을 쥐어주시는 세심한 분이셨고, 너의 부모님 결혼기념일에 선물로 받은 케이크를 나를 불러 같이 먹자고 할 만큼 마음이 넓은 분이셨지. 그런데 나는 살면서 단 한 번도 너의 아버지 같은 말투와 미소를 나의 아버지에게서는 볼 수가 없었어. 나의 아버지는 화가 많았고, 매정했고,

권위주위적이었고, 가부장적이었지.

나는 아버지가 싫었어. 아버지와 같이 있는 주말이 너무 싫어서 주말마다 너와 교회를 같이 가고, 아버지가 퇴근하는 시간엔 너의 집에서 놀았던 거야.

생각해 보면 너의 어머니는 신앙심이 참 깊었어. 내가 참 주책스럽고 수다스러울 때도 있었을 테고, 너와 붙어 다니는 게 싫었을 수도 있었는데, 날 위해서 많은 것들을 해 주셨잖아. 집에 그렇게 자주 오면 눈치를 줄법도 한데 항상 맛있는 간식을 만들어 주시고, 때 되면 밥도 주시고, 날 위해 기도도 해주셨잖아. 너는 옥탑방에서 4가족이 살았지만 30평 아파트에 살면서도 인색한 나의 어머니와는 다르게, 너의 어머니는 마음이 넉넉하고 인심이 좋은 분이셨지.

명리학에서는 월주의 지지 자리를 어머니 자리라고 해. 너는 어머니자리에 정인이 있더라. 정인이면 제일 좋은 어머니라고 많이 말하거든. 따뜻하고 사랑이 많은 어머니. 자식이 필요한 것들을 잘 챙겨주고, 자식들 이야기도 잘 들어주고, 교육에도 신경 써 주시는 어머니.

나의 어머니자리는 상관이야. 상관이면 어머니 중에 제일 좋지 않다고 말하곤 하지. 물론 나의 사주와 어머니의 사주가 어떤 궁합이냐에 따라서 작용이 조금씩 다르고, 어머니의 성향이 어떠냐에 따라서 최악이 되거나, 아니기도 해.

통계 tip

사주의 4기둥 중에서 월주를 부모자리라고 하기도 하고, 본인의 직업의 자리라고 하기도 한다. 월주의 천간은 아버지자리, 월주의 지지는 어머니 자리로, 그 자리의 십성이 무엇이냐에 따라 부모님과의 관계를 볼 수 있다. 정서적인 영향은 어머니가 더 크다고 생각해 어머니에 대한 부분만 따로 분석해 보았다. 사주원국이 어떠냐에 따라서 극복이 되기도 하고, 안되기도 하고, 자신의 정서가 평안하기도 하고, 불안하기도 하니 단순하게 월주의지지 자리만 보지 말고 어머니의 사주와 함께 보는 것을 추천한다.

1) 정인(♥♥♥♥♥) : 자식을 가장 잘 챙겨주는 어머니이다. 자신이 할 수 있는 모든 것을 해서 자식이 필요한 것을 채워주려고 하고, 자녀의 삶이 평안하고 안정적이 되도록 기도와 헌신을 아끼지 않는다. 그러나 너무 과도한 관심과 애정이 오히려 자녀로 하여금 평생 어머니를 벗어나지 못하도록 만들기도 한다.

2) 편인(♥♥♥♡♡) : 어머니가 크게 신경 써주지도 않지만 해달라는 것을 딱히 안 해주지도 않는다. 그러나 세심하게 챙겨주거나, 마음의 안정을 주지는 않는다. 어머니의 삶도 자녀의 삶도 중요하다고 생각하기 때문에 과한 관심을 갖고 지나치게 돌봐주려고 하지는 않는다. 간섭을 싫어하는 자녀에게는 오히려 편하다고 느껴질 수도 있다.

3) 비견(♥♥♡♡♡) : 어머니는 나와 친구다. 대화가 잘 통하고 같이 여행도 잘 다니지만 싸움도 잦을 수 있다. 나를 보호해 주는 어머니보다 정서적으로 편안함을 느낄 수 있지만 친구는 give and take가 확실하다. 무조건 희생하고 베풀어주는 어머니는 아니라는 의미이다.

필자가 통계를 낸 바로는 비견의 관계가 가장 평화로운 관계인 것 같다. 자녀도 어머니도 삶을 어느 정도 독립적으로 살아가고 각자의 삶을 존중해 주기 때문에, 오히려 서로 평안하게 느끼는 것 같다. 그러나 힘든 일이 있을 때 무작정 의지할 존재가 어머니는 아니라는 것도 알아둬야 한다. 기대감을 갖고 있다가 배신감을 느끼면 마음에 상처가 생길 수 있으니 어머니에게 너무 의존하지는 않기를 바란다.

4) 겁재(♥♡♡♡♡) : 경쟁의식이 강하다. 어머니가 사회에서 열등감이 있는 것인지 투쟁의식이 있는 것인지 약간 헷갈릴 때가 있다. 자녀가 사회에서 살아남게 하기 위한 말을 자주 한다. 자녀가 이길 수 있도록 힘을 줄 의도인지, 자신이 도울 수 없는 것을 미안하게 생각하기에 그런 말을 하는 것인지 필자도 의중을 알기가 힘들다. 자녀입장에서도 잘 모르겠다고 하니 정의 내리기 어렵다. 그러나 따뜻한 사랑의 말이나 감싸 안아 주는 행동은 없는 것으로 보아 투쟁적 성향이 내재되어 있는 것 같다.

5) 식신(♥♥♥♡♡) : 사교적인 것을 중요하게 생각하는 어머니이

다. 자식에게 경쟁보다는 사람들과의 관계에서의 처세술을 교육한다. 어머니 자리에 식신이 있는 학생의 경우, 어머니와 상담전화를할 때도 대화가 나긋나긋하고 온유한 태도를 갖고 있다. 집에서는그렇지 않더라도 일단 대외적으로는 그렇게 행동하신다. 자녀들의행동이나 말투가 타인이 보기에 거부감이 느껴지지 않는다면 크게관여하지는 않지만, 항상 타인이 자신의 자녀를 어떻게 볼 것인가를 마음속으로 생각하고 있다. 사회성을 길러 주기에는 좋은 유형의 어머니가 아닌가 생각한다.

6) 상관(♥♡♡♡♡) : 월주의 지지에 상관이 있으면 20대에 어머니와 갈등관계를 피할 수 없는 것 같다. 통계상 어머니와 사이가 좋지않은 학생들과 지인들의 80% 이상이 상관의 어머니 유형이다. 어머니가 자식에게 바라는 것이 많고, 자식에게 정서적으로 많이 의지하고 있다. 그러나 관심과 사랑은 아들에게 더 많이 주거나 첫째에게 쏠려 있다. 자녀입장에서 서운하고 화가 나는 것들이 한두 가지가 아니다.
어머니자리가 상관이면 보통은 어머니사주를 같이 풀어보고 어머니의 성향을 파악하기를 추천한다. 어머니와 자신의 궁합이 최악이면 멀리 떨어져 가끔 보고, 어머니와 궁합이 최악까지는 아니라면20대 시절만 지나가면 성인이 되어 관계가 좋아지기도 한다. 그러나 항상 어머니는 부모가 아니라 자식으로 느껴질 것이다.

7) 정재(♥♥♥♥♡) : 물질적 안정과 사회적 안정을 가장 중요하게

생각하는 어머니의 유형이다. 과한 출세욕이나 성공은 바라지 않는다. 자녀가 세상을 살면서 크게 고난 없이 평탄하게 살기를 바라고, 그런 환경을 제공해 주기 위해서 노력한다.

이런 경우는 어머니의 삶이 두 가지 중 하나로 갈린다. 자신이 불안정한 상황에서 살았기에 자녀가 안정된 환경에서 살기를 바라는 유형과, 자신도 물질적으로 사회적으로 안정된 생활을 살아보니 마음이 평안했기에 자녀도 그렇게 살기를 바라는 유형이다. 전자의 경우 자신이 희생한 부분을 자식에게 자주 말하다 보니 자녀의 입장에서 감정이입이 되어 어머니를 안쓰럽게 생각하는 경우가 많다.

8) 편재(♥♥♥♡♡) : 자녀가 하고 싶은 일에 도전하고 성취하고 때로는 쉬기도 하면서, 말 그대로 삶을 여행으로 여기고 원하는 것을 다 하기를 바라는 어머니들이 많았다. 그런 삶을 강요하거나 옳다고 주장하지는 않는다. 태어난 김에, 사는 김에, 그곳에 가본 김에, 할 수 있는 것을 하라는 것이다.

어머니자리가 편재인 학생들 중에 물질적 여유가 있으면, 실제로 어머니가 어린 시절 해외에 데리고 나가서 살아본다거나, 자퇴나 휴학에 대해서 관대하거나, 유학을 가는 것에 대해서 적극적으로 지원을 해주는 등 폭넓은 경험을 할 수 있도록 많은 지원을 해준다.

9) 정관(♥♥♥♥♡) : 말 그대로 관(官)을 중요하게 생각하는 어머니 유형이다. 벼슬에 오르라는 의미가 아니라 세상에서 요구하는 이미지에 부합하는 관을 쓰라는, 즉 그 나이에 맞는 도리를 하라는

것이다. 청소년은 중학교에 다니는 것이 어울리는 관이고, 청년은 대학교를 졸업하고 취업을 하는 것이 어울리는 관이고, 사회인은 직장생활을 성실하게 잘하는 것이 어울리는 관이다. 어린아이가 어른에게 예의 있게 행동해야 하는 것이 바람직한 관이고, 언니라면 언니로써 동생들을 보살피는 것이 바람직한 관이고, 조부모들에게는 말투와 행동에 공손함을 갖추어야 하는 것이 바람직한 관이다.

그래서 정관의 어머니는 자녀가 다른 사람과 너무 이질적인 삶을 계획하거나, 예의에 어긋나는 행동에 대하여 단호하다. 어린 시절부터 그렇게 교육을 시키니 사회에 나가서도 바른 행동을 하고 직장에서도 잘 정착하게 된다.

그러나 너무 바른 생활방식을 가르치면 사회에 나가서 다른 사람들의 눈치를 보느라 자신에게는 스트레스가 쌓일 수 있다는 것을 염두해 두기를 바란다. 바른 생활방식과 함께 바른 자신의 의사표현 방식도 같이 교육하면 좋겠다.

10) 편관(♥♥♥♡♡) : 편관의 어머니들은 마음속에 한이 있는 것 같았다. 권력을 갖지 못한 한이나, 가난에 대한 한이나, 자신을 펼쳐보지 못한 한이 있어서 그런 한을 자식에게 은연중에 표출하고, 자식도 그 영향을 받는다. 어머니가 자녀에게 무모하게 도전을 시키거나, 강요하지는 않는다. 필요한 부분을 안 해주지도 않고, 요구하는 것을 무시하지도 않는다. 그러나 자식이 세상에 나가서 뜻을 펼치고 도전하고 성취하는 것을 원한다.

어머니자리에 편관이 있고 연월의 자리에 상관이나 편재가 동시에 있다면, 부모님과 갈등으로 나타날 확률이 높다. 자신이 원하는 도전과 부모님이 원하는 도전의 종류가 다를 때, 사이가 나빠지기도 하고, 도전의 종류가 같으면 사이가 좋아지기도 한다.

20대에 친구의 외숙부가 운영하는 철학관에 사주를 보러 간 적이 있어. 친구들은 본인 생년월일시만 가지고 사주를 풀어주시는데, 내 사주를 보시고는 어머니 생년월일을 알려 달라고 하시더라고. 처음엔 내가 어머니와 인연이 깊은가? 그런 생각으로 알려 드렸지. 그런데 그 반대였어. 어머니의 사주를 보시고 그분이 나에게 해주시는 말씀이 어찌나 거칠던지 내 기억 속에서 잊히지가 않아. 어머니와 나의 궁합은 매우 좋지 않기 때문에 멀리서 살면서 가끔 봐야 한다고 말씀하셨지. 사실 그때는 명리학에 관심도 없었고, 나의 어머니를 너무 최악으로 말하는 것 같아서 기분이 나빴거든. 그런데 20년이 지난 지금 나도 명리학을 공부하고 깨달았어. 그분이 왜 그렇게 말씀을 하셨고, 왜 나에게 빨리 독립해서 나가라고 하셨던 건지.

내가 통계 낸 바에 의하면 자녀와 어머니의 궁합이 좋지 않은 패턴은 정해져 있어. 여기 7가지 중 5가지 정도면 최악은 면할 수 있지만 6가지 이상이라면 멀리 살면서 가끔 만나는 것이 본인의 정신적 평안에 좋아.

1. 본인의 년주나 월주 자리에 4흉신 편관 편인 상관 겁재 중 3개 이상.
2. 본인의 사주가 무인성.
3. 어머니의 사주가 무인성.
4. 어머니의 사주에 현침살 2개 이상.
5. 어머니 사주에 귀문관살 원진살.
6. 어머니의 사주에 오화(午).
7. 어머니 사주 천간에 상관.

내가 명리학을 공부하면서 가장 깊게 연구했던 부분도 어머니에 대한 부분이었어. 나의 정신적 불안에 가장 큰 영향을 미친 분이라고 생각했기에 누군가 똑같이 이런 일을 겪고 있다면 가까이 지내지 않는 방법이 있다고 알려주고 싶었거든.

물론 사주가 모두 맞다고 생각하진 않아. 그리고 사주는 자신의 재능을 발견하는 용도와 단점을 극복하는 용도, 더 나아가서 대운을 읽어 기회를 잡는 용도로만 사용하는 게 좋다고 생각해. 그런데 재능을 발견하고 대운을 잘 활용하려면, 부모님의 말을 듣지 말아야 하는 사람도 분명하게 있어. 우리 어렸을 때는 부모님 말씀 잘 듣는 게 좋은 거라고 교육받았고, 우리도 그렇게 믿었잖아? 그런데 아니야. 부모의 말을 듣지 않아야 자신의 삶을 사는 경우가 생각보다 정말 많고, 특히 어머니의 자리는 자신의 정서적 안정감과 직결되기 때문에 빨리 깨닫고 방법을 찾는 게 중요한 것 같아.

　사주에 오화(午)가 있고 천간에 상관이 있는 사람은 자신의 감정과 느낌을 아주 솔직하게 전부 말하는 경향이 있어. 나의 어머니도 자신의 감정을 너무 솔직하게 말씀하셨지. 어머니는 왜 가족 중에서 나만 붙잡고 그런 말을 하셨던 걸까. 시시때때로 한숨을 푹푹 내쉬며 아버지, 오빠에 대한 불평, 자신의 외모에 대한 불평, 아버지 형제에 대한 불평, 아버지 형제의 아내들이 대한 불평, 가난에 대한 불평, 관심받지 못하는 것에 대한 불평들을 많이 늘어놓으셨어.

　나는 이런 어머니와 같은 공간에 있는 것이 불편해서 너의 집에서 죽치고 살다시피 했지만, 내가 그 모습을 피해 갈 수는 없었나 봐. 나도 한숨을 자주 쉬고 불평이 많았다는 걸 20대에 알게 되었어. 나에게 어머니의 모습이 있다는 것을 발견하고 얼마나 슬펐는지 너는 아마 모를 거야.

　사실 가장 슬펐던 건 어머니의 매정함이었어. 내가 안아달라고 하면 퉁명스럽게 저리 가라고 밀거나, 번개 치는 날 무섭다고 같이 자달라고 말하면 쓸데없는 소리 하지 말고 혼자 자라고 눈을 흘기거나, 친구의 죽음으로 슬퍼하고 있을 때 그런 걸 가지고 슬퍼하냐며 혀를 끌끌 차셨지.

　나에게 매정하게 대하는 것을 즐겨하시는 것처럼 보였어. 사랑을 갈구하는 자식에게 권력을 누리듯이 보였고, 매정한 자신의 모습에 아파하는 나의 모습을 즐기시는 듯이 보였고, 내가 어머니의 감정변화에 영향을 받는다는 것을 알고 이용하는 것 같이 보였어. 그러나 명리학을 공부하고 나서 어머니가 의도해서 그런 행동을 했던 것이 아니라, 그저 본인의 성향대로 행동하셨다는 것을 알게 되었어.

나의 어머니는 신축(辛丑)일주야. 신축일주는 원래 차갑고 매정한 성향이 있어. 자기애가 강하고 시기질투가 많아서 자신이 받아야 할 관심을 다른 사람이 받으면 잘 견디지 못해.

몇 년 전에 유명한 여배우가 남자친구를 가스라이팅 했던 내용의 카톡이 공개되어 논란이 된 적이 있어. 그 여배우의 사주도 신축일주야. 아마 그 여배우도 자신이 제일 돋보이고 잘 나야 한다는 강박관념이 있었을 거야. 만약 이런 관종적 성향이 충족되지 않으면 자신보다 돋보여 보이는 모든 사람들을 비교하며 불평을 하지. 그래서 나의 어머니도 다른 사람들과 비교를 많이 하셨던 것 같아. 다른 집 아버지의 재력, 다른 집 자식들의 학벌, 다른 집의 평수, 다른 집의 비싼 가구들, 다른 집의 고급스러운 그릇들, 다른 어머니들이 입는 옷의 가격까지.

나는 어머니가 나를 정말 쓸모없다고 생각하신다고 받아들였고 자존감은 계속 낮아졌어. 하지만 어머니는 내가 쓸모없다고 생각해서 그랬던 것이 아니라, 원래 남에게 시기질투를 많이 느끼는 성향이었던 거야. 정서적으로 성숙하지 못했기 때문에 자기반성과 절제 없이 너무 솔직하게 다 드러내셨던 거지.

주변인에게 상처를 주는 많은 사람들도 역시나 그래. 사주가 문제가 아니라 그들의 성숙하지 못한 표현방법이 관계에 문제가 되는 거야. 나는 나의 부모님만 그런 줄 알았는데 학생들을 가르치고 학부모와 상담을 하면서 깨달았어. 세상엔 아직도 정서적으로 미성숙한 사람이 너무나 많아.

사주에서 일주는 자기 자신이라고 하고 *60가지 종류가 있어. 요즘 사람들은 MBTI를 많이 보던데, 난 MBTI보다는 일주가 더 정확한 것 같아. 어떤 일주는 시기질투가 강하고, 어떤 일주는 자존심이 강하고, 어떤 일주는 아기같이 순수하고, 어떤 일주는 배우자복을 타고났고, 어떤 일주는 바람기를 타고났고, 어떤 일주는 모성애가 강하고, 다 제각기 특징들이 다르고, 그 특징들이 장점이 되기도 하고 단점이 되기도 해.

* 60일주 :

1. 겁재일주 - 병오, 정사, 임자, 계해
2. 비견일주 - 기축, 기미, 경신, 시유, 갑인, 을묘, 무진, 무술
3. 상관일주 - 갑오, 을사, 경자, 신해
4. 식신일주 - 무신, 기유, 임인, 계묘, 병진, 병술, 정축, 정미

5. 편인일주 - 신축, 신미, 임신, 계유, 병인, 정묘, 경진, 경술

6. 정인일주 - 갑자, 을해, 무오, 기사

7. 편재일주 - 병신, 정유, 경인, 신묘, 갑진, 갑술, 을축, 을미

8. 정재일주 - 무자, 기해, 임오, 계사

9. 편관일주 - 임진, 임술, 계축, 계미, 갑신, 을유, 무인, 기묘,

10. 정관일주 - 병자, 정해, 경오, 신사

통계 tip

60일주 중에서 4흉신에 해당되는 겁재, 상관, 편인, 편관 일주는 관계적 측면에서 불리한 면이 많다. 4흉신이 있는 일주에 금(金)기운의 글자가 월주에 같이 있으면 상대방에게 상처가 되는 말을 잘한다. 결국 주변사람들은 상처를 받아 떠나고 본인은 외로움을 호소한다. 그러나 실상 상담자와 대화를 해보면 자신이 남에게 상처가 되는 행동을 하고 있다는 것을 모르는 경우가 대부분이다.

4흉신 일주라고 해도 자신의 사주구성에 따라 성향이 다르게 나타나기 때문에 너무 맹신하거나 타인을 판단하는 잣대로 사용하지는 말았으면 한다. 통계의 목적은 자신을 돌아보고 단점을 고치기를 것에 있지, 나와 타인을 비난하는 잣대가 아니라는 것을 명심하기를 바란다.

1) 겁재일주는 자존심이 강하고 자기주장을 거침없이 하는 편이다.

2) 상관일주는 잔소리가 심해서 옆에 있으면 피곤하다.

3) 편인일주는 혼자 과대망상을 잘하고 감정기복이 심하다.

4) 편관일주는 자존심이 강하고 부정적이다.

신성한 사랑은 상대방이 존재하기를 원하는 방식대로 그 사람이 존재하도록 허용하고 원하는 것이다. 신성한 사랑이란 모든 존재를 동등하게 보는 것이며, 그렇게 받아들이는 것이다.

—

세도나 마음혁명
〈저자 레스터 레븐슨. 헤일 도스킨. 번역 아눌라 스님.
출판사 샘앤파커스. 2016. 10. 4〉

모든 사주는
장점과 단점이 섞여 있어

모든 사주는 장점과 단점이 섞여 있듯이 나의 어머니도 그래. 나의 어머니와 너는 일주의 지지 자리에 축(丑)을 깔고 있어. 축(丑)은 소를 의미하거든. 일주 지지자리에 이 글자를 깔고 있는 사람들은 인내를 잘해. 어떤 환경에서도 자신이 목표한 것을 끝까지 이루려고 묵묵히 자신의 길을 가거든. 공부를 오랜 시간 엉덩이 붙이고 한다던가. 운동을 끈질기게 한다던가. 특정 기술을 끝까지 파서 전문가가 된다던가. 그리고 가장 특징적인 부분이 재물을 차곡차곡 잘 모은다는 거야.

너는 공부를 참 잘했잖아. 오랜 시간 책상에 앉아서 움직이지도 않고 공부를 했었지. 그 덕분에 교대에 입학했고, 20대 초반에 초등학교 선생님이 되어 친구들 중에서 가장 빨리 안정된 생활을 시작했어. 그 당시에 교대에 들어가려면 수능점수가 거의 1등급이어야 했잖아. 네가 책상에 앉아 그렇게 오랜 시간 공부를 할 때 항상 대단하다고 생각했어.

나의 어머니는 재물을 차곡차곡 모으는 능력이 아주 좋았어. 낭비라는 글자는 어머니의 사전에 없었고 그걸 넘어서 거의 구두쇠에 가까웠지. 세수를 하고 난 이후 물은 전부 화장실 변기 내리는 물로 재활용을 해야 했고, 방에는 절대 형광등을 켜면 안 되고 작은 탁상용 스탠드를 켜야 했어. 거실의 대형 TV는 장식용이었고, 안방에 있는 구식 텔레비전만 볼 수 있었지. 외식은 짜장면 이상은 절대 못 먹었고, 그 외식도 일 년에 한 번 할까 말까였어. 오빠가 쓰던 학용품은 나한테 다시 쓰게 했고, 심지어 오빠가 쓰던 문제집도 전부 지우개로 지우고 나에게 주셨어.

너랑 친해진 건 초등학교 5학년 때였지? 그런데 사실 우리 집도 정말 가난했거든. 초등학교 2학년 때까지 푸세식 화장실이 있는 단칸방 월세를 몇 번씩 이사하면서 살았고, 초등학교 5학년 때까지 방 두 칸 전세에 살다가, 드디어 초등학교 5학년 때 방 3칸에 거실도 있는 아파트로 이사를 간 거였어. 그리고 너를 그때 만났으니까 생각해 보면 좀 살만해질 때 만난 거였어.

나의 어머니는 가난한 환경에서도 인내했고, 아버지가 분노조절장애 성향이 있음에도 참았고, 동전하나 물 한 방울 아끼고 아껴서

차곡차곡 돈을 모아 아파트까지 장만했으니 축(丑)의 장점이 인내와 재물 모으는 것이 맞다고 할만하지 않아? 가난하다고 자식 버리고 다른 남자한테 시집가는 어머니들도 있고, 도망가서 아예 연락도 안 되는 어머니도 있잖아. 나는 어머니가 정말 대단하신 분이라고 생각해. 나 같았으면 아버지 같은 남자와 살지도 못했을 거고, 그렇게 절약해서 집을 장만하지도 못했을 거야.

혜영아, 나는 진심으로 너의 인내와 어머니의 인내를 존경하고 너무 닮고 싶어. 그러나 모든 장점은 단점을 같이 갖고 있어.

자신의 일주 지지 자리에 축(丑)이 있는데 대운에서 오(午)가 올 때, 또는 자신의 일주 지지 자리에 오(午)가 있는데 대운에서 축(丑)이 올 때, 그리고 사주의 지지자리에 축(丑)과 오(午)가 동시에 있는 경우, 이것을 오축(午丑) 귀문관살 원진살이라고 해. 여기에 만약에 아래의 4가지에 모두 해당하면 자신이 통제할 수 없는 정도의 감정기복이 나타나.

1. 사주 8글자 중 5글자 이상 *음기를 나타내는 글자인 경우.
2. 편인과 겁재가 있는 경우.
3. 상관이 천간에 있는 경우.
4. 갑(甲)목이나 묘(卯)목이 없는 경우(갑목이나 묘목은 축의 습기를 제거해 주는 역할을 한다.)

귀문관살 원진살은 6가지 종류가 있어. 자미(子未)원진, 축오(丑午)원진, 인유(寅酉)원진, 묘신(卯申)원진, 진해(辰亥)원진, 사술(巳戌)원진이 있고, *한난조습(차가움, 따뜻함, 건조함, 습함)과 관련해서 만들어진 살이야. 귀문관살은 다른 말로 탕화살(湯火殺)이라고 불러. 넘어질 탕(湯) 불 화(火)자를 써서 뜨거운 물이나 불에 데어서 큰 상처를 입거나 큰 흉이 진다는 뜻이야. 이것은 단지 신체적 변고를 뜻하지는 않아. 음독자살, 정신질환, 분노조절장애, 데이트폭력, 의처증, 과한 집착, 과한 통제욕, 살인, 도박중독, 섹스중독, 마약중독, 알코올중독, 정신착란, 공황장애, 우울증 등. 자신뿐만 아니라 주변인들도 고통받게 하는 살(殺)이야.

자신의 사주 기운이 한쪽으로 쏠려있어도 적절하게 조율해 주는 글자가 있다면 폭발적인 감정기복을 피할 수 있어. 물론 6가지의 탕화살 모두가 나쁜 작용으로 자신의 삶을 망치는 단계까지 가지는 않아. 그러나 오축(午丑)탕화살은 에너지의 작용이 가장 폭발적으로 반응하고, 실제로 우발적 살인, 자살, 분노조절장애, 의처증, 집착증을 가지고 있는 사람들 90% 이상이 여기에 해당돼.

원수의 그 어떤 원한보다

미움의 그 어떤 저주보다

잘못된 내 마음이 내게 주는 재난은

이보다 더 큰 것이 없나니

—

법구경 3장 42절

〈저자 법구. 옮긴이 석지현. 출판사 민족사. 2016. 12. 30〉

탕화살
(湯火殺)

나랑 친하게 지내던 미란(가명)이라는 동생이 있었어. 새로운 것을 좋아하고 밖에 나가기를 좋아하는 성향이 나같은 집순이와는 정반대였기에 미란이랑 놀면 재미있었어. 미란이는 2년 전 사주상담을 해주다가, 남들에게는 말하지 못한 고민들을 나에게 말하면서 친해지게 되었어. 지금부터 내가 하는 이야기는 미란이는 사생활을 보호하기 위해서 일정 부분을 각색했으니 감안하고 읽었으면 해.

미란이는 20살 어린 나이에 결혼했어. 개인사업을 하고 있던 12살 많은 지금의 남편과 결혼을 했고 생활도 부유했어. 결혼을 하고 나서 5년 동안은 세상에서 자신이 가장 행복하다고 느껴졌어. 너무 행복해서 두려울 정도였지. 그렇게 5년이 지난 어느 날, 남편의 사업이 잘 안 풀리기 시작하면서 경제적으로 힘든 시간이 찾아왔어. 남편이 정신과 약을 먹어야 할 정도로 버티기가 힘들어지면서 행복도 끝이 났지. 이전에는 남편이 자신의 든든한 울타리같이 느껴졌는데, 더 이상 자신을 지켜준다는 느낌을 받지 못하자 남편이 싫어지기 시작했어. 그런 생활을 이어 가던 중 동창모임에 나갔다가 첫사랑인 정환(가명)이를 만났어.

정환이와 미란이는 중학생 시절 잠깐 만났었는데 미란이가 결혼을 하면서 멀어졌었어. 그 이후 정환이도 결혼을 하면서 연락이 완전 끊어졌어.

왠지 사랑과 전쟁의 스토리 냄새가 좀 나지 않아? 동창끼리 만나서 바람피우는 경우가 정말 많다면서? 미란이와 정환이도 마찬가지야. 이 둘은 그렇게 바람을 피우기 시작했어.

정환이의 아내는 이름이 수란(가명)이었어. 정환이가 미란이에게 말하길 '란'이라는 글자가 미란이와 똑같았기 때문에 수란씨를 만나기 시작한 것이었고 그래서 결혼까지 한 거래. 그 정도로 항상 미란이를 생각하고 있었고 잊지 못했다고 말했데. 나는 사실 이 말을 듣고 속으로 생각했어. '어떤 미친놈이 이름 한 글자가 같다고 결혼까지 하냐. 이걸 진짜 믿는 거야?' 미란이는 아주 철석같이 믿고 있었지. 세상에서 자신을 변함없이 사랑해 줄 유일한 사람이라고 생각하더라고.

수란씨의 부모님은 정환이를 많이 싫어하셨다고 해. 수란씨는 학교 선생님이었고, 정환이는 그냥 일반회사원이라고 무시를 많이 했데. 그것 때문에 자존심이 상해서 결국 장인장모의 집에 발길을 끊었고 수란씨와도 멀어지기 시작했어. 어린 자녀가 둘이나 있으니 이혼을 하기도 쉽지 않았겠지. 그런 와중에 미란이를 만나게 된 거야.

미란이는 정환이를 만나는 것이 행복했어. 남편과는 너무 다른 태도로 자신을 대해줬거든. 남편과 외식을 할 때는 남편식성에 맞는 고깃집에만 가야 하고, 고기를 먹으러 가면 자신이 다 구워서 접시에 올려 주어야 하고, 미란이가 무언가를 하고 싶다고 하면 일 벌이지 말고 집에 좀 있으라고 구박을 했어. 그러나 남편과는 달리 정환이는 데이트의 장소나 음식도 미란이가 좋아하는 양식에 맞추었고, 음식을 먹을 때 항상 자신의 그릇에 먼저 스파게티를 덜어 주었고, 미란이가 무엇인가를 하고 싶다고 하면 항상 응원을 해주었어. 무엇보다 성관계할 때 남편보다 더 오래 하고 더 만족도가 높았데.

정환이를 만날 때마다 돈은 미란이가 더 많이 썼지만 사랑받는 느낌, 자존감이 올라가는 느낌, 존중받는 느낌이 좋아서 계속 만났어. 정환이는 미란이에게 "사랑한다. 너밖에 없다. 세상에서 네가 제일 예쁘다."이런 말을 자주 했어. 미란이는 자존감이 아주 낮았기 때문에 그렇게 말해주는 누군가가 절실하게 필요했나 봐. 내가 보기엔 정환이가 미란이를 만나는 이유는 채워지지 않는 성욕을 해결하기 위함과 자신의 관종적 성향을 채우기 위함인 것같이 보였지만, 미란이는 자신을 사랑한다고 굳게 믿고 있었어.

남편이 사업을 다시 회복하려고 집 밖에서 열심히 일할 동안, 미란이도 직장 생활하면서 정환이와 열심히 바람을 피웠어. 그런데 미란이가 직장 내에서 다른 남자와 SP(sex partner)를 한다는 사실을 정환이에게 들키게 되었고, 그때부터 정환이의 탕화살이 드러나기 시작했어.

미란이는 *갑인(甲寅)일주에 목과다, 비겁과다야. 역마살과 고란살이 3개나 있어서 몸도 마음도 한 곳에 정착하기가 쉽지 않았고, 사주 안에 토기운이나 금기운도 없어서 여러 남자를 동시에 만나는 것에 대한 죄책감도 없었어.

정환이는 *기축(己丑)일주에 오축(午丑)탕화살을 가지고 있고 음기가 아주 강한 사주야. 갑(甲)목이나 묘(卯)목도 없었고, 편인에 겁재까지 있었지. 소유욕, 의처증, 집착, 자살, 우울증, 이런 모든 것과 연결되기 아주 쉬운 성향이야.

정환이는 미란이가 다른 남자와 자고 다닌다는 사실을 알고 직장을 그만두라고 폭발적으로 화를 내기 시작했고, 이런 모습을 처음 본 미란이는 숨이 막힌다면서 헤어지자고 했어. 그런데 정환이는 더 심한 집착을 보이기 시작했어. 핸드폰에 있는 미란이와의 카톡내용과 불륜사진을 모두 인터넷에 올리고, 남편에게 보내고, 자신은 자살을 할 것이라고 협박했어.

> * 갑인일주 : 체력이 좋고, 근면성실하며, 재물복이 좋고, 장수하는 사람이 많다. 그러나 싫은 소리는 듣지 않으려고 하고, 남밑에서 일하는 것을 못참는다. 순수한 성정에 말을 가리지 않고 내뱉는 경향이 있기 때문에 다된 밥에 재를 뿌리는 사건을 만들기도 하고 인간관계가 매끄럽지 못하기도 한다.
>
> * 기축일주 : 한 가지 일을 우직하게 밀고 나가는 인내가 강하고, 재고귀인을 깔고 있어 재물을 잘 모은다. 그러나 의심이 많고 속내를 드러내지 않아 상대방이 의중을 알 수가 없어 오해를 많이 산다. 예민하고 섬세한 성격 탓에 누군가 자신에게 상처가 되는 말을 하면 잊지 않고 가슴속에 품고 있다가 기회가 왔을 때 의도적으로 상처를 주기도 한다.

미란이는 남자친구가 죽을까 봐 겁이 났던 것이 아니라, 자신이 바람피운 사실이 공개될까봐 겁나서 회사를 그만둘 수밖에 없었어. 아직 고등학생인 아들의 학업에 방해를 주면 안 되었고, 남편에게 경제적으로 의지하고 있었기 때문에 이혼을 당하면 오갈 곳도 없는 신세였거든. 문제는 그 일이 있고 난 이후부터 정환이의 집착이 더 심해졌다는 거야.

미란이가 나를 처음 만났던 시기가 이쯤이야. 미란이는 남편과 이혼을 하는 게 나을지 정환이와 헤어지는 게 나을지 고민이 되어 나를 찾아온 거였어. 정환이의 집착이 심해서 스트레스를 받았지만, 성관계가 너무 만족스러웠고 자신을 존중해주는 태도는 너무 좋았어. 그렇지만 정환이는 돈도 없고 미래가 막막했지. 남편은 돈도 잘 벌어다 주고 아들에게도 잘해주지만, 성관계는 만족스럽지 못했고 자신을 무시하는 태도가 기분이 나빴어.

명리학에서는 궁합을 볼 때 이론적으로 *천간합, *육합, 한난조습, 오행의 구성, 이렇게 4가지를 많이 봐. 보통 연애궁합은 육합을 보고, 결혼 궁합은 한난조습과 오행의 구성을 봐. 그 이유는 연애는 자극적인 것을 더 추구하고 결혼은 안정감을 더 추구하기 때문이야.

* 천간합 : 천간의 글자가 합을 이루는 것.
갑기(甲己)합, 을경(乙庚)합, 병신(丙辛)합, 정임(丁壬)합, 무계(戊癸)합
* 육합 : 지지의 글자자 합을 이루는 것.
자축(子丑)합, 인해(寅亥)합, 묘술(卯戌)합, 진유(辰酉)합, 사신(巳申)합, 오미(午未)합

육합(六合)은 서로에게 자극적이기 때문에 연애하기에는 좋은 궁합이지만 안정감과는 거리가 좀 멀어. 좋을 때는 미친 듯이 서로 붙어

있으려고 하다가, 싸울 때는 치열하게 싸우고, 화해할 땐 다시 불붙어서 화해를 해. 소유욕이 강하기 때문에 서로를 구속하려고 하고 둘다 지지 않으려는 성향이 강해서 싸움도 많이 해. 연애를 하는 동안백번을 싸우고, 백번을 화해하며, 자신의 인간성의 끝을 보게 되지.

본인이 어디까지 찌질해 질 수 있는지 어디까지 막말을 할 수 있는지 그 끝을 보게 되고, 본인이 어디까지 허세를 부릴 수 있을지 어디까지 치사할 수 있을지 그 끝을 보게 되고, 본인의 이기심이 어디까지 치솟을지 도라이짓이 어디까지 가능한지 그 끝을 보게 되고, 본인의 속이 얼마나 좁은지 그 바닥을 보게 되고, 그 모든 끝을 전부다 보고 결국 헤어지게 돼. 사랑과 증오와 집착이 뒤엉켜 볼꼴 못볼꼴 다 보고 끝나기 때문에 육합의 연애 끝은 지저분한 경우가 많아.

어린 시절 이런 연애가 한 번쯤은 꼭 필요한 것 같아. 자신이 얼마나 바닥까지 갈 수 있는지, 밑바닥에 어떤 쓰레기가 있는지, 전부 다보게 되니 연애의 끝에선 정신이 너덜너덜 해질 거야. 그렇지만 그연애를 통해 자신에 대해서 깨닫게 되고 결국은 더 성숙해지게 되거든. 그리고 그런 자극적인 연애에 대한 미련이 줄어들기 때문에 결혼 이후에는 안정된 생활을 할 수 있어.

말했듯이 육합은 연애하기 좋은 궁합이야. 그 이유는 서로에게 안정감을 느끼기에는 불충분하다는 말이지. 육합의 궁합만으로 결혼을 하면 결혼 이후 소유욕이 덜하고 잘 싸우지도 않는 안정된 관계를 갖고 싶어 해. 그래서 주변인 중 한난조습과 오행의 궁합이 맞는 사람을 찾아 바람을 피우는 사람들이 많아.

물론 가장 좋은 궁합은 육합에 한난조습에 오행까지 맞으면 더할 나위 없겠지. 그런데 4가지의 모든 궁합을 만족시키는 경우는 난 아직까진 못봤어.

실제로 결혼한 사람들의 사주를 풀어보면 육합보다는 *한난조습과 오행의 구성이 잘 맞는 사람들이 훨씬 많아. 한난조습 궁합은 습이 많은 사주는 건조한 사주를 만나고, 따뜻한 사주는 추운 사주와 만나는 거야. 그럼 서로의 사주가 부둥켜안고 부족한 기운을 나누는 구조가 돼. 오행 궁합은 같은 기둥이 있거나 같은 글자가 있는 상태에서, 나에게 없는 글자가 상대방에게 2~3개가 있는 경우야. 이런 궁합은 삶에서 추구하는 방향성도 비슷하고 대화가 잘 통하기 때문에 자주 싸우지는 않아. 자신에게 없는 오행의 글자를 상대방이 채워줌으로써 상호보완이 되고 안정감을 느끼게 돼.

> *한난조습 궁합 :
> - 해(亥), 자(子), 축(丑)의 추운 사람은 사(巳), 오(午), 미(未)의 따뜻한 기운과 만나면 좋음.
> - 신(申), 유(酉), 술(戌)의 건조한 사람은 인(寅), 묘(卯), 진(辰)의 습한 기운과 만나면 좋음.

내 생각엔 젊은 시절에는 육합으로 연애하면서 자신의 바닥의 끝을 가보고 자기반성을 먼저 경험하는 것이 좋은 것 같아. 스스로를 파악하고 정서적으로 더 성숙해진 후에, 한난조습 궁합과 오행궁합으로 결혼을 하면, 자극적인 연애에 대한 미련도 없으면서 안정적인 결혼 생활을 하지 않을까 생각해. 미란이는 젊은 시절 육합과 같은 자극적인 연애를 해본 경험이 없었기 때문에 지금의 안정적인 남편에 만족을 못하고 지속적으로 자극적인 관계만 찾아다니거든.

그럼 미란이 같이 바람피우는 궁합은 뭐냐고? 그런 궁합은 *암합이라고 해. 일간의 지장간끼리 합을 이루는 거야. 지장간끼리 합을 이룬다는 것은 땅 아래서 드러내지 않고 몰래 만나는 걸 의미해.

* 암합 : 지장간 안에 있는 천간의 글자가 합을 이루는 것.

	진(辰)	사(巳)	자(子)	술(戌)	미(未)	신(申)	오(午)	해(亥)	인(寅)	축(丑)
지장간	을(乙)	무(戊)	임(壬)	신(辛)	정(丁)	무(戊)	병(丙)	무(戊)	무(戊)	계(癸)
	계(癸)	경(庚)	계(癸)	정(丁)	을(乙)	임(壬)	기(己)	갑(甲)	병(丙)	신(辛)
	무(戊)	병(丙)		무(戊)	기(己)	경(庚)	정(丁)	임(壬)	갑(甲)	기(己)

나는 미란이 부부와 정환이 부부의 사주를 모두 풀어 보았어. 두 부부 모두 한난조습의 궁합으로 되어 있지만 오행궁합은 안 맞았어. 부부끼리 비슷한 기둥이나 글자가 현저하게 없었거든. 그러니 미란이 쪽 부부도 정환이 쪽 부부도 대화가 그렇게 잘 통하지도 않았을 것이고, 삶에서 목표하는 바가 많이 달랐을 거야. 실제로 미란이는 남편과 대화가 안 된다는 말을 많이 했어.

서로의 가정이 이런 상황에서 미란이의 갑인(甲寅)일주의 지지 인(寅)과 정환이의 기축(己丑)일주의 지지 축(丑)이 만나면 암합은 아주 빠르게 일어나겠지. 위에서 보는 것과 같이 지장간의 글자 세 개 모두가 합을 이루기 때문에, 인(寅)목과 축(丑)토는 암합이 가장 강력한 관계야. 거의 육합과 같은 작용력이라고 볼 수 있어.

남녀관계에 친구가 어디 있냐고 하는 사람들이 있어. 이 말은 실제로 아주 일리가 있는 말이야. 바람피우는 사람들은 가정은 깨지 않고 자신의 지루함만 해결해 줄 자극제를 찾아다니다가, 주변 친구 중에서 암합이 되는 사람을 발견하게 되면 본능적으로 끌리게 되어 그 친구가 결국 불륜상대자가 되는 거거든. 미란이 역시 마찬가지야. 남편의 돈이 필요하고 아들에게 체면 떨어지고 싶지 않으니 가정은 지켜야겠고, 지루한 삶에 자극제가 될 만한 사람을 만나 활력을 찾고 싶으니 본능적으로 지지에 축(丑)이 있는 정환이에게 끌렸겠지.

사실 나는 미란이 같은 여자든 정환이 같은 남자든 정말 역겨워. 결혼은 서로의 신뢰가 무너지면 끝이잖아. 죄책감도 없이 어떻게 저 지랄을 하고 살 수가 있는 거지? 사주를 볼 때마다 판단하지 말자고 결심을 하지만, 저런 연놈들 볼 때마다 쌍욕을 날리고 싶어. 그렇지만 어쨌든 상담하는 사람으로서 중용을 지켜야 하니 나는 미란이에게 정환이와 헤어지는 것이 제일 좋은 선택인 것 같다고 말해줬어. 미란이는 지금은 자신을 사랑해 줄 사람이 너무 필요하고 성욕을 풀기에 그만한 남자가 없다면서, 아들이 대학에 가면 그때 선택을 하겠다고 본인이 결론을 내려버리더라고.

아무튼 난 더 이상 미란이를 만날 생각이 없었어. 난 바람피우는 종자들 알레르기가 있거든.

그 당시 나는 유방암수술을 받고 회복기에 있었어. 사주상담을 하다가 미란이가 나의 수술을 알게 되었고, 그녀는 나에게 안쓰러운 마음이 들었는지 이것 저것 챙겨주기 시작했어.

미란이와 친해지면서 그녀는 내가 생각하는 것보다 장점이 더 많은 사람이란 것을 알게 되었어. 아들에게 온화한 어머니이고, 친정어머니를 잘 챙기는 효녀이고, 자매들에겐 마음 넓은 언니인데, 바람피우는 것 하나 때문에 미란이를 내 도덕적 잣대로 평가하고 싶지 않았어. 가끔 남편과의 성관계와 정환이와의 성관계를 아무런 죄의식 없이 비교하는 미란이의 말이 듣기 거북할 때도 있었지만, 미란이에게는 자신의 자존감을 세워주고 성욕을 해결해 줄 사람이 필요했기 때문에 편견을 버리려고 노력했어.

내가 미란이와 같이 있을 때 정환이의 집착이 어느 정도인지 볼 기회는 아주 많았어. 미란이의 위치가 모텔 근처로 확인되면 전화를 걸어 폭발적으로 화를 낸 적도 있고, 미란이가 나의 오피스텔에 와 있으면 영상통화로 나와 있다는 것을 확인받기 전까지 전화벨이 계속 울렸고, 미란이와 내가 같이 있는 중에도 정환이의 전화를 받아서 1시간 동안 통화를 해줘야 했지. 미란이가 무엇을 하는지 전부 보고를 해야 했고, 정환이가 허락하지 않는 곳에서 잠시 있는 것도 불가능했고, 누구와 무엇을 하든 정환이의 전화는 반드시 받아야 했어.

한 번은 둘이 크게 싸우고 나서 미란이가 헤어지자고 말하고 핸드폰을 꺼버렸어. 그리고 3일 후 집에서 남편과 TV를 보고 있는데 남편에게 발신자표시제한으로 전화가 오더래. 느낌이 이상해서 남편에게 받지 말라고 하고 자신의 핸드폰을 켜서 남편 몰래 카톡을 확인 해보니, '지금 남편과 집에 있는 거 다 알고 있다. 전화 안 받으면 남편에게 전화해서 가정을 전부 다 파탄 내겠다.'는 협박들이 줄줄이 와있던 거지. 그래서 결국 둘은 다시 만날 수밖에 없었어.

정환이의 탕화살은 미란이에 대한 집착이었던거야.

나는 이 모든 과정을 1년 동안 옆에서 지켜본 후 미란이에게 이건 사랑이 아니라 정신병이라고 말했어. 사랑은 상대방에게 이런 식으로 가스라이팅, 집착, 협박하지 않은 거라고. 사랑이 아니라 자신의 관종적 성향을 너한테 해결 받으려는 나르시시스트적 행동이라고. 미란이는 지금 가정을 지켜야 하기 때문에 어쩔 수 없다고 했어.

사실 난 지금도 미란이가 가정을 지키고 싶었던 건지 남편이 벌어다 주는 돈이 아쉬웠던 건지 잘 모르겠어. 카드는 남편한테 받아서 쓰고, 성욕은 정환이에게 푸는 걸로 보였거든. 정환이는 돈이 그렇게 많지 않았어. 미란이에게는 나중에 이혼하고 같이 살자고 말은 했지만 정환이가 정말 이혼할 생각이 있었던 걸까?

어느 날 정환이와 미란이가 싸우다가 내가 미란이에게 했던 말을 그대로 정환이에게 했어. 안나 언니가 말하길 네가 하는 짓이 정신병이라고, 사랑이 아니라고, 그렇게 말했던 거지. 그때부터 정환이는 다시 탕화살이 올라오기 시작했어.

"그 여자와 네가 동성연애를 하고 있기 때문에 자신과 헤어지게 하려고 그런 말을 한 것이다. 앞으로 그 언니를 만나지 말아라. 안 그러면 남편과 아들한테 자신과 그동안 외도한 사실, 그전에 다른 남자와 외도했던 사실, 동성연애하는 사실까지 모두 다 알게 하고 자신은 죽어버리겠다."라고 말하면서 다시 협박을 하기 시작한 거야.

미란이는 너무 힘들어했어. 자신의 모든 팔다리를 묶어 버리는 것 같은 느낌이었지만, 남편이 버는 돈이 아직은 필요했고 아들에게 수

치스러운 어머니가 되고 싶지 않았지. 미란이는 나에게 미안하다며 더 이상 나를 만날 수 없을 것 같다고 했고, 그 후로 우린 연락하지도 만나지도 않았어.

혜영아. 나는 살다 살다 이런 정신병자는 처음 봤어. 오축(午丑)탕화가 이 정도로 미친 짓을 할 수도 있다는 것을 그때 처음 알았어. 모든 탕화살이 저렇게 행동할 것이라고 생각하지는 않아. 나의 부모님도 오축(午丑)탕화지만 저런 행동을 하신 적은 단 한 번도 없어. 그렇지만 내가 통계를 내보면 탕화살이 있는 사람은 강도와 종류만 다르지 폭발적인 분노를 절제하지 못하고 분출할 때가 많아.

너는 일주 지지 자리에 축토(丑)를 깔고 있고, 사주 전체에 음기가 강하고, 갑(甲) 목이나 묘(卯) 목도 없지. 물론 인성이 잘 발달된 사주니까 정환이같은 행동은 하지 않을 거야. 그리고 너의 신앙심이 너를 그렇게 만들지도 않을 것이고.

그러나 인간은 자신이 원하든 원하지 않든 지구에 흐르는 60갑자의 에너지 흐름을 받게 되어 있어. 그리고 대운에서 오화(午)가 오면 너도 모르게 예민해질 가능성이 아주 많아. 그런 시기가 왔을 때, 그것을 스스로 인지하고 마음을 잘 다스려 네가 사랑하는 가족에게 상처 주는 일은 만들지 않았으면 좋겠어. 너는 지혜롭고, 현명하고, 정숙하고, 인내와 신앙심이 강한 사람이기 때문에 분명히 스스로 너의 마음을 잘 다스릴 사람이란 것을 알아.

人生福境禍區 皆念想造成 인생복경화구 개념상조성.

故釋氏允 고석씨운

利欲熾然 卽是火坑 이욕치연 즉시화갱

貪愛沈溺 便爲苦海 탐애침익 편위고해

一念淸淨 烈焰成池 일념청정 열염성지

一念警覺 船登彼岸 일념성지 일념경각 선등피안

念頭稍異 境界頓殊 可不愼哉 염두초이 경계돈수 가불신재

인생의 복과 재앙은 모두 마음속에서 이루어진다.

그러므로 석가모니는 이르되

"이욕(利欲)이 불같이 타오르면 그것이 곧 불구덩이요,

탐애(貪愛)에 빠지면 그것이 곧 고해(苦海)가 되며,

한 마음이 맑으면 불꽃도 못(池)이 되고,

한 마음이 각성하면 배에 올라 피안(彼岸)에 이르게 되느니라."

라고 하였으니 생각이 달라지면 경기는 갑자기 변하는 것이다.

가히 삼가지 않을 수 있겠는가.

—

채근담
<저자 홍자성. 엮은이 장강. 출판사 글로북스. 2010. 8. 15>

세상엔 50만 개의
다른 도그마가 있어

나의 부모님은 두 분 모두 오축(午丑)탕화이고, 현침살이 3개에 무인성이야. 아마 자신들의 사주를 미리 알았다면 스스로 절제하려고 노력하지 않았을까 생각해. 그리고 나도 그것을 알고 있었다면 부모님의 모든 행동들에 대해 큰 상처 받지 않았을 것 같고.

내가 명리학을 공부하기 전에는 그런 생각을 많이 했어. '나의 부모님은 왜 그러는 걸까? 왜 저렇게 행동할까? 왜 저렇게 분노하는 걸까?' 명리학을 공부하고 나서 깨달았어. 나의 부모님은 그냥 자신의 팔자대로, 자신의 성품대로 살았던 거야. 단지 우리 부모님뿐이겠어? 인간이란 족속은 다 자신의 성품대로, 자신이 옳다고 생각하는 대로 사는 거지. 참 단순한 진리인데 난 그걸 받아들이는데 오랜 시간이 걸렸어. 난 사실 지구인은 다 고만고만한 생각을 가지고 살고 있다고 생각했거든. 그런데 전혀 아니더라.

사주팔자에 들어가는 글자는 천간에 10개 〈갑(甲), 을(乙), 병(丙), 정(丁), 무(戊), 기(己), 경(庚), 신(辛), 임(壬), 계(癸)〉 지지에 12개 〈자(子), 축(丑), 인(寅), 묘(卯), 진(辰), 사(巳), 오(午), 미(未), 신(申), 유(酉), 술(戌), 해(亥)〉가 있어. 그리고 천간과 지지가 만나 년의 흐름이 되는 60갑자를 만들어. 그리고 월은 12달, 일에 60갑자, 시간은 12개. 이걸 계산해 보면 $60 \times 12 \times 60 \times 12 = 518,400$ 이라는 숫자가 나와. 지구에는 약 50만 개의 서로 다른 프레임을 가진 사람들이 있다는 의미야.

50만 개의 다른 기질과 성향 중에서 자신과 비슷한 성향과 만나는 것은 정말 기적 같은 일이야. 이것을 명리학에서는 인연법이라고 해. 가족이나 친한 친구들을 보면 사주의 4가지 기둥 중 같은 기둥이 있거나, 상대방과 같은 오행이 많다거나 하거든. 자신의 성향과 비슷한 사람들끼리 뭉치게 된다는 뜻이지.

20대 때 친하게 지냈던 친구가 있었어. 그 친구는 나와 친구가 되고 난 후, 직장에서 사고를 당해 세상을 떠났어. 그 친구의 사주와 나의 사주는 같은 오행의 글자가 5개 이상이고, 같은 신살, 같은 십성까지 많았어. 아마 지금까지 살아있다면 부부가 되지 않았을까 생각해.

그리고 나와 친하게 지내는 제자가 한 명 있어. 그 제자는 나와 같은 오행의 기둥이 있고, 같은 글자, 같은 신살, 같은 십성까지 많았어. 나이차이가 20살이나 나지만 대화도 잘 통하고 의견충돌도 거의 없어. 우리는 다음 생에 친구로 태어나자는 말을 많이 해.

학생들의 가족들 사주를 전부 풀어보면 정말 같은 기둥이 있거나, 비슷한 글자가 있는 경우 사이가 좋고 잘 싸우지도 않아. 이건 부부들도 마찬가지야. 같은 오행의 기둥, 같은 신살, 같은 십성이 많아.

50만 개 사주 중에서 비슷한 성향을 만나는 것도 기적이지만, 정반대의 성향끼리 가족이 되는 것도 쉬운 일은 아닌 것 같아. 내가 과외를 하면서 부모님과 갈등하는 학생들 사주를 풀어보면, 같은 기둥도 없고 같은 글자도 없고 같은 신살이 없는 경우가 많아. 이런 가족들이 생각보다 정말 많았고, 나 역시도 마찬가지야.

영성서적에서는 우리가 가족을 선택하고 태어났다고 하지만 낸들 아나? 태어나 보니 어머니가 이런 어머니였고, 태어나 보니 아버지가 이런 아버지였던 걸? 내가 선택했다는 걸 기억도 못하는데 삶의 초반부터 어떻게 받아들이겠어. 부모만 그런가? 나라도, 내가 사는 지역도, 나의 외모도, 사주도, 태어나보니 이런 걸 어쩌겠어. 지금 와서 되돌릴 수도 없고, 엄마 뱃속으로 다시 들어갈 수도 없고. 그냥 받아들이고 살아야 하잖아. 그리고 나의 주변과 분쟁하지 않으려면 저 사람은 그냥 저런 사람이고 이 사람은 그냥 이런 사람이라고 인정하는 방법밖에 없거든. 문제는 세상엔 50만 개의 다른 도그마와 다른 프레임이 있으니 서로가 그냥 다르다는 것을 인정하고 사는 것이라는 것을, 삶의 초반부터 받아들이기 쉽지 않다는 거지.

그러니 서로 안 싸울 수 있겠냐고. 그러니 상처 안 받을 수 있겠냐고. 그러니 인생이 안 힘들 수 있겠냐고.

칸트는 도덕법칙에 대한 정의를 정언명령이라고 했잖아. 어떤 조건이든 간에 묻지도 따지지도 말고 따라야 하는 도덕법칙. 칸트는 '자기 행위의 원칙이 보편법칙과 일치하도록 행위하라'고 말했어. 자기 행위 원칙이란 사람들이 주관적으로 타당하다고 생각하는 행위의 원칙을 의미해. 그런데 문제는 이 '주관적으로 타당하다'는 기준이 사람마다 모두 다르다는 거야. 주관적이라는 프레임 자체가 이미 50만 개로 갈라지거든.

아이고, 칸트 오빠. 사람들이 다 자기와 똑같은 프레임을 가지고 있다고 생각했나 봐. 프레임의 종류가 50만 개나 된다는 걸 알았다면 칸트 오빠가 정언명령에 대한 정의를 다시 내렸을 텐데 말이야. 유퀴즈에서 이혼전문변호사분이 이런 말씀을 하셨어.

"사람은 이해하는 동물이 아니다. 그냥 받아들이는 것이다."

나는 칸트 오빠의 정언명령보다 이혼전문변호사 언니의 말이 더 명언이라고 생각해.

혜영아. 나는 명리학을 공부하면서 나의 부모님을 이해할 수 있게 되었어. 그리고 우리는 모두 다른 도그마, 다른 정언명령, 사랑에 대한 다른 정의를 가지고 있다는 것을 깨달았어. 그래서 우리는 지구에 살면서 사람들에게 상처를 받고, 사람들과 갈등을 하고, 사람들에게 상처도 주는 건가 봐. 이 사실이 참 마음이 아프지만 그러려고 태어난 걸 어쩌겠어.

하이데거가 인간은 피투성(被投性)의 존재라고 그랬어. 그냥 내던져졌다는 뜻이지. 나를 내던진 것이 나일까? 기독교의 하나님일까? 아니면 불교에서 말하는 업의 이끌림일까?

먹기 살기 위해 치열하게 무엇인가를 해내야만 하는 일상이 반복되는 어느 날, 순간순간 밀려드는 바닥까지 추락할 듯한 고독과, 난 제대로 가고 있는 가에 대한 스스로의 물음과, 공허감을 답으로 채우려는 노력이, 결국 나는 왜 태어나고 살고 죽는 것인가에 대한 궁극적 질문으로까지 끌고 갈 때, 너는 어디에서 답을 찾고 있니? 답은 찾았니? 나는 아직 못 찾았어. 그 답을 찾는 여정의 중간에 나는 철학도 만나고, 명리학도 만나고, 심리학도 만나고, 종교와 전생과 카르마를 만났지. 앞으로 어떤 것을 만나게 될지 모르지만, 나의 삶의 중간에 만난 명리학이 너에게도 도움이 되기를 바랄게.

나의 아픈 청소년시절을 끌어안아 주었던 정혜영. 진심으로 고마웠어. 너의 영혼과 가정과 미래가 평안하길 바란다. 안녕.

데이지 : 어떻게 지내나?

호크 : 최선을 다하고 있죠.

데이지 : 나도 그래.

호크 : 그게 인생인 것 같습니다.

—

영화 드라이빙 미스 데이지 中
〈감독 브루스 베레스포드. 1990. 5. 12〉

제 7 장

네 자신을 알라

스스로 찍은
삶의 마침표

나는 처음 20살 때 과외를 시작으로 거의 20년을 과외와 강사로 먹고 살아온 사교육자다. 나를 거쳐간 학생들만 어림잡아도 천 단위이고 각양각색의 인간 기질은 다 만나본 것 같다고 자부한다.

난 그 일이 잘 맞는다고 생각했다. 내가 잘 가르쳐서 뿌듯했기 때문이 아니라 학생들의 모습을 보면서 대리만족을 느낄 때가 많았기 때문이다. 할 말 못 하고 여러 개의 가면을 돌려쓰며 점잖은 척 사는 나와는 다르게 학생들은 참 솔직하고 자신을 잘 표현했다.

말빨 오지는 학생, 개그맨 뺨치게 웃기는 학생, 노래를 기깔나게 잘하는 학생, 피아노를 잘 치는 학생, 운동을 잘하는 학생. 그 중에서도 제일 대리만족을 주었던 학생은 춤을 끝장나게 잘 추는 경숙(가명)이였다.

경숙이와 3명의 학생들은 그룹과외를 하는 중학교 3학년이었다. 영어만 중학교 1학년때부터 중학교 3학년때까지 3년을 가르쳤다. 그룹과외를 이렇게 장기간 했던 적은 처음이었고 학생들과도 무척 친했기 때문에 나는 그들의 가정사 모든 것을 속속들이 다 알고 있었다. 그리고 그들은 나를 둘째 엄마라고 부를 정도로 신뢰했고 나도 학생들을 자식같이 느꼈다. 학생들의 신뢰에 나도 어깨가 올라갔는지 하고 싶은 건 다 해보라고 허세를 부리곤 했다.

경숙이의 꿈은 아이돌이 되는 것이었다. 춤을 정말 잘 추었고, 동작에 대한 인지능력도 남들보다 훨씬 뛰어났고, 습득속도도 빨랐다. 트와이스 춤을 한두 번 보고 그대로 따라 추노라면 나와 다른 학생들은 박수를 치며 환호했다.

부모님은 경숙이가 아이돌이 되는 것을 반대했다. 경숙이는 소속사에 들어가고 싶었으나 부모님의 반대가 심해서 도전조차 못하고 있었다. 나는 하고 싶으면 한번 해보라며 경숙이를 부추겼다. 소속사에 합격에 되면 그때 부모님을 설득해도 되지 않겠냐고 일단 도전해 보라고 말했다. 그런데 일이 커지기 시작했다. 들어가 봤자 이름 없는 작은 소속사겠지 싶었는데, 이름만 말하면 다 아는 소속사에 떡하니 붙어버린 것이다. (이 이야기의 결말이 비극이기 때문에 나는 특정 아이돌그룹이나 소속사에 대한 언급은 하지 않으려고 한다.)

경숙이는 "죽어도 할 거다"하고 부모님은 "죽어도 안된다"로 집안에서 생사를 넘나드는 전쟁이 일어나고 있었다. 부모님은 나에게 경숙이를 말려 달라고 부탁을 하셨다. 나는 이유가 무엇인지 물어보았다. 부모님의 말씀하시길 경숙이가 너무 아이돌을 하고 싶다고 하기에 사주를 보러 간 적이 있는데 화류계로 가면 필시 죽음 문턱을 갔다 오거나 문턱을 넘을 것이라고 했다며 절대 그쪽으로는 보내지 않을 것이라고 하였다.

나는 명리학이든 관상학이든 믿지 않기 때문에 부모님의 말을 듣고 속으로 비웃었다. '아니, 사주에 그런 것도 나오나? 아무리 그래도 그렇지 그런 미신을 믿고 자식이 하고 싶다는 걸 그렇게 못하게 해?' 나는 경숙이를 말리기는커녕 경숙이가 부모님을 설득할 수 있도록 도와주었다. 나는 경숙이가 아이돌이라는 직업과 잘 맞는다고 생각했다.

자식 이기는 부모 없다더니 생사를 넘나드는 전쟁 끝에 결국 경숙이는 승리를 했다. 경숙이는 말로만 듣던 아이돌 연습생이 되었고, 친구들은 고등학생이 되었고, 나는 다른 지역으로 이사를 오면서 학생들과 헤어졌다. 스승의 날이나 방학기간에 가끔 연락을 주고받긴 했지만 경숙이의 특별한 소식은 듣지 못했다.

대학교 1학년이 되었을 때 스승의 날 술을 사달라고 나를 찾아왔다. 과외 선생님들에게 이런 일은 흔하다. 학생일 때는 공식적으로 술을 사줄 수 없으니 대학교 1학년이 되면 술을 사달라고 나를 찾아

오는 것이다. 그런데 경숙이는 보이지 않았다. 친구들의 말에 의하면 경숙이를 한번 만난 적이 있는데 내가 만나면 충격을 받을 것이라고 말했다. 난 경숙이가 성형을 해서 너무 예뻐져서 못 알아볼까봐 그런 거냐고 웃으며 물어봤다. 그러나 친구들의 말은 자못 심각했다. 이전에 내가 알던 경숙이의 순수하고 밝았던 모습은 없을 것이라고 말했다. 아주 어둡고 우울해 보였고 경숙이가 있던 소속사의 아이돌에 대해서 험담을 하더라며, 성형은 둘째 치고라도 성격이 너무 변했다고 말했다. 나는 경쟁이 심한 곳에서 버티려니 누군들 안 힘들겠냐며 연락이 오면 잘 받아주라고 말했다. 그리고 다음에 모두 같이 만나자고 약속하며 학생들의 말을 대수롭지 않게 넘겼다.

그리고 1년 뒤에 경숙이와 다른 한 명의 친구는 나에게 밥을 먹자고 연락이 왔다. 나는 경숙이가 너무 반가웠다. 바로 다음 날 약속을 잡고 숯불구이 집에서 경숙이를 만났는데 나는 경숙이를 못 알아볼 뻔했다. 외모도 변했지만 얼굴이 정말 우울해 보였다. 만약 처음 경숙이를 만나는 사람은 그냥 예쁘장하고 날씬한 부잣집 숙녀로 보였을 테지만 나는 경숙이의 중학교 모습을 잘 알고 있기 때문에 그녀의 감정변화를 바로 느낄 수 있었다.

경숙이는 더 이상 소속사에 있지 않았다. 대학교에 가지도 않은 경숙이가 무엇을 하며 지내는지 물었지만 그냥 알바를 하고 있다는 말만 했다. 더 이상 자세히 말하고 싶지 않아 하는 것 같아 우리는 세

간의 다른 이야기들로 대화를 이어갔다. 그러다가 경숙이가 있었던 소속사의 아이돌 그룹에 대한 이야기가 나왔다. 경숙이는 그 그룹에 있는 여자들에 대해서 듣기 거북한 사실 몇 가지를 이야기했다. 사실 나는 그 말엔 별다른 관심이 없었고, 그 일이 일어나는 장소와 그 장소에서 경숙이가 현재 일을 하고 있다는 것에 대해서 더 충격을 받았다.

경숙이의 말이 사실인지 아닌지를 확인 한 바가 없으므로 특정 소속사와 연예인에 대해서는 언급하지 않으려고 한다. 경숙이가 일하는 곳은 사람들이 흔히 말하는 술집이었고 인터넷에 찾아보니 텐프로니 쩜오니 언급을 하지만, 내 주변에는 이런 계통에서 일하는 사람들이 단 한 명도 없을뿐더러 나도 가본 적이 없었다. 경숙이의 말로는 연예인이 못 되면 그런 계통으로 가는 사람이 많다고 했다. 그러나 실제로 그런 사례가 있는 것인지 경숙이가 특별한 경우인지는 지금도 모르겠다.

경숙이는 다른 연습생과의 경쟁구도에서 밀려나 선택을 해야 했다. 자신이 있는 지역에서 알바를 하면서 다른 일을 찾아보든지, 아니면 집으로 돌아가든지. 그러나 경숙이는 집으로 돌아가는 것이 자존심이 상했다. 부모님을 어렵게 설득해서 여기까지 왔는데 다시 돌아가기가 자신 스스로도 너무 창피하고 부모님을 볼 면목도 없었다. 그래서 알바를 시작했다. 경숙이의 지인이 소개를 시켜준 가게인데 자신은 단순하게 서빙만 한다고 했다.

나는 정확하게 어느 가게인지 어떤 서빙인지 묻지 않았다. 난 그런 계통은 완전 무식이라 경숙이가 말해줘도 몰랐을 것이다. 경숙이는 룸에는 들어가지 않는다고 말했는데 사실 이때도 룸이 무슨 룸인지 잘 몰랐다.

이전에 경숙이는 콧대가 낮은 순박한 얼굴이었는데, 소속사에서 예쁜 사람들이 너무 많아서 그랬는지 경숙이도 성형을 했다. 여자는 돈 들인 만큼 예뻐진다고 하더니 경숙이는 얼굴에 많은 돈을 들인 듯이 보였다. 성형 미인이라는 티가 안 날 정도로 자연스럽고 고급스럽게 예뻤다. 역시 한국은 성형 강국이다. 어떻게 티하나 안 나게 저렇게 자연스럽게 했을까.

경숙이는 돈을 조금만 더 모아서 영어 공부를 할 것이라고 했다. 그래서 승무원 시험을 보고 싶다며 그때 선생님이 다시 영어를 가르쳐 달라고 웃으며 말했다. 큰 키에 날씬한 몸매에 얼굴도 예쁘니 영어만 잘하면 정말 멋있는 승무원이 될 것이라고 격려를 해주고 알바를 그만두면 꼭 연락을 하라고 말하며 우리는 웃으며 헤어졌다. 나는 그 만남이 마지막이 될 것이라고 예상하지 못했다.

2년 6개월이 지난 어느 겨울날, 경숙이의 친구이자 나의 제자에게 전화가 왔다. 경숙이가 자취하던 원룸에서 마약과다복용으로 숨진

채 발견이 되어 장례식장에 가는 중이라며 슬픈 목소리로 말했다. 알겠다고 말하고 전화를 끊은 후 차를 갓길에 세웠다. 머리가 멍해져 한참을 앉아 있었다. 처음 경숙이가 내 앞에서 트와이스 춤을 추던 모습이 눈앞에 계속 아른 거렸다.

'그 당시 부모님이 나에게 했던 말이 사실이었을까? 그 명리학자가 경숙이는 절대 화류계로 가면 안 된다고 했었는데 그 말이 정말이었을까? 내가 어리석어서 경숙이를 그 지옥으로 보낸 걸까? 내가 잘못한 것일까? 나는 경숙이의 부모님을 무슨 낯으로 뵈어야 하지? 내가 경숙이를 말리지 않고 오히려 부모님을 설득하도록 도왔다는 것을 알고 있을까? 나는 장례식장에 가지 말아야 하는 걸까?'

그렇게 차 안에 앉아서 천 가지 만 가지의 생각이 꼬리에 꼬리를 물고 나를 덮치기 시작했다. 어떻게 반응해야 할지, 장례식장에 가야 할지 말아야 할지, 부모님을 무슨 낯으로 뵈어야 할지, 어떤 위로의 말을 해야 할지, 아무것도 생각나지 않았다.

소주 한 잔 했다고 하는 얘기가 아닐세
- 백창우 -

울지 말게

다들 그렇게 살아가고 있어

날마다 어둠 아래 누워 뒤척이다, 아침이 오면

개똥 같은 희망 하나 가슴에 품고

다시 문을 나서지

바람이 차다고, 고단한 잠에서 아직 깨지 않았다고

집으로 되돌아오는 사람이 있을까

산다는 건, 만만치 않은 거라네

아차 하는 사이에 몸도 마음도 망가지기 십상이지

화투판 끗발처럼, 어쩌다 좋은 날도 있긴 하겠지만

그거야 그때뿐이지

어느 날 큰 비가 올지, 그 비에

뭐가 무너지고 뭐가 떠내려갈지 누가 알겠나

그래도 세상은 꿈꾸는 이들의 것이지

개똥 같은 희망이라도 하나 품고 사는 건 행복한 거야

아무것도 기다리지 않고 사는 삶은 얼마나 불쌍한가

자, 한잔 들게나

되는 게 없다고, 이놈의 세상

되는 게 좆도 없다고

술에 코 박고 우는 친구야.

—

누구나 시 하나쯤 가슴에 품고 산다

〈저자 김선경. 출판사 메이븐. 2019. 7. 1〉

해가 뜨기 직전의 새벽이
가장 어둡다

위에서 언급한 이야기는 나의 경험담이 아니다. 나와 같이 강사로 일하면서 친하게 지냈던 은수(가명)언니의 이야기를 1인칭 주인공 시점으로 써내려 나간 것이다.

언니는 장례식이 끝나고 오랜 기간 동안 자신이 경숙이를 죽음으로 내몰았던 것인지에 대해 죄책감을 가지고 있었다. 내가 명리학을 공부한다는 것을 듣고 나에게 경숙이의 사주를 풀어봐 달라고 부탁을 하며 위의 이야기를 하였다. 경숙이의 친구들 말에 의하면 경숙이가 죽기 며칠 전부터 친한 친구에게 죽고 싶다는 말을 많이 했었다고 한다. 사인은 이미 마약과다복용이라고 판명 났기에 더 이상 자살이라는 말을 입 밖으로 꺼내지는 않았지만 경숙이의 친구들도 은수언니도 자살인 것 같다는 추측은 버릴 수 없었다.

내 주변에도 자살을 했던 사람이 한 명 있었다. 주희(가명)는 치과에서 치기공사로 일했고 얼굴이 하얗고 마른 체형에 인기도 많았다. 20살 중반에 10살 많은 사업가를 만나 결혼을 했는데 결혼 6개월 만에 자살을 했다. 신혼이면 가장 행복할 때라고 생각했기에 주변에서 전부 믿을 수 없다는 반응이었다. 교회에 다닐 때 그저 얼굴만 아는 동생이었지만 별명이 4차원이었기에 나는 그녀가 독특한 성격이었다는 것은 소문으로 많이 들었었다.

은수언니의 부탁을 받고 나는 자살했던 사람들의 사주를 모두 모아봤다. 주희와 경숙이와 유명한 연예인, 할리우드까지 전부 다 모아보니 이들의 공통점은 실제로 빨리 찾을 수 있었다. 고인에 대한 예의로 특정인의 이름은 말하지 않으려고 한다.

1. 겨울생이 대부분이다. (11월~3월)
2. 일간이 모두 음기운과 수기운이거나 년과 월이 음기운과 수기운이다.
   가장 눈에 많이 보이는 글자가 계(癸)수, 기(己)토, 축(丑)토, 자(子)수, 신(辛)금 이다.
3. 년과 월에 4흉신중 3개 이상이 있다. (편관 편인 겁재 상관)
4. 월과 일에 육해살이나 화개살이 있다.
5. 대운에서 좋은 기운이 들어오기 직전에 자살을 했다.

자살을 했던 사람들의 사주에서 가장 눈에 띄는 특징이 너무 춥다는 것이었다. 음기와 습기가 너무 강하다. 자살한 시기를 보니 안 그래도 음습(陰濕)함이 강한 사주에 대운과 세운에서 음한 물기운이 또 들어온다. 이렇게 되면 정신적으로 심한 우울증이나 공황장애를 겪게 된다. 년과 월에 4흉신으로 되어 있으면 삶의 초반부터 자신이 감당할 수 없는 일들이 일어나 버티기 힘든데 대운과 세운에서 또 4흉신이 들어온다. 이러면 아무리 강철멘탈이라도 견디기 벅차다.

주희는 신축(辛丑)일주로 천간과 지지가 모두 음기운이고 월주의 천간이 편관이다. 신축일주는 편인일주이다. 편인의 장점은 한 가지의 분야를 깊게 공부하여 전문가가 될 가능성이 있지만, 단점으로는 너무 한 가지 생각만 파고 들어가 망상을 할 수 있다는 점이다. 사주 구성이 나쁘면 망상하는 성향 때문에 항상 걱정과 불안을 갖고 사는 사람들이 많다.

배우자의 관계에서도 이런 성향이 그대로 드러난다. 사건의 일부분만 보고 확장해서 망상하고, 그 망상에 의해 감정기복이 오르락내리락하다가, 결국 혼자 부정적인 결론을 내려버린다. 남편의 입장에서는 아내의 이런 비관적인 성향을 감당해야 한다. 그리고 신축일주 특성상 시기질투가 많고 관종적 성향도 강하다. 남편은 항상 아내에게 관심을 갖고, 애정을 채워주고, 최고라고 추켜 세워줘야 한다. 그러나 이런 것도 한두 번이지 남편이 4대 성인 중 한 명도 아닌데 어떻게 매번 이러겠나.

자신이 필요한 관심과 애정의 양을 남편이 채워주지 않았다면 주희의 망상증과 감정기복은 심해졌을 것이다. 주희의 이런 성향들을 모르는 남편은 아내를 이해할 수 없었을 것이고, 싸움은 계속되었을 것이다. 신축일주는 현침살도 있기 때문에 상대방에게 상처 주는 말을 서슴없이 한다. 아마 서로에게 많은 상처를 남기는 싸움이 되지 않았을까 예측해 본다. 이런 상황에서 대운으로 음습(陰濕)한 기운이 계속 들어오면 주희의 편인적 작용은 더 심해진다. 과대망상과 의부증으로 상황을 비관의 끝으로 몰고 가다가, 결정적으로 오(午)화가 들어오게 되면 탕화살이 되어 자살과 연결된다. 실제로 주희가 자살을 했던 대운은 갑오(甲午)년이었다.

물은 오행 중 검은색에 해당한다. 그만큼 어두컴컴해서 속을 알 수 없다는 뜻이다. 실제로 일주가 습한 사람들은 힘든 일이 있을 때 방문을 걸어 잠그고 방으로 들어가 음악을 듣거나 술을 마신다.

사주에 음기와 습기가 강한 사람들은 술을 찾는 사람들이 많다.

본디 술은 화기운에 해당하여 마시면 몸을 따뜻하게 해 주지만 술은 습한 기운에 해당한다. 그래서 사주에 물이 많으면 술을 마시지 않는 것이 정신과 육체의 건강에 더 이롭다.

경숙이는 계축(癸丑) 일주로 천간과 지지가 모두 음기운에 습하기까지 하다. 월주의 천간과 지지는 겁재와 편관의 기둥으로 되어 있고 사망한 년을 보니 대운에 겁재가 또 들어와 있다. 돈을 벌고 빨리 그만두려고 했으나 생각만큼 돈은 모아지지 않았고, 그곳에서 벗어나기가 쉽지 않았던 것 같다.

음기운이 강한 사주가 화류계로 가면 밤에 일해야 하니 음기운이 더 강해지게 되고, 화류계에서 일하면 술을 마시게 되면 습한 기운이 더 가중되어 경숙이의 우울감을 지하 3천 미터 정도는 끌고 내려갔을 것이다. 경숙이의 사주를 봐주신 분이 왜 화류계로 가면 안 된다고 했는지 이해가 간다.

주희나 경숙이 같이 음기운이 강한 사주들은 양기운을 보충해 주는 생활습관을 들이는 것이 좋다. 예를 들면 채광이 잘 드는 곳에서 거주를 하고, 양기운이 강한 사람들과 어울리고, 규칙적인 운동으로 몸에 열을 내고, 낮에 산책을 한다거나, 낮에 하는 일을 선택하는 것이다.

그리고 습기가 강한 사주들은 해(亥)시(21시~23시), 자(子)시(23시~1

시), 축(丑)시(1시~3시)에 술 마시는 것을 피해야 한다. 특히 축(丑)시는 귀신이 활동하는 시간이라고 한다. 음기운과 습기운이 강한 사주가 축(丑)시에 술을 마시면 음습(陰濕)한 기운이 더욱 강해져 우울감이 더욱 깊어지거나, 자신의 의지와 상관없는 음란한 사고를 칠 가능성이 높다.

경숙이도 주희도 스스로 생을 마감한 다른 사람들도 대부분 따뜻한 불기운이나 양기운이 들어오는 대운을 앞에 두고 세상을 떠났다. 조금만 더 버텼더라면 힘든 지난날을 잊을 만큼 따뜻해지는 시기가 왔을 텐데 그 시간을 놓쳐버렸다. 해가 뜨기 직전의 새벽이 가장 칠흑같이 어둡다더니… 너무 안타까운 일이다.

필자는 양기운이 강한 조한(건조한) 사주이다. 양기운과 조한 기운이 편관과 겁재로 치고 들어왔던 고등학교 2학년 3학년 때 제일 심한 자살충동을 겪었다. 그때 자살을 하려고 학교 옥상까지 올라갔던 적이 있다. 죽으면 고통이 끝날 것 같았다. 물론 떨어지지는 않았다. 죽는 게 무서웠던 건지 아픈 게 무서웠던 건지 기억나지는 않지만 어두컴컴한 저 밑의 바닥은 잊히지가 않는다. 호주로 도망갈까도 생각해 봤다. 돈이 없었기에 대학을 입학한 후에 도망가자고 미뤘다. 대학교에 가면서 죽고 싶다는 생각도 호주로 도망가자는 생각도 잊었다. 대학생이 누리는 자유와 음주가무가 너무 행복했다.

취업한 이후 다시 힘들어지더니 친구가 죽은 이후 심한 우울증에 시달렸다. 그러나 죽고 싶다는 생각까지는 들지 않았고, 고등학교 때보다는 힘들지 않았다. 그 후 30대 초반에 남자친구와 헤어지고 또 힘들었다. 그 당시 사주를 풀어보니 대운에서 겁재가 치고 들어온다. 그런데 이상하게 친구가 죽었을 때만큼은 힘들지 않았다. 그리고 그 이후로 오히려 나의 일은 더욱 잘 풀리기 시작했다.

고등학교때 가장 힘들었던 시기와, 남자친구와 헤어진 시기를 보면 모두 충(沖)이 오기 직전이었고, 다음 해에 충(沖)이 오면서 상황은 좋아지기 시작했다.

우주의 법칙은 참 잔인하고 교묘하다. 죽을 것 같은 고비를 넘기면 언제 그랬냐는 듯이 행복감을 맛보게 하고, 힘든 시간들을 악으로 깡으로 버티니 일이 술술 잘 풀리는 날이 오고, '운명아 너 한번니 맘대로 해봐라'하고 관심을 꺼버리니 고요하고 평안한 상태가 찾아온다.

기독교에서는 너의 영혼이 잘됨과 같이 범사가 잘된다고 한다. 그 말은 즉 지금 네 영혼이 엉망진창이라 삶이 엉망진창이라는 뜻이다. 동의하지 않는다. 영혼이 엉망진창인 사람은 시류에 편승해서 잘 먹고 잘살고, 인의예지를 목숨처럼 지키는 성리학자들은 명분 지키다가 다 죽어 나갔다.

불교에서는 인간의 오욕(재욕, 수면욕, 명예욕, 색욕, 식욕)이 희로애락을 가져온다고 한다. 그 말은 즉 모든 욕망을 버리면 희로애락에서 벗어날 수 있다는 뜻이다. 동의하지 않는다. 그럴 거면 애초에 에고가 존재하는 지구가 없어야 가능한 일이다. 타노스처럼 인피니트스톤을 전부 모아서 손가락을 튕기지 않으면 해결 불가능하다.

영성 서적에서는 한 극단이 다른 극단을 끌고 오기 때문에 일어나는 일이라고 한다. 그 말은 즉 기쁨은 슬픔을 가져오고, 행복은 불행을 가져오고, 좋은 일은 나쁜 일을 가져온다는 뜻이다. 역시 동의하지 않는다. 극단이 극단을 끌고 오는 것이 아니라, 인간의 뇌가 *디스카운팅 메커니즘을 따르기 때문에 감정에 무뎌지는 것이다.

뇌는 디스카운팅 메커니즘을 따른다는 말을 아는가?

누가 선물을 줬다고 가정해 보자.

그게 마음에 쏙 드는 다이아몬드 목걸이면 처음에는

정말 행복하다.

다음날에도 행복하지만 전날만큼은 아니다.

1년 뒤에는 목걸이에 아무런 감흥도 느끼지 못한다.

뇌는 왜 이러는 걸까?

살아남기 위해서다.

원래의 것에 익숙해져야만 새로운 위협을 감지할 수 있으니까.

아예 리셋된다면 좋지 않을까?

이제 인간들은 짐승들의 습격을 받을 일이 없으니까.

이건 분명 뇌의 디자인상 결함일 거다.

감사함이나 기쁨대신 위험, 생존 신호나 탐지하다니.

엄마도 그랬던 것 같다.

위험신호에만 온 신경을 집중하느라

삶의 아름다움은 다 잊어버린 것 같았다.

어쩌면 아빠도 엄마의 보석 같은 면을 보지 못하게 됐겠지.

—

영화 어디 갔어, 버나뎃
〈감독 리처드 링클레터. 2020. 10. 8〉

음습(陰濕)한 사주를 가진 사람들을
안아주세요

명리학으로 보면 인간은 본디 지옥과 같은 고통의 시간과 천국과 같은 행복의 시간을 반드시 지나가게 되어 있다. 60갑자는 흐르고 대운은 누구에게나 똑같이 오기 때문이다. 그 말은 즉 모든 이의 삶은 오르락내리락하고, 모든 이의 삶은 힘들었다 평안했다는 반복하며, 모든 이의 삶은 죽을 것 같다가 살 것 같다가를 반복한다는 뜻이다. 동의한다. 삶은 원래 그런 것이다.

이것이 바로 명리학의 가장 근본 뿌리인 음양의 조화이다.

나도 내 인생이 어떻게 흘러갈지 정확하게 모르겠고 다시 힘들어질까 봐 사실 두렵다. 명리학으로 풀어본 바로는 힘든 일은 다시 오지 않을 것 같지만 난 명리학을 맹신하지 않는다. 한번 맛본 평안이 지속되리라 법이 없고, 한번 펼쳐진 대운은 끝이 있으며, 인간의 삶은 원래가 오르락내리락이 반복이다.

그러나 어떠한 경우에도 자살은 선택하지 않기를 바란다. 내가 모든 사람들의 슬픔을 이해할 수는 없지만 한 가지 확실한 것은 안다. 영혼의 관점에서 자살은 절대 해결책이 아니라는 것이다.

나의 첫 번째 서적 〈당신은 빛이자 사랑입니다〉에서 자살했던 나의 전쟁들을 적어 놓았다. 유명하지 않은 책이고 영성에 관심이 없는 사람은 내용이 어려울 수 있으니 읽는 것은 별로 추천하지 않는다. 내가 하고 싶은 말은 자살의 카르마를 극복하기까지 500년의 시간을 다 쏟아 부었다는 것이다.

힘들어서 삶을 마감하고 싶다고? 아니, 다음 생은 더욱 지옥같이 될 것이다. 협박하는 것이 아니다. 잘 기억해라. 자살은 절대 영혼에게 자유를 주지 않는다. 오히려 자살의 카르마에 얽매여 다음 생을 더 시궁창으로 던진다. 누가? 당신 스스로가.

인간은 단순한 결심으로 자살하지 않는다. 죽고 싶다는 수백만 번의 번뇌가 정신과 온몸을 지배하고, 우울감이 지구의 내핵까지 뚫고 들어가야 실제로 자살을 한다. 생각과 감정으로 만든 죽고 싶다는 부정적인 에너지가 이미 영혼 깊은 무의식까지 지배해 버린다. 그럼 다음 생에 삶이 조금만 힘들어져도 이 부정적인 에너지가 무의식에서 올라온다.

당신이 신이라면 어떻게 하겠는가? 살고 싶다, 살아야 한다는 생각을 수만 번 반복해서 무의식에 있는 부정적인 에너지를 정화하려고 하지 않겠는가? 그럼 살고 싶다는 생각을 하는 환경에 태어나야 하고, 살아야 한다는 생각을 해야 하는 환경에 던지지 않겠나?

당신이 자살을 하지 않게 하기 위해서 신이 어떤 환경에 던지겠는가? 너무 행복해서 끝까지 살고 싶으나 육체의 질병으로 생을 마감해야 하는 환경에 던져 넣던지, 너무 힘들어서 죽고 싶으나 자식을 키워내야 하는 책임감 때문에 죽을 수 없는 환경으로 몰아넣기를 선택하지 않겠는가? 생각해 보라. 살고 싶어도 살 수 없는 고통이, 죽고 싶어도 죽을 수 없는 고통이 얼마나 끔찍한가?

기독교에서는 자살을 하면 지옥에 간다고 한다. 맞는 말이다. 당신이 전생에 했던 자살의 선택이 이번 생을 지옥으로 만든 것이다.

사실 7번째 내용을 넣을지 말지 많은 고민을 했다. 우울한 내용으로 끝을 내고 싶지 않았고, 자살한 사람들에 대한 정보가 많지 않았다. 그리고 이 내용이 사람들에게 얼마나 도움이 될지 확신이 서지 않았다. 그렇게 고민을 하던 와중에 과외를 하던 수아(가명)의 오빠가 자살을 했다는 소식을 듣고 이 내용을 넣기로 결심했다.

책에 수아의 이야기는 넣을 수 없었다. 그간의 사연을 물어보기에 수아의 슬픔이 너무 깊어 말조차 꺼낼 수 없었다. 수아 오빠의 사주도 풀어보지 못했고, 과외수업을 할 때도 오빠에 대한 이야기는 하지 않는다. 지금도 수아의 부모님과 수아는 깊은 슬픔과 죄책감에 빠져있다. 자신들이 아무것도 해준 것이 없다고 느끼는 것 같다.

사주가 음습한 학생들의 부모님들은 나에게 한결같이 똑같은 말을 한다. 집에 오면 방문 처닫고 시끄러운 음악이나 듣는다고 나중에 커서 뭐가 될까 걱정된다고 한다. 나이도 어린놈이 술 처먹고 돌아다니는 것이 꼴 보기가 싫다고 한다.

사주가 음습한 남편을 둔 아내분들도 나에게 한결같이 똑같은 말을 한다. 직장에서 돌아오면 혼자 자신의 방에 들어가서 핸드폰을 하거나 책만 보고 자신과는 놀아주지 않는다고 한다.

부모님들도 자녀가 음습한 기질이라는 것을 모르고, 아내도 남편이 음습한 사주라는 것을 모른다. 그러니 마음이 힘들면 방으로 들어가서 혼자만의 시간을 보내려는 음습한 사람들의 신호를 이해할 수 없을 것이다. 이것은 '나는 지금 마음이 힘들어서 혼자 해결을 하려고 하고 있다'는 그들의 언어이다.

난하고 조한 사주들은 밖에 나가서 돌아다니고, 친구들이랑 놀고, 맛난 것 사 먹으면서 자신의 우울감을 해결하려고 한다. 하지만 음습한 사주들은 혼자 자신만의 시간을 보내면서 스스로 해결하려고 한다.

이들을 구박하지 말아라. 부탁하건대 안 그래도 우울감이 있는 사람에게 상처가 되는 말을 해서 더 우울함에 빠지게 하지 말아라. 밖에서 사람들과 시간을 보내는 것이 '정상'이라고 규정해 그들을 비판하지도 말고 비교하지도 말아라. 그들의 기질을 정확하게 이해하고 그들의 신호를 읽어주기를 바란다. 채광이 밝은 곳에서 대화도 해보고, 따뜻한 말을 건네면서 웃어주고, 이들이 무언가를 말할 때 귀 기울여서 들어주고, 맛있는 음식도 해주어라.

왜 그렇게까지 해야 하냐고? 사랑하니까.

당신이 사랑하는 자녀이고, 당신이 사랑하는 배우자이고, 당신이 사랑하는 친구니까.

소 잃고 외양간을 고치는 것은 부질없는 짓이다. 자신에게 소중한 누군가가 어떤 오행이 많은지 확인하는 것은 1분도 걸리지 않는다. 생년월일만 입력해도 오행과 십성과 신살까지 전부 나오는 어플이 허다하게 널렸다. 경숙이처럼, 주희처럼, 수인이의 오빠처럼, 스스로 생의 마침표를 찍게 만든다면 그 죄책감은 오롯이 당신의 고통이 될 것이다. 그들이 우울하다고 보내는 신호를 무시하지 말고 사랑으로 따뜻하게 감싸 안아주기를 바라는 작은 소망을 담아 7번째의 이야기로 책을 마무리하려고 한다.

세상 사는 거 별 거 없다. 속 끓이지 말고 살아라. 너는 이 어미처럼 애태우고 참으며 제 속을 파먹고 살지 마라. 힘든 날이 있을 것이다. 힘든 날은 참지 말고 울음을 꺼내 울어라. 더없이 좋은 날도 있을 것이다. 그런 날은 참지 말고 기뻐하고 자랑하고 다녀라. 세상 것은 욕심을 내면 호락호락 곁을 내주지 않지만, 욕심을 덜면 봄볕에 담벼락 허물어지듯이 허술하고 다정한 구석을 내보여줄 것이다. 별 것 없다. 체면 차리지 말고 살아라. 왕후장상의 씨가 따로 없고 귀천이 따로 없는 세상이니 네가 너의 존엄을 세우면 그만일 것이다.

아녀자들이 알곡의 티끌을 고를 때 키를 높이 들고 바람에 까분다. 뉘를 고를 때는 채를 가까이 끌어당겨 흔든다. 티끌은 가벼우니 멀리 날려 보내려고 그러는 것이고, 뉘는 자세히 보아야 하니 그런 것이다. 사는 이치가 이와 다르지 않더구나. 부질없고 쓸모없는 것들은 담아두지 말고 바람 부는 언덕배기에 올라 날려 보내라. 소중하게 여기는 것이라면 지극히 살피고 몸을 가까이 기울이면 된다. 어려울 일이 없다. 나는 네가 남 보란 듯이 잘 살기를 바라지 않는다. 억척 떨며 살기를 바라지 않는다. 괴롭지 않게, 마음 가는 대로 순순하고 수월하게 살기를 바란다.

—

그토록 붉은 사랑
〈저자 림태주. 출판사 행성B. 2015. 5. 20〉

1. 삼형살(三刑殺), 형(刑), 충(沖), 파(破), 해(害), 공망(空亡)

사주를 풀이하면서 가장 많이 듣는 몇 가지 질문이 있습니다. 첫 번째로 삼형살(三刑殺), 형(刑), 충(沖), 파(破), 해(害), 공망(空亡)에 대한 질문이고, 두 번째가 사주대로 살지 않는 사람들이 얼마나 되며 그런 사람들은 뭐가 다르냐는 질문입니다. 책 중간에 tip으로 넣고 싶었으나 내용이 너무 방대하여 가독성이 떨어져 마지막으로 질문의 답을 넣을까 합니다. 통계상 파(破), 해(害), 공망(空亡)에 대한 큰 고통의 예가 많지 않아 삼형살(三刑殺), 형(刑), 충(沖)만 언급하도록 하겠습니다.

형살의 종류는 무은지형(無恩之刑), 지세지형(持勢之刑), 무례지형(無禮之刑), 자형(自刑)이 있습니다.

1) 무은지형(無恩之刑)

성질이 냉혹하여 은혜를 배신한다는 의미입니다. 축토(丑土), 미토(未土), 술토(戌土)의 관계에서 일어납니다. 사주 원국에 세 글자가 모두 있을 때 축술미(丑戌未) 삼형살이라고 합니다.

세글자 중 두 글자만 있어도 형(刑)이 되어 작용력이 일생을 통해 나타나고, 대운에서 나머지 한글자가 왔을 때 강한 영향력이 나타납니다. 예를 들어 사주에 술미(戌未)가 있고 대운에서 축토(丑土)가 오면 축술미(丑戌未) 삼형살이 작용합니다.

세글자 중 한 글자가 있어도 대운에서 다른 글자가 오면 형(刑)이 됩니다. 예를 들어 사주에 축토(丑土)가 있을 때 대운에서 술토(戌土)가 오면 축술형(丑戌刑)이 되고, 대운에서 미토(未土)가 오면 축미형(丑未刑) + 축미충(丑未沖)이 됩니다.

> **통계 tip**
> 축술미(丑戌未)는 화개살에 해당하여 형(刑)을 개고(開庫)작용으로 사용하는 경우가 있습니다. 많은 사람들이 그러한 것은 아니고 통계 결과 20%정도만 그렇습니다.

축술형(丑戌刑)		축미형(丑未刑)		술미형(戌未刑)	
축토(丑土)	술토(戌土)	축토(丑土)	미토(未土)	술토(戌土)	미토(未土)
계수(癸水)	신금(辛金)	계수(癸水)	정화(丁火)	신금(辛金)	정화(丁火)
신금(辛金)	정화(丁火)	신금(辛金)	을목(乙木)	정화(丁火)	을목(乙木)
기토(己土)	무토(戊土)	기토(己土)	기토(己土)	무토(戊土)	기토(己土)

사주 원국에 이미 축술형(丑戌刑)이 있을 때 지장간에 중첩되어 있는 신금(辛金)이 개고되기도 합니다. 또는 대운에서 미토(未土)가 왔을 때 축토(丑土)나 술토(戌土)의 지장간 안의 글자 중 자신에게 필요한 글자가 개고되기도 합니다. 또는 충(沖)이 올 때 개고되기도 합니다.

사주 원국에 이미 축미형(丑未刑)이 있을 때 지장간에 중첩되어 있는 기토(己土)가 개고되기도 합니다. 또는 대운에서 술토(戌土)가 왔을 때 축토(丑土)나 미토(未土)의 지장간 안의 글자 중 자신에게 필요한 글자가 개고되기도 합니다. 또는 충(沖)이 올 때 개고되기도 합니다.

사주 원국에 이미 술미형(戌未刑)이 있을 때 지장간에 중첩되어 있는 정화(丁火)가 개고되기도 합니다. 또는 대운에서 축토(丑土)가 왔을 때 술토(戌土)나 미토(未土)의 지장간 안의 글자 중 자신에게 필요한 글자가 개고되기도 합니다. 또는 충(沖)이 올 때 개고되기도 합니다.

삼형살의 개고 작용을 정확하게 알아보려고 전문도서와 유튜브 강의를 들었지만 아직 명확한 답은 찾지 못했습니다. 대부분 미래의 개고를 예측하기보다 이미 개고를 했던 사주들의 풀이를 해석해주는 것이 대부분이었습니다. (인사신(寅巳申)삼형살은 개고로 사용할 수 없습니다.)

명리학을 가르쳐주신 스님께서는 축술미의 작용은 신의 영역인 것 같다고 말씀하셨습니다. 토기운은 생각과 중용이고, 토기운이 강한 사람이 생각하는 능력과 중용의 힘을 잘 사용하면 축술미를 개고로 쓸 수 있다고 하셨습니다. 스님의 말에 일리가 있습니다. 실제로 축술미(丑戌未)를 개고로 사용한 20%의 사람들과 대화를 해보면 생각의 깊이가 다르다는 것을 알 수 있었습니다. 권모술수를 쓰지 않고, 못된 마음을 품지 않으며, 인류를 위한 마음이 강합니다. 성품이 온유하고, 마음이 선하고 아름다우며, 끊임없이 자아성찰을 합니다. 이런 사람들의 사주는 일주나 시주에 좋은 신살(천을귀인, 태극귀인, 천덕귀인, 월덕귀인, 천주귀인, 학당귀인, 문곡귀인, 관귀학관, 문창귀인, 반안살, 암록, 협록, 금여 등)이 있는 경우가 많았습니다.

2) 지세지형(持勢之刑)

의욕이 넘치고 성격이 급하다는 의미입니다. 인목(寅木), 사화(巳火), 신금(申金)의 관계에서 일어납니다. 사주 원국에 세 글자가 모두 있을 때 인사신(寅巳申) 삼형살이라고 합니다.

세글자 중 두 글자만 있어도 형(刑)이 되어 작용력이 일생을 통해 나타나고, 대운에서 나머지 한글자가 왔을 때 강한 영향력이 나타납니다. 예를 들어 인사(寅巳)가 있고 대운에서 신금(申金)이 오면 인사신(寅巳申) 삼형살이 작용합니다.

세글자 중 한 글자가 있어도 대운에서 다른 글자가 오면 형(刑)이 됩니다. 예를 들어 사주에 신금(申金)이 있을 때 대운에서 사화(巳火)가 오면 사신형(巳申刑)이 되고, 대운에서 인목(寅木)이 오면 인신형(寅申刑) + 인신충(寅申沖)이 됩니다.

통계 tip

실제로 형(刑)살을 사주 원국에 가지고 있는 사람들의 특징을 살펴보면 이렇습니다. 축술미(丑戌未)를 가지고 있는 사람은 관계에서 상처를 받으면 자기 고집이 튀어나오고, 인사신(寅巳申)은 자신이 하는 일에 간섭받는다고 생각하면 분노의 기운이 튀어 나옵니다.

축술미(丑戌未)는 모두 토의 기운으로, 혼자 있기 좋아하는 세명이 한공간에 모여 있는 형상입니다. 겉으로 보기에는 서로 눈치만 보고 있지만 지장간에서는 치열한 내적 갈등이 일어납니다. 지장간은 자신의 내면이나 가까운 인간관계를 의미합니다.

토는 예민합니다. 토기운이 지지에 하나만 있어도 예민한데 3개나 있으니 예민함이 가중되기 때문에 가까운 사람들의 행동과 말에 상처를 잘 받습니다. 상처받았다고 느끼면 자신에 대한 보호본능으로 사람을 피해 혼자 있으려고 하거나, 손절해 버리거나, 상처 되는 말로 보복합니다. 그래서 배신과 이별이 많다고 하는 겁니다.

컴퓨터 프로그램을 직업으로 가지고 계신 남자분이 상담을 하셨던 적이 있습니다. 사주를 보니 축미(丑未)형 + 축미(丑未)충까지 사주 원국에 있었습니다. 이분과 상담하는 동안 대부분의 내용이 아내에 대한 욕이었습니다. 남편분은 아내분의 말에 상처받으셔서 이혼하고 싶다고 하시더군요. 남자분은 비인살이고 아내분은 현침살이라 둘 사이가 호전되려면 많은 시간이 필요할 것 같았습니다.

가까운 사람이 축술미(丑戌未)라면 말을 조심하는 편이 좋습니다. 본인이 축술미(丑戌未)라면 예민함을 다스리는 방법을 연구해야 합니다.

인사신(寅巳申)은 나무(木)와 불(火)과 금속(金)이 서로 나대는 형국입니다. 완전하게 다른 3개의 에너지가 서로 자기가 잘났다고 싸움을 합니다. 불은 나무를 태우고 금을 녹여버리고, 나무는 불과 금을 피해야 하고, 금은 불에게서는 도망가고 나무는 찍어 버리고 싶어합니다. 각자의 글자들이 바쁘고 정신이 없습니다. 안그래도 바쁘고 정신이 없는데 누가 이래라 저래라 간섭합니다. 성질머리 튀어 나오겠지요? 자신한테 조금만 싫은 소리 하면 바로 불평불만 튀어 나와 버립니다.

알바를 할 때 같이 일하던 언니분이 인사신(寅巳申) 삼형살 이었습니다. 옆에 있기 너무 힘들었습니다. 업무상 해야 하는 아주 작은 지적에도 참지 못하고, 술을 마시면 일에 대한 불평이 끊임없이 이어졌습니다. 살아왔던 과정들을 들어보니 직장 선배가 하는 지적 때문에 기분이 나빠서 그만둔 경우가 대부분이었습니다.

가까운 사람이 인사신(寅巳申)이라면 그들의 불평을 한귀로 듣고 한귀로 흘리는 연습이 필요합니다. 본인이 인사신(寅巳申)이라면 마음을 다스리도록 명상을 하거나 책을 읽는 것을 추천합니다.

3) 무례지형(無禮之刑)

법적이고 윤리적인 문제를 가지고 있다는 의미입니다. 자수(子水)와 묘목(卯木) 간의 관계에서 일어납니다. 사주 원국에 두 가지가 모두 있을 때 자묘형(子卯刑), 또는 자묘상형(子卯相刑)이라고 합니다. 두 가지 글자 중 한 글자가 있을 때 대운에서 다른 글자가 오면 그 해에 작용이 일어납니다. 예를 들어 사주에 묘목(卯木)이 있을 때 대운에서 자수(子水)가 오면 자묘형(子卯刑)이 됩니다.

＊자묘형(子卯刑) : 무례하고 버릇없다. 남자의 사주원국에 자묘형(子卯刑)이 있으면 부모에게는 싸가지가 없고, 아내에게는 함부로 대하며, 집밖의 여자들에게만 매너남이 된다.

4) 자형(自刑)

자형은 같은 지지 간의 관계에서 일어납니다. 진토(辰土), 오화(午火), 유금(酉金), 해수(亥水)가 두 개 이상 있을 때 해당합니다. 진토(辰土)가 두 개 있다면 ＊진진자형(辰辰自刑). 오화(午火)가 두 개 있다면 ＊오오자형(午午自刑), 유금(酉金)이 두 개 있다면 ＊유유자형(酉酉自刑), 해수

(亥水)가 두 개 있다면 *해해자형(亥亥自刑)이 됩니다.

사주에 4글자 중 한글자가 있을 때 대운에서 같은 글자가 오면 그 해에 작용이 일어납니다. 예를 들어 사주에 진토(辰土)가 있을 때 대운에서 또 진토(辰土)가 오면 진진(辰辰自刑)자형이 됩니다.

* 진진자형(辰辰自刑) : 고집이 강하고 나대기 좋아한다. 자신을 드러내고 싶은 강한 욕망이 있다.

* 오오자형(午午自刑) : 변덕과 감정기복이 심하고 다혈질적인 성격이 있다. 한 가지에 집착하거나 중독증상이 있다.

* 유유자형(酉酉自刑) : 예민하고 까칠하다. 남에게 상처주는 말을 잘하고 잔소리가 심하다. 돈에 대한 집착이 있고 계산적이다.

* 해해자형(亥亥自刑) : 욕심이 많고 역마가 강하며 겉과 속이 다르다. 자신이 원하는 대로 일이 진행되지 않거나, 결과가 나오지 않으면 우울증이 생기기 쉽다.

삼형살(三刑殺)과 형(刑), 충(沖), 파(破), 해(害), 공망(空亡)중에서 가장 삶의 고난이 많다고 말하는 것이 바로 형(刑)입니다. 그런데 여러분, 지금 저 위의 형(刑)에 관한 글자 중에서 자신의 사주 안에 하나도 없는 사람이 있나요? 인목(寅木)과 사화(巳火), 신금(申金), 축토(丑土), 미토(未土), 술토(戌土), 자수(子水), 묘목(卯木), 진토(辰土), 오화(午火), 유금(酉金), 해수(亥水)는 모두지지 자리에 오는 12글자에 해당합니다. 그러니 지구에 태어난 어느 누구도 형(刑)을 벗어날 수 없습니다.

인사신(寅巳申) 삼형살은 이론적으로 급한 성격과 과시욕이 있다고 합니다. 다른 사람의 조언을 안하무인하고 급하게 일을 밀고 나가다가 송사를 당한다고 합니다. 일단 세 글자 중 두 글자만 있어도 감정 조절을 못하거나 성격이 급한 것이 사실입니다.

인사신(寅巳申) 삼형살을 사주 원국에 가지고 있는 사람을 실제로 형(刑)의 스케일이 축술미(丑戌未)보다 더 큰 경향이 있습니다. 축술미(丑戌未)는 단순하게 마음이 맞지 않아서 손절하거나, 손절을 당하거나, 사이가 멀어지거나 하는 정도에서 끝이 나지만 인사신(寅巳申)은 싸움이 붙어 경찰서에 가거나, 채무관계로 법적 다툼까지 가거나, 사업에 큰 지장이 생길 정도로 손해배상을 해야 하거나합니다. 타격감이 좀 큰편입니다.

실제로 알고 지내던 언니의 남편분과 술을 마시다가 옆테이블과 싸움이 붙어서 저도 같이 경찰서에 간 적이 있습니다. 언니의 남편분이 인신형(寅申刑) + 인신충(寅申沖)이었습니다. 그런데 경찰서에 가서 보니 싸움 붙어서 경찰서에 간 것이 처음이 아니었다는 것을 알게 되었습니다.

이직을 한 직장에 일주일 출근을 한 사람이 있습니다. 내년 중반쯤에 회사가 인천으로 이전할 가능성이 있다고 대표가 말을 했습니다. 이 사람은 이미 인천에 이사 갈 집부터 부동산 시세까지 알아보려고 합니다. 이제 막 출근하기 시작했고, 일도 적응하기 전이며, 자신이 이 직장에 언제까지 다닐지도 모르는 상황인데 말이지요. 이분은 결국 한 달도 채우지 못하고 상사와 싸우고 퇴사했습니다. 다른 직장에 취업했지만 그곳에서도 상사와 싸우며 그만두었습니다. 이렇게 이직만 2~3년 정도를 반복했습니다. 그 과정에서 많은 스트레스를 받았고 타인의 말에 귀 기울이지 않고 성급하게 결정내리는 자신의 단점을 인정하게 되었습니다. 남편과 주변 지인들의 의견에 귀를 기울이기 시작하면서 자신에게 맞는 직장을 찾게 되었고 지금은 정착하여 안정적으로 잘 다니고 있습니다.

이들의 삶을 옆에서 지켜보면 두더지가 뿅망치를 맞는다는 느낌을 받습니다. 이들 안에 있는 나대려는 성향, 분노하는 성향, 성급하게 무엇인가 추진하려는 성향, 변덕을 부리는 성향, 불평하는 성향이 올라올 때마다 우주가 뿅망치로 한 대씩 때려주는 겁니다. 크게 나댈수록, 크게 분노할수록, 과하게 성급할수록, 변덕이 심할수록, 불평을 많이 할수록 뿅망치의 강도가 더 강해집니다. 뿅망치가 소송이나 구설이나 관재로 갈 수도 있지만 대부분 직장안에서는 상사가, 가정안에서는 배우자나 시댁식구들이, 학교에서는 선생님이 뿅망치 역할을 합니다. 그리고 맞는 강도와 횟수가 계속 늘어납니다. 자신의 단점을 고치지 않으면 아마 평생 뿅망치를 맞게 될 것 같습니다.

축술미(丑戌未) 삼형살은 이론적으로 성격이 냉혹하고 사람들 사이에 배신과 이별이 잦다고 합니다. 친하던 사람과 갑자기 멀어지거나 사소한 일로 절교를 하는 일이 발생합니다. 여성의 경우 부부간의 불화가 심해져 이혼으로 갈라서는 경우가 많다고 합니다. 실제로 세 가지 중에 두 글자만 있어도 성격이 냉혹한 면이 있습니다. 맘에 들지 않는 사람과 맘에 드는 사람이 구분되어 있고, 마음에 안 들면 웃다가도 단호하게 거절해 버립니다.

술미(戌未)형, 축미(丑未)형, 축술(丑戌)형이 있는 여성분들이 제일 많이 물어보는 부분이 정말 부부사이에 이별수가 있느냐였습니다. 제 통계로는 반반입니다. 실제로 이혼을 했던 분도 있고, 이혼까지 가지 않고 고비를 잘 넘기신 분도 있고, 늦게 결혼을 하시는 경우 오히려 잘 살기도 합니다.

축술미(丑戌未) 삼형살이 있는 분들은 수술을 할 가능성도 많다고 합니다. 배신이나 이별은 자르고 갈라내는 작용이기 때문에 인간관계에 배신이나 이별을 당하지 않는다면 몸을 자르고 갈라야 한다고 하지요. 실제로 술미(戌未)형, 축미(丑未)형, 축술(丑戌)형이 있는 사주가 수술을 하는 경우를 많이 보았습니다. 저도 술미(戌未)형이 있고 30대 초반 교통사고로 왼쪽얼굴 광대뼈가 부서져 얼굴 수술만 세 번을 받았습니다. 그리고 작년 말 유방암으로 유방 부분절제 수술을 받았습니다. 삶에서 큰 배신이나 구설은 없었으나 몸을 자르고 가르면서 술미(戌未)형이 발현된 경우입니다.

명리학을 가르쳐 주신 스님께서 말씀하시길 축술미(丑戌未) 삼형살을 갖고 있는 사람은 맘에 안 드는 사람을 단칼에 거절하는 냉혹함을 고쳐야 한다고 말씀하셨습니다. 자신이 사람들을 쳐내니까 결국 그 카르마를 자신이 받는 것이라고 합니다. 그 말을 듣고 얼마나 찔렸는지 모릅니다. 저 역시 그랬거든요. 과외를 하는 학생이든 직장 안에서의 인간관계든 맘에 안 들면 뒤도 안 돌아보고 번호 차단해 버리는가 하면, 인사도 안 하고 말도 안 섞었습니다. 그러니 결국 본인이 한 행동 본인이 다 돌려받은 겁니다. 저도 유방암 수술하면서 많은 자아성찰을 하였습니다.

결론적으로 말씀드리면 여러분. 사주의 글자 중에서 형(刑)에 안 걸리는 사람 단 한 명도 없습니다. 그리고 형(刑)을 당하는 이유가 제발 너의 그 단점을 고치라는 의미입니다. 이제 그만 지금까지의 생활패턴 중에서 잘못된 것은 버리고 새로운 태도를 취하라는 의미입니다. 우리가 지구에 태어나서 삶을 살아가면서 형(刑)의 고난을 당하는 목적이 바로 영혼을 정화하기 위해서이기 때문입니다.

형(刑)보다 작용력이 강하다는 충(沖)에 대해서도 마찬가지입니다. 대운에서 충이 올 때 이미 본인이 무엇인가를 하려고 도전하거나, 도전하게끔 만드는 상황이 발생합니다. 그리고 대부분 충(沖)은 아주 갑작스럽게 일이 일어납니다. 예를 들면 한 회사를 잘 다니고 있는

데 다른 회사에서 스카우트 제의가 오거나, 갑자기 회사에서 강제퇴직을 당해 새로운 직장을 구해야 하거나, 남편이 갑자기 해외로 발령을 받아 이사를 가야 하거나, 유튜브의 조회수가 나오지 않아 반포기하고 있었는데 갑자기 조회수가 폭발적으로 늘어나거나, 인기가 없어 기억에서 사라져 가던 음악이 역주행으로 1위를 하거나 합니다. 저의 통계로는 충(沖)이 발전적인 방향으로 가는 경우가 70% 이상이었습니다.

충(沖)은 이제 움직일 때가 되었다는 의미입니다. 이제 바뀌어야 할 때가 되었다는 의미입니다. 이제 너는 다른 곳에 가서 다른 배움을 얻으라는 뜻입니다.

2. 모든 사람을 귀하게 대하라

사주를 보다보면 일주 자리의 힘이 강한 사주가 있고, 반대로 월주 자리의 힘이 강한 사주가 있습니다. 일주 자리의 힘은 좋은데 지지 자리에 형(刑)이 있어 항상 구설수와 관재수가 따르거나, 월주 자리에 부와 명예가 강하게 들어왔으나 일간의 힘이 약해서 월주의 관(官)에 짓눌려있거나.

일주 자리에 힘이 강한 사주들은 자신이 년주 월주 시주를 꽉 잡고 있어 젊은 시절부터 스스로의 의지와 노력으로 운명을 만들어 가려고 노력합니다. 묘사하자면 본인이 주변글자들 머리채를 잡고 있는 형상입니다. 아주 신강한 사주들입니다. 절대 년주 월주 시주에 머리채를 잡히지 않습니다.

하지만 의지가 너무 강하면 주변인과 마찰이 심해지니 사람들과 갈등할 수 있습니다. 그래서 이런 사주를 가진 분들 80%가 사주 안에 형(刑)이 있습니다. 자신의 의지를 너무 과하게 내세우면 관재, 구설, 사고, 손해, 배신이 끊이지 않습니다. 스스로 자세를 낮추고, 말을 조심하며, 사람들과 불화하지 않으려고 노력해야, 형(刑)의 구속력을 낮출 수 있습니다.

형살이 신체적 질병으로 오는 사람도 많이 있습니다. 제가 유방암에 걸린 이후 박진여 선생님과 상담을 받을 때 선생님께서 말씀하시길, 신체적 질병은 자신의 내면으로 들어가게 해주는 가장 좋은 방법 중 하나라고 하셨습니다.

몸이 아픈 사람들은 자신이 이런 질병에 왜 걸릴 수밖에 없었는지 생각하게 됩니다. '내가 악한 일을 했나? 아니면 누군가에게 상처를 주었나? 아니면 부당한 이득을 취하려 했던가?' 이런 깊은 성찰의 시간동안 자신이 몰랐던 자신의 단점을 발견하고 고치려고 노력하게 되기 때문에 더이상 주변사람들의 의견을 안하무인하지 않을 수 있는 것입니다. 자신의 강한 일간의 힘을 너무 과도하게 믿지 말라는 우주의 섭리이고 음양의 법칙입니다.

경금(庚金)이 누군가에게 한 대 맞았다고 합시다. 상대방을 똑바로 쳐다보고 말합니다. "한대 더 쳐봐. 어떻게 되나." 상대방이 한 대 더 칩니다. 경금(庚金)은 탱크 몰고 들어옵니다.

무토(戊土)는 어떤 상황에도 평정심을 유지하기 때문에 강한 글자가 되고, 경금(庚金)이 화가 나면 물불 안가리니 강한 글자가 됩니다.

월주 자리가 강하고 일주 자리가 약하면 둘 중 하나가 됩니다. 부모나 집안의 힘이 강하여 자신의 의지대로 할 수 없는 경우 이거나, 직업적 명예가 너무 강하여 자신의 행동에 제약이 많아지는 경우입니다. 묘사하자면 내가 월주의 기운에 머리채가 잡힌 형상입니다.

명예가 있는 가문에서 태어났기에 받아야 하는 여러 가지의 교육, 집안의 기대, 지켜야 할 언행을 자신의 어깨에 평생 짊어지고 살아야 하는 것이지요.

젊은 시절 성공하여 명예를 얻게 된 사주 또한 월주 힘이 강한 경우가 많습니다. 명예를 지키려면 평생 가십의 도마 위에 있어야 하며 칼질 당하지 않으려면 언행을 조심해야 하는 것입니다. 대중은 먹이감을 기다리는 피라냐떼와 같아서 한번의 실수라도 수면위로 드러나면 때로 달려들어 물어뜯습니다.

그래서 명예는 높은 곳에서 외줄타기를 하는 곡예사와 같은 것입니다. 구경꾼은 외줄을 타는 곡예사를 올려다보며 우러러보고 경외심을 느낍니다. 웃으며 외줄을 타는 곡예사는 구경꾼에게 즐거움을 주지만 줄에서 떨어지지 않으려고 몸의 모든 신경을 곤두세우고 조심하고 있습니다.

외줄에서 떨어지면 곡예사의 명예는 추락합니다. 마약이나 음주운전으로 구속되어 대중 앞에 설 수 없게 된 셀럽들. 이성문제로 구설수에 올라 대중에게 질타를 받는 셀럽들. 부적절한 언행이 공개되어 광고와 영화계약이 파기된 셀럽들. 그들은 외줄타기를 하다가 떨어진 곡예사들입니다.

통계 tip

월주의 기운이 너무 강한 사주 중 가장 대표적인 글자가 십성 중 편관(偏官)입니다. 편관은 칠살(七殺)이라고 하여 일간의 기운이 약하여 편관을 다스리지 못하면 살(殺)의 작용을 하기 때문에 칠살(七殺)이라고 부릅니다. 특히 편관이 월주의 천간과 지지 모두에 들어와 기둥으로 있으면 작용력이 막강해집니다. 이런 경우 20대 시절을 잘 버티면 큰 명예와 부를 얻는 경우가 많이 있습니다. 그러나 편관의 기운을 다스리지 못하고 억눌리면 명예와 부를 지키기가 힘들고, 평생을 감옥에 갇혀 사는 것과 같이 느끼게 됩니다. 항상 대중의 먹잇감이 되지 않도록 언행을 신경써야 하고, 부와 명예를 지키기위해 끊임없이 노력을 해야 하니, 본인의 정신건강에는 해로울 수있습니다.

유명한 강사분 중에서 실제로 월주에 편관이 기둥으로 있는 분을 일주 자리의 힘이 강하고 형(刑)이 있거나, 월주 자리의 힘이 강하고 그 살(殺)에 평생 제압당하거나, 두 인생은 모두 자신을 제어하는 장치를 형(刑)과 살(殺)로 사용한 것입니다. 전생에 자신의 힘만 믿고 설치다가 다른 사람을 아프게 했다거나, 자신이 다치거나 했기에 이번생에 자신의 힘 조절 능력을 배우기 위해 설치한 족쇄인 것이지요.

신약성경에는 사도바울이라는 인물이 나옵니다. 사도가 되기 전 바울은 베냐민 지파의 히브리인으로 유대인이었습니다. 가말리엘이라는 율법학자의 제자가 되어 유대교의 율법을 철저하고 엄격하게 교육 받은 인물입니다. 그는 율법학자의 제자답게 율법에 대하여 강한 신념을 가지고 있었습니다. 자신의 종교와 유대교의 하나님에 대하여 진실로 믿었고, 예수라는 인물이 자신이 믿는 하나님을 모독한다고 생각했기 때문에 예수를 강하게 탄압했던 것입니다.

그러던 그가 다메섹에 있는 그리스도인들을 잡으러 가는 길에 부활한 예수님을 실제로 만나고 이전과는 다른 삶을 살게 됩니다. 예수가 실제 하나님의 아들이라는 것을 깨달은 것이지요. 기독교를 탄압하던 바리새인 바울은 세례를 받고 예수님을 전도하는 사도가 됩니다.

바리새인일 때 강력한 신념을 갖고 그리스도인들을 탄압했던 것과 같이, 사도가 된 이후에도 옛 동료들의 탄압에도 굴하지 않고 예수를 전도하러 다니고 교회를 방문하여 하나님의 계시를 전합니다. 신념의 이념만 바뀌었을 뿐, 그의 불도저같은 기질은 변하지 않았습니다.

사도바울로 거듭난 이후 그는 많은 체험들을 하였습니다. 고린도후서 12장을 보면 그가 하나님에게 환상과 계시를 받았고, 셋째 하늘까지 올라가봤으며, 낙원에도 갔다 왔다고 말합니다. 그러나 이어 - 내가 이런 사람을 위하여 자랑하겠으나 나를 위해서는 약한 것들 외에 자랑치 아니하리라. 내가 만일 자랑하고자 하여도 어리석은 자가 되지 아니할 것은 내가 참말을 함이라. 그러나 누가 나를 보는 바와 내게 듣는 바에 지나치게 생각할까 두려워하여 그만 두노라. 여러 계시를 받은 것이 지극히 크므로 너무 자고(自高)하지 않게 하시려고 내 육체에 가시 곧 사단의 사자를 주셨으니 이는 나를 쳐서 너무 자고하지 않게 하려 하심이라. 이것이 내게서 떠나기 위하여 내가 세 번 주께 간구하였더니 내게 이르시기를 내 은혜가 네게 족하도다 하신지라 이러므로 도리어 크게 기뻐함으로 나의 연약한 것들에 대하여 자랑하리니 이는 그리스도의 능력으로 내게 머물게 하려 함이라.(고린도후서12장. 5~9절) - 라고 말합니다.

　성경에서 언급된 사단의 저주는 그의 육체적 질병인 간질을 의미합니다. 사도바울은 이 질병이 자신의 몸에서 떠나가게 해달라고 기도하였지만 하나님께서는 그 기도를 들어주지 않으셨습니다. 사도바울이 하나님의 은혜로 받은 많은 영적인 체험들을 설교하고 다니면서 교만의 죄를 지을까 염려하셨기에, 그것을 경계하는 수단으로 육체적 질병은 그대로 놔두셨던 것입니다. 그는 하나님의 뜻을 이해하고 겸손해지기 위해 자신의 약한 것은 자랑하되 영적인 체험들에 대하여 자랑하고 다니지 않기를 결심합니다.

　간질은 전생에 성욕과잉이나 권력남용의 카르마로 생기는 질병입니다. 많은 윤회에 관한 책에서 공통적으로 이야기하고 있는 부분이지요. 그는 아마 전생에서도 강한 신념으로 율법을 집행했을 것입니다. 그것이 남용이라고 불리워지든 오만이라고 불리워지든 그는 상관하지 않았을 것입니다. 그리고 그것을 정화하기 위해 간질이라는 형(刑)을 받고 태어났습니다. 자신의 강한 신념은 교만이 될 수 있기에 그것을 경계하기 위해 스스로 족쇄를 채운 것이 바로 간질이라는 형(刑)입니다.

　우리는 모두 사도바울의 간질과 같은 족쇄를 갖고 태어납니다. 일주의 힘이 강해 내가 머리채를 잡고 흔들든, 월주의 힘이 강해 머리채를 잡히든, 사주의 구조를 떠나서 반드시 족쇄를 거쳐 가도록 되어 있습니다. 이것이 바로 형(刑)과 살(殺)입니다. 지지에 오는 12글자는 대운인 60갑자가 돌아가면서 모두 형(刑)을 한번 이상은 받게 되어 있고, 사주의 신살중에서 나쁜 신살이 하나 이상은 반드시 있으며, 월주가 편관으로 부와 명예를 얻게 된들 그것을 지키려면 스스로를 감옥안으로 가두어야 하는 칠살(七殺)까지. 인간은 태어나면서부터 형(刑)과 살(殺)에 자유로울 수 없습니다.

사람들이 하는 질문 중에서 두 번째로 많은 질문이 사주대로 살지 않는 사람들이 많냐는 것과 그런 사람들은 뭐가 다르냐는 질문이라고 말씀드렸지요? 책을 쓰기 시작한 2023년부터 책이 마무리 되는 2024년 6월까지 저는 사람들이 피해갈 수 없는 형(刑)에 대하여 많은 생각을 했습니다. 하루도 생각하지 않은 날이 없을 정도로 고민했습니다. 실제로 형(刑)을 피할 방법은 없는 것인지. 아니면 약하게라도 할 수는 없는 것인지. 도대체 방법이 무엇일까 1년 정도의 고민을 매일 매일 했습니다. 답을 얻고 싶었거든요. 아주 명확한 답을 얻고 싶었습니다. 2024년 6월 30일. 저는 이 답을 알았습니다.

"모든 사람을 귀하게 대하라."
모든 형(刑)은 자신이 누군가를 귀하게 대하지 않는 것에서 시작합니다. 교만도, 오만도, 독선도, 쉽게 분노하는 것도, 시기와 질투를 하는 것도, 고집을 과하게 부리는 것도, 말을 함부로 하는 것도, 무례하게 구는 것도, 사람을 쉽게 손절하는 것도, 이기적으로 행동하는 것도, 쉽게 남을 비난하는 것도 모두 상대방을 귀하게 대하지 않는 자신의 마음에서 출발합니다.

다른 사람을 귀하게 대하는 것이 남에게 아무런 충고도 하지 못하는 것을 의미하지 않습니다. 자신의 부당한 처사를 말하지 못하는 것을 의미하지도 않습니다. 타인의 부탁이나 이성의 고백을 받아줘야 하는 것을 의미하지도 않습니다. 상대방을 귀하게 대하는 마음으로 얼마든지 충고를 할 수도 있고, 부당한 것을 말할 수 있고, 부탁이나 고백을 거절할 수 있습니다.

친절하게 대하는 것과 귀하게 대하는 것은 다릅니다. 친절하게 대하면서도 얼마든지 상대방을 귀하게 대하지 않을 수 있습니다. 비굴해 지는 것과 남을 귀하게 대하는 것은 다릅니다. 남을 귀하게 대하듯이 자신도 귀하게 대해야 합니다.

다른 사람을 귀하게 대하면 교만해지거나 오만해질 수 없습니다. 쉽게 분노를 할 수도 없고, 말을 함부로 할 수도 없습니다. 무례하게 굴지 못하고, 비난의 말도 쉽게 할 수 없습니다. 자신이 타인에게 하는 모든 행동을 살펴 주의하게 됩니다. 그렇게 하면 형(刑)을 당해야 하는 카르마가 소멸되기 시작합니다.

여러분이 사주를 보는 이유가 단지 안 좋은 해를 잘 넘기고 피해

가려고 한다면 그 해가 아니라도 언젠가는 경험해야 합니다. 자신의 단점을 고치지 않으면, 자아성찰을 하지 않으면, 계속 상대방에게 상처를 주면, 타인을 귀하게 여기지 않으면 결국 형(刑)은 그 해가 아니라도 반드시 찾아옵니다. 이번 생에 아니라 다음 생까지 쫓아갈 겁니다. 더 이상 같은 문제에 부딪히지 않고 더 이상 같은 갈등을 겪지 않으려면 우리는 자신을 돌아보고 고쳐야 합니다. 그것이 형(刑)의 영향력을 줄이는 방법입니다.

쉬운 일이 아닙니다. 저는 아직도 싫은 사람이랑 친한 척하거나 얼굴 맞대고 대화하거나 친절하게 인사해 주거나 그런 짓은 못하겠습니다. 유방암 걸려서 수술까지 했는데도 정신 못 차리고 있습니다. 이번 생에 고칠 수 있을지 모르겠습니다.

3. 인생에는 왜
   고통이 있어야만 할까요?

명리학에 대한 관심은 시간이 지날수록 높아지고 있습니다. 삶이 팍팍한 걸까요? 아니면 힘들다고 느껴지는 순간들이 너무 많은 걸까요? 운명을 바꿔야겠다는 생각이 들 만큼 먹고사는 문제나 관계에서의 고난이 많은 걸까요? 여러분은 무엇 때문에 사주팔자를 보시나요? 저에게 물어보는 대부분의 질문은 배우자복, 돈복, 자식복, 3가지입니다. 그럼 이 모든 것을 완벽하게 갖고 있는 사주가 흔할까요?

겉으로 보기에는 팔자 좋아 보이는 사람도 안을 들여다보면 전혀 아닌 경우 많습니다. 부와 명예는 다 이루었지만 부부관계는 힘들고, 자식과는 멀리 떨어져 살아야 하며, 본인은 죽을 때까지 외롭게 사는 팔자가 실제로 있습니다.

겉으로 보기에 팔자 안 좋아 보이는데 안을 들여다보면 좋은 사주들도 많습니다. 실제로 저와 같이 알바를 했던 동생은 물류센터에서 십 년 이상을 일했습니다. 남들이 보기엔 일용직 육체노동자로 힘들게 살아가는 것 같이 보이지만 사주를 풀어보니 부모와 형제사이에 애정이 넘치고, 부부관계도 아주 좋을뿐더러, 자식복까지 있었습니다. 부나 명예는 없으나 평생 사람들과 어울려 행복하게 잘 사는 팔자였습니다.

사람 겉만 보고는 모른다더니 정말 그 말이 맞습니다. 사주팔자 열어보기 전에 겉만 보고 판단하면 안 됩니다. 내가 없는 것을 가진 누군가를 부러워할 필요 없고, 내가 남들이 없는 것을 가졌다고 오만해서도 안됩니다. 사주팔자는 누구나 딱 8글자만 가지고 있습니다. 누군가는 2글자만 가지고 태어나고, 누군가는 22글자 모두 가지고 태어나지 않습니다.

음악 평론가로 유명하신 강헌 선생님이 출판하신 책 〈명리 – 운명을 읽다〉라는 책을 읽고 그분의 강의를 찾아서 듣다가 이런 영상을 보았습니다.

제자들과 MT를 가서 완벽한 사주를 찾아보려고 연구를 해보셨답니다. 그런데 아무리 해봐도 안되더랍니다. 부와 명예가 있고, 부모복, 형제복, 배우자복, 형제복이 있고, 건강하기까지 한 사주팔자를 아무리 짜려고 해도 불가능하다고 하셨습니다. 제가 명리학을 공부하면서 느낀 부분도 크게 다르지 않았습니다. 완벽한 사주는 단 한 개도 없습니다. 부모복이 좋으면 자식복이 없고, 자식복이 좋으면 부모복이 없거나, 관계의 복이 좋으면 부와 명예가 없거나, 모든 것이 좋은데 건강은 최악이거나. 경우의 수가 너무 많아 전부 나열할 수는 없지만 결론적으로 완벽한 사주는 없습니다.

모든 사람의 사주는 불완전하고, 희노애락이 섞여 있으며, 행복하기만 한 인생은 없다는 것이 결론입니다.

그러면 왜 우리는 이런 고통의 과정을 선택하고 태어나야만 하는 걸까요? 그리고 언제까지 이 과정을 반복해야 하는 걸까요? 영혼이 성장해야 하기 때문입니다.

영혼의 성장과정은 인간의 성장과정과 크게 다르지 않습니다.

정서적으로 미성숙한 사람들은 지표면 바로 위에서 주변 상황만 보고 반응합니다. 바로 앞의 환경만이 자신이 볼 수 있는 전부이고,

그 세상이 전부라고 생각합니다. 우물 안 개구리와 같지요. 보이는 것이 전부인 줄 아는 사람은 바로 옆 사람의 감정변화에 휘둘리고, 바로 옆의 벽을 보며 길이 막혔다고 좌절하며, 주변의 모든 상황에 불평하고 분노합니다.

감정 조절 능력이 없으며, 타인에 대한 공감능력도 없고, 인내와 평정이 없습니다. 에고가 하는 짓입니다. 보통은 어린 시절에 해당하지만 어른들이 이런 경우도 종종 볼 수 있습니다. 그래서 어른이라는 신조어도 있지요.

이제 지상에서 10미터 올라왔다고 가정해 봅시다. 바로 옆의 환경이 아니라 그 넘어가 보이기 시작합니다. 드디어 나무가 아니라 숲이 보이기 시작하는 것입니다. 자신이 보이는 것이 전부라고 생각했던 지난날을 생각해 보니 어리석기 그지없습니다. 자신의 앞에 있던 벽도 실상 위에서 보니 생각보다 높지 않다는 것을 깨닫습니다.

바로 앞사람이 전부인줄 알았는데, 그 뒤를 보니 많은 사람이 보입니다. 세상에는 좋은 사람들도 많고, 조심해야 할 사람들도 많다는 것을 깨닫습니다. 그중 누군가를 보고 배움을 얻기도 하고, 그중 누군가를 보며 타산지석 삼기도 합니다.

감정 조절 능력을 배우고, 공감능력이 생기며, 인내하는 방법과 평정을 유지하는 방법을 배웁니다. 그러나 아직은 미숙합니다. 벽의 끝에 다다르지 못했고, 경험해야 할 것들이 많다고 느껴집니다.

이제 백미터 상공으로 올라가 봅시다. 숲이 아니라 산맥이 보이기 시작합니다. 지금까지 숲만 보던 내가 산맥을 보고 있다는 것에 놀랍고 뿌듯합니다. 더 이상 사람들의 감정변화도 보이지 않고 나를 가로막던 벽도 보이지 않습니다. 이것을 불혹(不惑)이라고 하는가 봅니다. 세상일에 정신이 빼앗겨 판단을 흐리는 일이 없는 나이.

어린 시절 자신이 얼마나 어리석은 선택들을 했고, 얼마나 주변사람의 감정에 휩쓸려 번뇌했으며, 자신이 얼마나 옹졸한 인간이었는지 보이기 시작합니다. 이 정도 올라오니 마음엔 평정이 있고 주변사람들의 감정에 휩쓸리지도 않는 내공이 생겼습니다.

여러분은 여기까지 도달했나요? 보통 사람들은 이쯤에서 만족을 합니다. 그러나 지구 안에 부는 태풍과 기상현상에 휘청거리게 됩니다. 이제 천 미터 위로 올라가 봅시다.

지구가 보입니다. 고요하고 평온하며 더 이상 지구에서 일어나는 모든 기상현상에 휘둘리지 않게 됩니다. 이런 고요와 평안이 존재한다는 것이 놀랍습니다. 마음이 중용을 이루어 좌로나 우로나 치우침이 없습니다.

눈을 돌려보니 우주가 보입니다. 수많은 별들이 빛나고 지구보다 의식이 성장한 행성도 많이 있습니다.

완벽하지 않은 우리의 인격체가 성숙해져 완전한 중용에 도달하는 것이 태어남의 목적입니다. 에고가 부리는 감정변화에 좌로나 우로 치우치지 않는 것. 영혼 내면의 가장 핵심. 불교에서는 불성, 기독교에서는 성령, 유교에서는 인의예지라고 말하는 그 내면의 힘이 에고의 놀음에 더 이상 반응하지 않는 힘. 그 힘이 바로 중용입니다. 한 극단은 반대쪽 극단과 같은 것이기 때문에 절대 선한 것이 삶의 목적을 의미하지 않습니다.

어렵습니다. 이전에 언급했던 인사신(寅巳申)삼형살 언니 옆에 있을 때마다 저는 속으로 쌍욕을 날렸습니다. 그러다가 다시 생각합니다. '반응하지 말자. 뭘 저런 거에 일일이 반응하냐. 그들은 아직 지상 5미터 정도에 와있다고 여기면 될 일이다.'

계속 삼형살(三刑殺) 형(刑) 충(沖) 파(破) 해(害) 공망(空亡)의 진창에 빠지고, 천라지망살(天羅地網殺)에 걸리는 생으로 태어나고 싶으신가요? 지겹지 않습니까? 그냥 안태어나면 안되겠습니까? 그러려면 우주에서 지구를 내려다보는 완전한 중용의 경지에 올라야 합니다. 과연 이번생에 그 과업이 끝날지 모르겠습니다.

여러분, 이다음 생에서는 지구에 그만 태어나고 더 높은 차원에서 만나기를 바랍니다. 그곳에서 여러분과 함께 평온과 고요 안에서 여유롭게 차 한잔 마시며 높은 차원의 대화를 하기를 소망합니다.

감사합니다. 사랑합니다.

명리학이 나에게 준 교훈

초판인쇄	2024년 7월 19일
초판발행	2024년 7월 26일

지은이	안나
발행인	조현수 조용재
펴낸곳	도서출판 프로방스
기획	조용재
마케팅	최문섭
편집	이승득
디자인	호기심고양이

본사	경기도 파주시 광인사길 68. 201-4호
물류센터	경기도 파주시 산남동 693-1
전화	031-942-5364, 5366
팩스	031-942-5368
이메일	provence70@naver.com
등록번호	제2016-000126호
등록	2016년 06월 23일

정가 20,000원
ISBN 979-11-6338-460-1 13720